FRANK ESCHE / WOLFGANG KRÜGER

THÜRINGER MÖRDERINNEN

FRANK ESCHE / WOLFGANG KRÜGER

THÜRINGER MÖRDERINNEN

**Frauenschicksale zwischen
Liebe und Schafott
1859 bis 1938**

KIRCHSCHLAGER

Frauen sind überall weniger verbrecherisch als Männer, doch wechselt je nach den Ländern das Verhältnis zwischen beiden Geschlechtern bedeutend. Es ist überall beobachtet worden, dass die Frauen mehr zum Rückfall neigen, ganz besonders in England, wo diese Tendenz stetig zunimmt und, wie es scheint, mit dem wachsenden Alcoholismus in Zusammenhang steht. Während im Allgemeinen die männlichen Verbrecher überall in der Majorität sind, giebt es einzelne bestimmte Verbrechen, die von beiden Geschlechtern ungefähr in gleicher Zahl begangen werden und zwar sind dies gewöhnlich die schwersten Vergehen. So giebt es [...] fast ebensoviel weibliche als männliche Giftmischer und ebenso sind 50 % der Elternmörder weiblichen Geschlechts. Die Verbrechen der Frauen sind meist sozusagen häuslicher Art, d. h. sie richten sich vorzugsweise gegen Gatten, Eltern und Kinder; zum grossen Theil sind sie auch direct oder indirect sexueller Natur. Es ist in dieser Hinsicht sehr interessant, dass [...] eine physische Aehnlichkeit zwischen weiblichen Verbrecherinnen im Allgemeinen und männlichen Sittlichkeitsverbrechern besteht, z. B. in der geringeren Länge der Arme und Hände, der geringeren Schädelcapacität und dem grösseren Querumfang des Schädels.
(Havelock Ellis: *Verbrecher und Verbrechen*. Leipzig 1895, S. 234f.)

Inhaltsverzeichnis

VORWORT

Ein bekannter Spruch besagt, daß in Thüringen und Sachsen die schönen Mädchen auf den Bäumen wachsen. Dem kann man widerspruchslos beipflichten. Doch in diesem Band soll es nicht um die reizenden Äußerlichkeiten der Thüringerinnen gehen, sondern vielmehr um die Morde der Thüringerinnen. Wer jedoch glaubt, in diesem »Pitaval« eine Galerie weiblicher Ungeheuer vorzufinden, wird sich enttäuscht sehen, denn der Querschnitt der von Frank Esche und Wolfgang Krüger behandelten Fälle reicht von der grausamen Gattenmörderin über die verzweifelte Schwiegertochter bis zur bedauernswürdigen Kindesmörderin.

Die Motive der Thüringer Mörderinnen waren vielfältig. Sie mordeten aus Liebe, Haß, Rache oder Angst vor sozialem Abstieg und Armut. Die Giftmörderin Marie Sophie Göbner wurde 1860 mit dem Beil gerichtet, da sie haßerfüllt den unwilligen Heiratskandidaten mit Arsen ins Jenseits befördert hatte. Sie gab als Motiv neben Haß noch Eigennutz an. Ebenfalls mit Gift – diesmal Strychnin – sollte Franz Enders aus dem Leben geschickt werden; auch er war seiner Frau und deren Geliebten im Weg.

Nicht immer mordeten die Thüringerinnen jedoch allein. Katharina Horn überzeugte ihre beiden Söhne, daß der Vater im Weg war – sie strangulierten ihn. Häufig fanden sie sich als Mörderpärchen, wie Pauline Gottschalg und Eduard Röhner oder Mathilde Enders und Günther Kühnas. Ja, die Thüringerinnen bildeten manchmal ganze Mördergruppen!

Ihnen fielen Ehemänner, Schwiegerväter, Schwiegermütter zum Opfer. Sehr oft können wir das Strafmaß für die Mörderinnen nachvollziehen; es reicht von Zuchthaus bis zur Todesstrafe unter dem Fallbeil.

Auch das scheußlichste aller Verbrechen – der Kindesmord – wird behandelt.

Doch wer glaubt, nur in längst vergessenen Zeiten trieb es Frauen zu dem schrecklichsten aller Verbrechen, irrt gewaltig. Im Februar 2001 gestand eine 26jährige Frau aus Sömmerda, in den Jahren 1994, 1998 und 1999 ihre zwei Jungen und ein Mädchen kurz nach der Geburt erstickt, erwürgt bzw. ertränkt zu haben. Die Leichen der Neugeborenen versteckte sie in Plastiktüten und legte diese jeweils auf einem Feld ab. Der Leichnam ihres zuletzt geborenen Sohnes lag zuvor über ein Jahr in einer Reisetasche im Keller. Das Landgericht Erfurt verurteilte die Frau im September 2001 zu elf Jahren und sechs Monaten Gefängnis. Kaum hatte sich die kleine Landkreisstadt Sömmerda von diesem Schock erholt, wurden die Thüringer und besonders die Sömmerdaer von einem weiteren grausamen Verbrechen heimgesucht.

Vom 10. bis 14. Dezember 2006 ließ die 21 Jahre alte Conny Elisabeth N. aus Sömmerda ihre beiden Kinder allein in ihrer Wohnung. Als das Jugendamt am 14. Dezember 2006 die Tür aufbrechen ließ, fand man den neun Monate alten Leon Sebastian tot in seinem Gitterbett – er war verdurstet. Die zweijährige Lena Isabell lebte noch, trotz Flüssigkeitsmangels, und konnte in letzter Minute gerettet werden. Die arbeitslose Mutter berichtete vor dem Landgericht Erfurt von ihrer eigenen schweren Kindheit und Jugend. Die Staatsanwaltschaft beantragte wegen eines besonders schweren Falls von Totschlag eine lebenslange Freiheitsstrafe. Das Landgericht Erfurt verurteilte die Frau wegen Mordes, versuchten Mordes, gefährlicher Körperverletzung und Mißhandlung von Schutzbefohlenen zu 14 Jahren Gefängnis. Bereits am Neujahrstag 2006 wurden in Altenburg im Keller eines Hauses zwei in Säcke verpackte Säuglinge gefunden. »Ich habe kein Kind getötet«, sagte die 44jährige Erzieherin zum Prozeßauftakt vor dem Landgericht Gera. Laut Obduktion waren die beiden Mädchen voll ausgetragen und lebendig geboren worden. Die Frau, die bereits zwei erwachsene Kinder hat, erzählte, sie sei 1992 von einer weiteren Geburt überrascht worden. »Ich bekam Schmerzen, bin auf die Toilette, und dann ist es passiert. (...) Es war nicht so wie ein Neugeborenes: Es war grau und leblos und gab kein Zeichen von sich.« Sie habe das Kind in ein Badetuch gelegt und sei dann umgefallen. Irgendwann sei ihr Mann da gewesen. »Erst viel später hat er mir gesagt, daß er es im Keller vergraben hat.« Er habe gedacht, das Kind sei nicht von ihm. Zwei Jahre später habe sie unter gleichen Umständen ein weiteres Baby zur Welt gebracht, das ihr Mann ebenfalls im Keller vergraben habe. Beide Schwangerschaften seien von niemandem bemerkt worden. Sie selbst habe den Fakt verdrängt. »Für mich war ich nicht schwanger. Das versteht bestimmt keiner.« Sie habe damals ihre Großmutter gepflegt, zudem sei eines ihrer Kinder krank gewesen und ihr Mann regelmäßig betrunken.

Nach den Worten der Frau hat ihr Mann sie später mit den beiden toten Kindern erpreßt. »Irgendwann wollte ich das Leben mit ihm nicht mehr führen, da hat er mich mit den zwei Leichen im Keller unter Druck gesetzt.« 2005 begann die 44jährige eine Beziehung mit einem ehemaligen Arbeitskollegen ihres Mannes. Der ging daraufhin zur Polizei.

Die Polizei ermittelte zunächst auch gegen ihn. Das Ermittlungsverfahren wurde jedoch eingestellt.

Doch das Jahr 2006 und besonders die Weihnachtszeit brachte für die Thüringerinnen und Thüringer noch ein weiteres schreckliches Verbrechen, und wieder war eine Frau darin verwickelt, und erneut eine mörderische Mutter. Am Weihnachtsabend 2006 hatte eine 29jährige Mutter ihren fünfjährigen Sohn mit einem Tuch erwürgt.

Im Januar 2007 fand der Eigentümer eines Grundstücks in Thörey eine Babyleiche in einem Müllsack in der Garage. Zwei weitere tote Säuglinge waren in luftdicht verklebten Kartons in einer Zwischendecke der Garage versteckt. Die Mutter der drei toten Babys, die 22jährige Claudia B., wurde 2008 vom Landgericht Erfurt wegen Totschlags zu neun Jahren Jugendstrafe verurteilt. Die Jugendkammer sah es als erwiesen an, daß sie die Kinder im Alter von 16, 17 und 19 Jahren geboren und nicht versorgt hatte.

In der Gemeinde Ichtershausen, zu der Thörey gehört, war bereits vor fünf Jahren ein toter Säugling gefunden worden. Im Mai 2002 hatte eine Abiturientin ihr heimlich geborenes Baby nach der Geburt in eine Plastiktüte gesteckt und erst Stunden danach in eine Klinik gebracht. Der Junge konnte nicht mehr gerettet werden. Beenden wir hier die schauderhafte Chronik der Thüringer Kindesmorde der letzten Jahre.

Die Thüringer Kindermörderinnen der Gegenwart wurden mit relativ gelinden Strafen bedacht. Im Jahre 1665 dagegen wurde eine Frau in Schmalkalden, die ihre fünf Kinder umgebracht hatte, in einem Sack ersäuft, unter dem Galgen beim Siechenhaus begraben und ihr noch zusätzlich – man fürchtete wohl ein Wiederkehren der grausamen Mutter – ein eichener Pfahl durchs Herz gejagt. Übrigens hatte sie, ähnlich wie Kindermörderinnen der Gegenwart, die Leichen der Kinder unter dem Bettstroh, worauf sie schlief, oder in Kästen und Kisten verwahrt. Doch nicht nur in der Zeit der Carolina, der peinlichen Halsgerichtsordnung Kaiser Karls V., kamen Kindesmörderinnen aufs Schafott. Die grausame Kindesmörderin Anna Schellhardt, die gemeinsam mit ihrem Liebhaber ihr zehnjähriges Mädchen erwürgt hatte, weil die Kleine ihrem Verhältnis im Wege stand, wurde 1925 mit dem Fallbeil hingerichtet.

Ein italienische Sprichwort sagt: »Selten ist das Weib böse, aber wenn sie es ist, ist sie schlimmer als der Mann.« Wir überlassen es der geschätzten Leserschaft zu entscheiden, ob das italienische Sprichwort auch für die Thüringer Mörderinnen gilt.

In den 21 Kriminalfällen (1859 bis 1938) beschreiben die beiden Autoren eindrucksvoll die familiären und psychologischen Hintergründe der Taten, rekonstruieren die Tatabläufe und Gerichtsverhandlungen, zeichnen ein Bild der unterschiedlichen Klassen und Gesellschaften und deren Rechtssystem, beginnend in der Mitte des 19. Jahrhunderts, über Kaiserzeit, Weimarer Republik und NS-Diktatur. Aufgrund der von ihnen benutzten Quellen, die vornehmlich auf Gerichtsakten und Zeitungsberichten fußen, gelingt es ihnen auf einzigartige stilistische Weise Zeitkolorit, zu vermitteln.

Auch diese Ausgabe wurde – wie alle Bücher aus dem Hause Kirchschlager – in alter Rechtschreibung verfaßt. Wörtliche Reden, Berichte, kurze Erzählungen wurden nicht oder nur leicht bearbeitet, um sprachgeschichtliche und mundartliche Eigenheiten zu bewahren. *Erläuterungen und Zitate stehen zumeist kursiv* bzw. in Klammern oder in Anführungszeichen. Die Quellen-, Literatur- und Abbildungsnachweise finden sich am Ende des Buches. Die Abbildung auf dem Cover stellt Marie Rosine Strauß dar. Ihre Hinrichtung 1864 war die letzte öffentliche in Deutschland. Sie hatte die Frau ihres Geliebten ermordet.

Für wertvolle Hinweise bei der Bearbeitung der Kriminalfälle sind wir Bettina Swoboda und Janet-Francoise Boriés zu Dank verpflichtet. Außerdem danken wir Andrea Beger und Hagen Rüster (Thüringisches Staatsarchiv Greiz), Grit Kurth und Barbara Möckel (Thüringisches Hauptstaatsarchiv Weimar), Doris Schilling (Thüringisches Staatsarchiv Altenburg), Sabine Maehnert (Stadtarchiv Celle) sowie den Archivarinnen des Stadtarchivs Rudolstadt.

Mein besonderer Dank gilt den beiden Autoren Frank Esche (Rudolstadt) und Wolfgang Krüger (Celle) sowie Matthias Helbing (Weißensee) und Nicole Marquardt (Hamburg).

Michael Kirchschlager
Arnstadt, im August 2009

Gasthof Arthur Jäger

Partie am Bahn-Viaduk.

Nöbdenitz. Drei Ansichten von einer Postkarte um 1930.

Die Giftmörderin Marie Sophie Göbner

Sachsen-Altenburg (1859–1860)

Thüringen erlebte im Frühjahr 1860 den ersten von drei großen Giftmorden. Angeklagt war die Witwe Marie Sophie Göbner aus Nöbdenitz, einem kleinen Dorf unweit von Schmölln im Herzogtum Sachsen-Altenburg. Giftmorde erlebten gerade in den 1850er und 1860er Jahren eine gewisse Konjunktur.

Am 9. Dezember 1859 verstarb in Nöbdenitz nach kurzer Krankheit ganz plötzlich der verwitwete Drechslermeister Gottfried Göring. Er hatte seit Tagen an Übelkeit und Erbrechen gelitten, auch brannten ihm, wie er immer wieder klagte, die Eingeweide. Seine Haushälterin Marie Sophie Göbner hatte sich all die Zeit rührend um ihn gekümmert, und als der behandelnde Arzt, Doktor Kretschmar aus Löbichau, ihm mitteilte, er habe nur noch wenige Stunden zu leben, hatte sie sich sogar mit dem Sterbenden zusammen das heilige Abendmahl reichen lassen. Dr. Kretschmar konstatierte Tod infolge einer Lebensmittelvergiftung. Eine andere Todesursache als diese kam ihm nicht in den Sinn.

So wurde Göring wenige Tage später ohne großes Aufsehen zu Grabe getragen. Auch seine Haushälterin stand weinend am Sarg. Als die Trauergesellschaft wieder nach Hause ging und sich die Schwester des Toten mit ihrer Tochter auf den Rückweg nach Mannigswalde machte, reichte die Haushälterin ihr eine Portion Käse als Wegzehrung. Beide erkrankten nach dem Genuß des Milchprodukts und mußten sich mehrmals erbrechen. Auch die Katze, der man von dem Käse gegeben hatte, erbrach sich.

Der Schwester des Toten kam dies recht merkwürdig vor. Sie vertraute sich ihrer Schwester in Schönheide an. Diese verlangte nach dem Rest des Käses und bat Doktor Kretschmar, ihn zu untersuchen. Der Mediziner argwöhnte sogleich, das gute Stück könne vergiftet sein, brachte es nach Schmölln und übergab es dem Amtsgericht. Dieses wiederum leitete den Käse an das Kriminalamt nach Altenburg weiter. Man veranlaßte eine chemische Untersuchung. Und siehe da: das Lebensmittel wies deutliche Spuren von Arsenik auf. So langsam dämmerte die Erkenntnis, daß das Ableben des Drechslermeisters Göring kein gewöhnlicher Todesfall gewesen war.

Altenburg, Rathaus, Postkarte um 1905.

Das Kriminalamt entsandte im Februar 1860, zwei Monate nach dem Todesfall, einen Beamten nach Nöbdenitz und stellte Görings Haus auf den Kopf. Im Bett der dort immer noch mit ihrem Mann, einem Hutmann, lebenden Haushälterin stieß er auf eine kleine dort versteckte Büchse, die ein weißes Pulver enthielt. Es war eindeutig Arsenikpulver, wie sich bei der nachfolgenden chemischen Untersuchung herausstellte.

Zehn Wochen nach seiner Beerdigung grub man den Sarg mit dem Toten aus und trug ihn zu seinem Haus. Als man ihn auf dem Hof öffnete, erschraken die in großen Scharen herbeigeströmten Zuschauer, aber auch die Mitglieder des Gerichts: Die Leiche zeigte nicht die geringste Spur von Verwesung. Es war, als sei er erst am Vortag gestorben. Nur auf den Backen hatte sich weißlicher Moder angesetzt. Der Tote wurde in die Stube getragen. Dort fand im Beisein des Altenburger Kriminalgerichts die Leichenöffnung statt. Tatsächlich fanden sich im Darmkanal noch deutliche Spuren von Arsenik. Damit bestand kein Zweifel: Göring war vergiftet worden. Und noch etwas: Im Dorf erzählte man sich hinter vorgehaltener Hand, daß die Haushälterin ein Verhältnis mit dem Vergifteten unterhalten habe.

Marie Sophie Göbner wurde nun verhaftet und in das Kriminalgefängnis nach Altenburg abgeführt. In der Voruntersuchung vor dem Kriminalgericht leugnete sie eine Zeitlang beharrlich, doch dann legte sie ein umfassendes Geständnis ab. Ja, sie habe dem Drechslermeister etwa acht Tage vor seinem Tod eine Milchsuppe gereicht, in die sie eine größere Menge Arsenik gemischt hatte. Die Vergiftung habe sie an den darauffolgenden Tagen wiederholt, so daß Göring keine Gelegenheit mehr erhielt, sich zu erholen. Als Motive gab sie Rache und Eigennutz an.

Obwohl sie verheiratet war, pflegte sie mit dem Drechslermeister einen verbotenen Umgang. Bald aber wurde er ihrer überdrüssig. Als er bekanntgab, er wolle sich verehelichen, darüber hinaus auch sein Haus verkaufen, schlug ihre Zuneigung in Haß um. Doch sie wollte nicht auf das ihr ihrer Meinung nach zustehende Geld verzichten. Sie verschaffte sich in der Apotheke in Schmölln Arsenik, um, wie sie angab, Ratten und anderes Ungeziefer zu vertilgen. Dann begann sie die Vergiftung. Zunächst habe sie ihn nur krankmachen wollen, damit es ihr um so leichter fiele, ihn zu einem zu ihren Gunsten ausfallenden Testament zu bewegen. Als Göring bereits dem Ende zuging, veranlaßte sie daher noch schnell, daß der recht vermögende Mann sein Testament aufsetzte und dabei vor allem nicht

Altenburg, Blick zum Schloß, Postkarte um 1907.

vergaß, ihr die Summe von hundert Talern zu vermachen. Kaum war das geschehen, stand seinem Ableben aus ihrer Sicht nichts mehr im Wege.

Am 19. und 20. Mai 1860 verhandelte das herzogliche Landesjustizkollegium in Altenburg aufgrund der ihm zugegangenen Untersuchungsakten den Giftmordfall.[1] Am folgenden Tag, dem 21. Mai, fällte das Gericht das Urteil: schuldig des Giftmordes. Marie Sophie Göbner wurde daraufhin zur gesetzlich vorgeschriebenen Todesstrafe durch das Beil verurteilt, das seit fast zwei Jahrzehnten das früher verwendete Schwert ersetzte.

Der für alle thüringischen Staaten zuständige Gesamt-Oberappellationsgerichtshof in Jena bestätigte im Herbst 1860 dieses Urteil. Ein Gnadengesuch an den sachsen-altenburgischen Herzog Ernst I. (regierte von 1853 bis 1908) wurde abschlägig beschieden. Und so sollte erstmals seit acht Jahren[2] im Herzogtum wieder ein Todesurteil vollstreckt werden.

---

[1] Die im Jahre 1854 eingeführte neue Strafprozeßordnung verzichtete bewußt auf die Einführung des Schwurgerichts, womit Sachsen-Altenburg sich mit einer Handvoll anderer Kleinstaaten gegen die allgemeine Entwicklung in anderen deutschen Staaten stellte. Andererseits hatte Sachsen-Altenburg es 1841 als erster deutscher Staat gewagt, die öffentliche Hinrichtung abzuschaffen und den blutigen Akt auf den Gefängnishof zu verlegen.

[2] Im Jahre 1852, ebenfalls im Dezember, war in Altenburg der Mörder Franz Julius Rothe enthauptet worden.

Am Morgen des 14. Dezember 1860 wurde Marie Sophie Göbner unter dem Läuten der Rathausglocke auf den Hof des Kriminalgefängnisses in Altenburg geführt. Dort trennte ihr der als Scharfrichter fungierende Abdecker Wolf aus Zschopau mit einem sicheren Hieb seines Handbeiles das Haupt vom Rumpf.

Wolfgang Krüger

Pauline Gottschalg und Eduard Röhner – Das Giftmörderpaar von Jena

Sachsen-Weimar-Eisenach (1860)

Am 1. März 1858 feierte man in der alten Universitätsstadt Jena, im Groß-herzogtum Sachsen-Weimar-Eisenach gelegen, eine bürgerliche Hoch-zeit. Pauline Vopelius, die Tochter eines Jenaer Buchdruckereifaktors, vermählte sich mit dem Chirurgen[3] und Barbiergehilfen Bernhard Gott-schalg[4], der aus einer sehr angesehenen Jenaer Familie stammte. Und fast jedermann, der an den Festlichkeiten teilnahm, war der Ansicht, daß das Brautpaar gut zueinander passe. Zwar galt der 26jährige Ehemann als etwas einfältig und von geringer geistiger Bildung, zudem mit einem über-aus schwächlichen Körperbau ausgestattet, dafür aber war seine Gutmü-tigkeit kaum noch zu übertreffen. Seine blutjunge, erst 17 Jahre alte Frau war ihm vom Verstande her deutlich überlegen. Und: viele Gäste wußten von ihrer Vergangenheit. Pauline war als überaus sinnlich bekannt und hatte bereits mit 16 Jahren ein Liebesverhältnis mit einem jungen Mann unterhalten, der einer wandernden Schauspieltruppe angehörte. Dieses Verhältnis aber hatte sie auf Druck ihres Vaters auflösen und statt dessen den Barbier Gottschalg heiraten müssen. Es war also keine Liebesheirat im eigentlichen Sinne, wohl eher eine auf Zweckmäßigkeit gerichtete Ehe-schließung.

Das Paar bezog eine im zweiten Stock gelegene Wohnung in der Jenaer Johannisstraße, und man kann die Ehe getrost als eine anfangs durchaus glückliche bezeichnen. Zwar führte Pauline die Wirtschaft klug und be-rechnend, doch neigte sie auch zu Vergnügungen. Bernhard liebte seine Frau abgöttisch und las ihr jeden Wunsch von den Lippen ab. Er war über-dies ein fleißiger Barbier und erlangte innerhalb kurzer Zeit einen beschei-denen Wohlstand.

---

[3] Im 19. Jahrhundert waren viele Barbiere befähigt, Entzündungen und kleinere Wundkrankheiten zu heilen und Geschwülste und Eiterungen zu entfernen. Vor allem aber verstanden sie sich auf den Aderlaß mit Hilfe von Blutegeln.

[4] Im »Neuen Pitaval« wird der Chirurg Gottschalk genannt, in den zeitgenössischen Zeitungen Gottschalg.

Am 31. Januar 1859 brachte Pauline ein gesundes Mädchen zur Welt. Das Kind sollte jedoch den sonst immer gutmütigen Bernhard Gottschalg schlagartig verändern. Der Mann wurde immer mißmutiger, beschwerte sich häufig über das Geschrei des Kindes und legte einen allgemeinen Widerwillen gegen die Kleine an den Tag, hatte er sich doch sehnlichst einen Jungen gewünscht, dem er einmal sein Barbiergeschäft überlassen könne. Ja, er wurde von Pauline dabei ertappt, wie er die kleine Anna bedrohte, kniff und auf gemeine Art und Weise mißhandelte. Seine Freunde mutmaßten schon, er halte das Kind nicht für das seine, obwohl Pauline seit der Eheschließung keine anderen Männer mehr getroffen hatte. Hinzu kam, daß sich Gottschalg hinsichtlich des körperlichen Verlangens seiner hypererotischen Ehefrau überfordert sah, was ebenfalls zu seiner schlechten Laune beitrug.

Wegen der immer wiederkehrenden Mißhandlungen des Kindes gerieten die Eheleute nun häufiger in Streit, der gelegentlich sogar in Handgreiflichkeiten ausartete. Das gemeinsame Kind wurde zum Motiv häßlicher Eheszenen. Schließlich gingen beide auf den Vorschlag der Schwiegereltern des Kindesvaters ein, ihnen das Kind zur Pflege zu überlassen. So geschah es im Januar 1860. Von nun an herrschten jedoch zwischen den Eheleuten unüberbrückbare Gräben. Je mehr er sie durch Liebesbeweise umzustimmen versuchte, desto widerwärtiger wurde er ihr. Fortan ergriff sie eine tiefe Abneigung gegen ihn, die man schon als Haß bezeichnen konnte.

Trotz der häuslichen Querelen hielt Bernhard seit dem Herbst 1859 Ausschau nach einem eigenen Haus, in dem er sein gutgehendes Barbiergeschäft unterbringen könne. Da ergab es sich, daß der in der Jenaer Schloßgasse wohnende Chirurg Georg Gottfried Röhner sein Haus zum Verkauf anbot. Dieser bewohnte zusammen mit seiner Frau und seinem 29jährigen Sohn Eduard, der ebenfalls Chirurg war, das erste Stockwerk, während man die anderen Stockwerke vermietet hatte. Im Januar 1860 kam es zum Kaufvertrag. Gottschalg erwarb das Haus in der Schloßgasse für 1400 Taler. Der Vertrag sah zudem vor, daß Familie Röhner noch bis Ende Juni des Jahres das erste Stockwerk als Wohnung behalten durfte.

Die beiden Familien Gottschalg und Röhner wurden nun zwangsläufig näher miteinander bekannt. Insbesondere der junge Eduard Röhner und die junge Pauline Gottschalg fanden bald Gefallen aneinander. Sie beichtete dem Chirurgensohn ihren Widerwillen ihrem Ehemann gegenüber, er dagegen sein sinnliches Verlangen nach ihr. So geschah das Unvermeidliche: Pauline ging mit dem jungen Chirurgen, der übrigens ein Schulfreund ihres Mannes Bernhard war, ein ehebrecherisches Verhältnis ein. Zwar wurden andere Personen Zeugen dieses sträflichen Verhältnisses und teilten Bernhard ihre Beobachtungen mit, doch dieser wollte nicht an die Untreue seiner geliebten Pauline glauben. Dazu bedurfte es stärkerer Beweise.

Am 27. März 1860 zog das Ehepaar in sein neuerworbenes Haus ein und bezog seine Wohnung im Erdgeschoß. Merkwürdigerweise rieten Bernhards Freunde ihm schon vorher, im Umgang mit den Röhners größte Vorsicht walten zu lassen, insbesondere beim Genuß von Speisen. Gottschalg aber wies diese Ratschläge zurück. Er mochte die Röhners, die sich ihm gegenüber immer nett und zuvorkommend zeigten.

Für das heimliche Liebespaar ergab sich nun noch häufiger die Gelegenheit zu unkeuschen Liebestreffen. Eduard Röhner wurde dabei nach allen Kräften von seinen Eltern unterstützt: Sobald Bernhard einen seiner häufigen Geschäftsgänge angetreten hatte, eilte Pauline ins erste Stockwerk und begab sich geradewegs in Eduards Zimmer. Dort gaben sich die beiden ihrer Leidenschaft hin. Mutter oder Vater Röhner hielten indessen am Fenster Ausschau, um die Rückkehr des gehörnten Ehemannes mitteilen zu können.

Der Tag rückte näher, an dem die Röhners das Haus laut Kaufvertrag räumen sollten. Sie fürchteten sich vor diesem Tag. Zum einen hatten sie noch keine andere Bleibe gefunden, wohl sich auch nicht ernsthaft darum bemüht, zum andern würde die geringe Kaufsumme bald aufgebraucht sein.

Es war schließlich Frau Röhner, die einen Gedanken entwickelte und ihn weiterspann: Warum nicht die geheime Liebschaft zwischen ihrem Sohn und der Frau des neuen Hausbesitzers zu ihrem eigenen Vorteil nutzen? Wenn Gottschalg nun einen vorzeitigen Tod sterben würde, fielen Haus, Vermögen und Barbiergerechtsame an die Witwe und ihr Kind. Warum sollte sich dann die Witwe nicht mit ihrem Sohn Eduard vermählen? Damit wären alle finanziellen Sorgen selbst die seiner Eltern auf einmal ausgeräumt. Auch Georg Gottfried Röhner fand Gefallen an den Gedankengängen seiner Frau. Zudem war es beiden nicht verborgen geblieben, daß Pauline ihrem Mann nur noch Hohn und Verachtung entgegenbrachte.

Eines Tages im April erfuhr Gottschalg von Paulines Besuchen in Eduard Röhners Zimmer. Er verbot ihr jeden weiteren Kontakt. Nie wieder solle sie die Röhnersche Wohnung betreten. Das aber konnte den Haß der jungen Ehefrau nur noch vertiefen. Trotz des Verbots setzte sie heimlich die Besuche bei ihrem Liebhaber fort und sprach immer häufiger von Scheidung. Eduard Röhner hörte das gern, denn er hatte Aussichten auf eine Chirurgenstelle in einem kleinen Dorf nahe Jena und bereits Pläne geschmiedet, wie er seine Geliebte zu seiner Ehefrau machen könne. Scheidungsgründe würden sich genügend finden: die Abneigung Gottschalgs gegen sein eigenes Kind, seine Impotenz, die häufigen Streitigkeiten, die üble Behandlung, die die Ehefrau erleiden müsse.

Am 20. April wurde Eduard Röhner Zeuge, wie der neue Hausbesitzer seine junge Frau im Hausflur beschimpfte, nachdem er erfahren hatte, daß sie wieder bei den Röhners gewesen war. Sofort stürzte er sich auf ihn, packte ihn am Hals und drückte ihn auf ein in der Ecke stehendes Sofa. Auf den Lärm hin eilten auch die Eltern Röhners herbei, stießen Gottschalg in die Rippen und zerkratzten ihm das Gesicht. Indessen stand Pauline daneben und sah der unwürdigen Szene unbewegt zu. Kaum in die eigene Wohnung zurückgekehrt, verprügelte er seine Frau. Als man ihn nachmittags auf das zerkratzte Gesicht hinwies, zuckte Gottschalg nur mit den Achseln und meinte, die Röhners würden im Juni ja das Haus verlassen, dann habe er Ruhe.

Pauline aber packte noch am Abend ihre Koffer und verließ heimlich das Haus. Die kleine Anna ließ sie zurück. Eduard Röhner begleitete sie bis Apolda. Von da aus fuhr sie nach Leipzig und suchte zunächst bei Verwandten Unterschlupf. Und sie ließ keine Gelegenheit aus, ihren Mann schlechtzumachen. Ihren Eltern schrieb sie, Bernhard habe sie und das Kind immer wieder mißhandelt, sie habe ihn nun verlassen und wolle in Leipzig bleiben. Doch ihr Vater duldete dies alles nicht. Ihm war die Angelegenheit peinlich, weil bereits ganz Jena über den Vorfall tuschelte. Er ließ Pauline nach Jena zurückschaffen und bei sich unterbringen. Dann trat er in Verhandlungen mit Gottschalg ein, wie eine Versöhnung herbeigeführt werden könne. Schließlich kam diese durch einen herbeigezogenen Rechtsanwalt zustande. Der Advokat sah keinerlei Beweggründe, weshalb das Paar geschieden werden sollte. Am 30. April kehrte Pauline nach zehntägiger Abwesenheit zu ihrem Mann zurück. Dieser hatte aus Furcht vor den Röhners die vergangenen Nächte bei einem seiner Brüder verbracht.

Bernhard Gottschalg staunte nicht schlecht, als Pauline nunmehr ihre abweisende Haltung ihm gegenüber änderte. Sie behandelte ihn sehr

Jena, Johannisstraße, Blick auf Michaeliskirche und Burgkeller. Postkarte um 1910.

freundlich, ja zärtlich, während sie die Röhners mit Nichtbeachtung strafte. Tage vergingen, ohne daß sie mit den früheren Hauseigentümern redete. Wenn Eduard Röhner die Treppe herunterkam, zog sie sich rasch in ihre Wohnung zurück. Und die Nachbarn kamen aus dem Staunen nicht heraus. Sollte sich das Paar endgültig versöhnt haben? Am glücklichsten war der Ehemann. Er hatte Pauline alle ihm widerfahrenen Kränkungen verziehen und tat alles, um sie glücklich zu machen. *»Jetzt ist mein häusliches Glück vollkommen wiederhergestellt«*, sagte er zu allen, die sich wegen seines ausgeglichenen Wesens wunderten, war er doch noch vor wenigen Tagen ein ungenießbarer Mensch gewesen.

Nur einer blieb mißtrauisch: Gottschalgs Onkel, der Fleischermeister Gengelbach. Nach dem Tod seiner Eltern wurde er Bernhard eine wichtige Stütze. Beide hatten ein sehr inniges Verhältnis. Der Oheim war es, der Bernhard vor seiner eigenen Frau warnte und ihm riet, sich vor den Röhners in acht zu nehmen. Er bot ihm an, bei ihm zu übernachten, außer Reichweite der Röhners, denn die führten nichts Gutes im Schilde. Als er erfuhr, daß sich Gottschalg wieder mit seiner Frau versöhnt hatte, brach er aus Enttäuschung jede Verbindung ab. Nur zögerlich versöhnten sich die beiden wieder, nachdem sich Gengelbach davon überzeugt hatte, daß Gottschalg mit seiner Frau tatsächlich wieder in Harmonie lebte.

Am frühen Nachmittag des 15. Mai 1860 suchte Gottschalg zunächst seinen Onkel auf, um ihm nochmals von seinem wiedergewonnenen Glück zu berichten, dann begab er sich zu seinem Bruder, einem Bäckermeister in der Saalgasse, und suchte sich einige Windbeutel aus, die er seiner Frau zum Kaffee mitbringen wollte. Zufrieden mit sich selbst und der Welt um ihn herum ging er nach Hause und übergab seiner Frau die Gebäckstücke. Dann streifte er sich seinen Schlafrock über, steckte eine Zigarre an und machte es sich auf dem Sofa bequem. Später ging er mit Pauline zu der mit ihnen befreundeten Familie des Universitätspedells Pilling, die zwei Stockwerke über ihnen wohnte und mit denen sie häufig Kaffee zu trinken pflegten. Man sprach auch über das Mittagessen, das die Gottschalgs eingenommen hatten. Bernhard erwähnte hierbei, seine Frau habe ihm Gartensalat mit ausgeschlagenen Eiern gegeben, doch der Salat habe einen süßlich ekelhaften Geschmack gehabt, so daß er ihn nicht aufzuessen vermochte.

Das Gespräch wurde jäh unterbrochen. Es schellte an der Haustür. Draußen stand Herr Sonnekalb, Gehilfe des Jenaer Scharfrichters, der rasiert werden wollte. Gottschalg, der begeisterte Kaffeegenießer, ließ Kaffeetrinken Kaffeetrinken sein, führte den Kunden in die Rasierstube und machte sich an die Arbeit. Anstatt zu den Pillings zurückzukehren, ging er anschließend in seine eigene Stube. Er trank eine Tasse Kaffee, den ihm seine Frau in der Zwischenzeit zubereitet hatte, dann setzte er sich aufs Sofa und hielt einen kurzen Nachmittagsschlaf. Als er erwachte, stand ihm der Schweiß auf der Stirn. Pauline sprang augenblicklich herbei und trocknete ihn mit einem Tuch ab. Ob er sich denn nicht wohl fühle, fragte sie ihn mitleidsvoll.

Herr Pilling, der gerade ausgehen wollte und an der geöffneten Stubentür vorbeikam, bemerkte den schlechten Zustand Gottschalgs und wünschte ihm gute Besserung. Dann betrat Frau Pilling, die inzwischen ebenfalls heruntergekommen war, die Stube, wies auf die fast gänzlich gefüllte Kaffeetasse auf dem Tisch und sagte: »Na, da trinken Sie hier Kaffee und oben steht Ihr Kaffee auch!« Sogleich antwortete Gottschalg, daß ihm der Kaffee hier nicht schmecke, er habe nämlich einen ekligen Geschmack, der ihm Übelkeit bereite. Seine Frau saß indessen am Stubenfenster, vor sich ebenfalls eine Tasse Kaffee, und strickte. Nach einem kurzen belanglosen Wortwechsel entfernte sich Frau Pilling wieder.

Das Befinden Gottschalgs verschlechterte sich zusehends. Er klagte über Hitzeanwallungen und Übelkeit. Später schleppte er sich in die Küche und erbrach sich. Dann stellte sich auch noch Durchfall ein. Pauline machte ihm eiligst Wermuttee, nach dessen Genuß er sich eine Weile besser fühlte. Doch begannen die Schmerzen mit um so größerer Heftigkeit aufs neue. Gottschalg deutete immer wieder zur Magengegend, von wo aus die Schmerzen kämen. Er konnte sich nicht mehr auf den Beinen halten und legte sich im an die Stube anstoßenden Alkoven aufs Bett. Seine Frau fragte ihn, ob sie einen Arzt holen solle, doch schüttelte Gottschalg den Kopf. Nein, er wolle keinen Arzt. Als aber gegen 17 Uhr Frau Pilling erneut die Wohnung betrat und den leidenden Hauseigentümer erblickte, machte sie sich sofort auf den Weg zu Dr. Schillbach.

Gegen 18.30 Uhr kehrte sie mit dem Arzt zurück. Aus der blassen Gesichtsfarbe, der kühlen Temperatur von Kopf, Händen und Füßen, die von leichtem Schweiß feucht waren, aus dem geringen Puls, der weiß belegten Zunge und den Leibesschmerzen schloß der Arzt auf eine Reaktion des Magens auf schwerverdauliche Speisen. Er verschrieb ein Brechmittel und ging.

Sofort wurde nach der Medizin geschickt. Sie zeigte auch nach zwei Stunden keine Wirkung. Im Gegenteil: Gottschalg wurde immer kraftloser, vermochte kaum noch zu sprechen, wurde von Schüttelfrost gepeinigt, seine Augen richteten sich starr in die Höhe. Vor dem Mund bildete sich weißer Schaum. Indessen ließ ihm seine Frau jegliche Pflege und Liebe angedeihen. Gegen 21 Uhr holte ein herbeigeholter Verwandter des Kranken nochmals Dr. Schillbach. Dieser fand nun einen im Sterben liegenden Patienten vor, denn es stellten sich jetzt starr hervorstehende Augen, bläuliche Lippen, erweiterte Pupillen und ein gespannter Leib ein. Er schien große Schmerzen zu haben. Wiederbelebungsversuche waren zwecklos, es bestand kein Zweifel: Das Leben entwich langsam aus der Brust des Barbiers. Er war schon nicht mehr ansprechbar.

Gegen 21.15 Uhr starb Bernhard Gottschalg. Er wurde nur 29 Jahre alt. Als Paulines Vater am Morgen die Wohnung betrat, fand er seine Tochter vor dem auf dem Bett liegenden Toten kniend und viele Tränen vergießend. Sie sagte zu ihm: »*Er hat sich acht Tage zuvor die Füße gewaschen und dabei wahrscheinlich erkältet.*«

Der Tod des Barbiers verbreitete sich wie ein Lauffeuer in der kleinen Stadt. Und sogleich kursierten in Jena Gerüchte, wonach es beim Tode Gottschalgs nicht mit rechten Dingen zugegangen sei. Man wußte von dem Verhältnis der Frau Gottschalg mit dem Chirurgen Röhner, man wußte selbst von dem Unfrieden im Hause Gottschalg. Auch Dr. Schillbach kam der plötzliche Tod recht merkwürdig vor. Er sprach offen aus, daß der Tod seines Patienten auf ungewöhnliche Weise erfolgt sei. Ja, er deutete an, daß die Symptome und der Krankheitsverlauf große Ähnlichkeit hätten mit jenen Erscheinungen, die durch den Genuß eines stark wirkenden und in großer Menge genommenen mineralischen Giftes erzeugt würden! Also erstattete er noch am Morgen des 16. Mai dem Amtsphysikus Anzeige und äußerte ihm gegenüber seine Bedenken. Auch der Bürgermeister erhielt Kenntnis von dem rätselhaften Todesfall. Er ließ bei den anderen Hausbewohnern sowie bei der Witwe selbst Erkundigungen einziehen.

Der Amtsphysikus begab sich im Lauf des Vormittags in die Wohnung und besichtigte den Leichnam. Zwar fand er keine äußerlichen Spuren, die Aufschluß über die Todesursache geben konnten, doch teilte er die Bedenken des Dr. Schillbach und ließ den Toten zwecks Sektion und chemischer Prüfung in das Leichenhaus überführen. Die Polizeibehörde schritt nunmehr ein und ließ die Wohnung versiegeln. Die Witwe Gottschalg und ihr Geliebter Röhner wurden in Gewahrsam genommen. Als man die Taschen des Chirurgen durchsuchte, entdeckten die Ermittler einen mit dem 7. Mai 1860 datierten Brief seiner Geliebten. Er begann mit den Worten »Innigstgeliebter, einziger, treuer, unschätzbarer, geliebter Eduard!« In schwülstigem Stil und voller Leidenschaft erklärte sie ihm ihre unverbrüchliche Liebe und ewige Treue.

Die Staatsanwaltschaft beim Kreisgericht in Weimar begann am 17. Mai, dem Himmelfahrtsfest, der sich als ein herrlicher sonniger Frühlingstag zeigte, die formelle Untersuchung des rätselhaften Todesfalles. Diese Nachricht versetzte die Bevölkerung Jenas in helle Aufregung. Schon seit dem Morgen des Vortages drängten sich vor dem Todeshaus die Menschen, um ja nichts zu verpassen. Zur selben Zeit führte man die Witwe ins Verhörzimmer und begann mit der Vernehmung. Sie schilderte den letzten Tag ihres Mannes, erzählte dem Untersuchungsrichter, wie vergnügt er noch am frühen Nachmittag gewesen sei und daß er von demselben Kaffee wie sie selbst getrunken habe. Seltsamerweise habe er über den merkwürdigen Geschmack geklagt, während sie ihn wie immer gefunden habe. Im übrigen sei ihr eheliches Verhältnis ein recht gutes gewesen, und wenn es zu Zwistigkeiten gekommen war, so sei das im Benehmen des Toten gegenüber seinem Kind begründet gewesen. Nein, sie habe kein Liebesverhältnis zu Röhner unterhalten, ebenso wenig wie auch ihr Mann nie eifersüchtig auf ihn gewesen sei.

Als man ihr darauf den bei Eduard Röhner gefundenen Brief vorlegte, errötete sie und versprach, nun alles zu gestehen. Ja, der Chirurg habe sie verführt. Als sie sich nach ihrer Flucht wieder mit ihrem Mann versöhnt hatte, habe er mit dessen Ermordung und anschließendem Selbstmord gedroht, denn seine Eltern bewahrten Rattengift auf dem Boden des Hauses auf. Sie würden ihr das Gift geben und sie sollte damit ihren Mann ums Leben bringen. Da bald Himmelfahrtstag sei, wäre dies die beste Gelegenheit, Bernhard Gottschalg in den Himmel zu schicken. Als ihr Mann oben bei den Pillings war, müsse die alte Röhner in ihre Wohnung gegangen sein, deren Tür offenstand, und das Gift in die Tasse ihres Mannes getan haben. Sie habe gewußt, daß er immer aus der größeren Tasse trinke. Im übrigen hätten die Röhners schon öfter davon gesprochen, ihren Mann zu vergiften.

Auch vor dem hoch vor der Stadt auf dem Gottesacker liegenden Leichenhaus drängten sich Hunderte von Neugierigen, denn dort begann gegen

Arsen war wahrscheinlich das metallische Gift, welches für Mordzwecke am häufigsten verwandt wurde. Man konnte es leicht als »Rattengift« in den Apotheken kaufen. In diesem Falle war es für den Chirurgen Röhner ein leichtes, an arsenige Säure zu gelangen bzw. sie herzustellen. Andere handelsübliche Arsenverbindungen waren das Doppelsalz des Kupfers mit arseniger Säure und Essigsäure, allgemein als »Schweinfurter Grün« (in den USA als »Pariser Grün«) bekannt, ferner arsensaures Blei und arsensaures Kalzium.

Beim Einnehmen ruft Arsen im Mund, in der Kehle und im Eingeweidetrakt einen heftigen Reiz und in den Geweben die Bildung arsenhaltiger Säuren hervor. Eine akute Arsenvergiftung wird dadurch herbeigeführt, daß man dem Opfer eine größere Dosis verabfolgt, bei Mordversuchen gewöhnlich in Gestalt von Arsenik. Auf das Brennen in Mund und Rachen folgen schwere Unterleibskrämpfe in Verbindung mit Übelkeit und Erbrechen. Die erbrochene Masse besteht zunächst aus der eingenommenen Nahrung und einem Teil des verschluckten Arsens. Später folgen Galle, Blut oder klare Flüssigkeit. Bald darauf setzt Durchfall mit kolikartigen Schmerzen ein. Die Ausscheidungen sind zunächst dem Stuhl bei gewöhnlichem Durchfall ähnlich, später jedoch mit erheblichen Mengen Schleimstücken und Blut durchsetzt. Durch Erbrechen und Durchfall ist der Flüssigkeitsverlust des Körpers sehr groß. Der Urin zeigt eine starke Konzentration, und intensiver Durst stellt sich ein. Das Opfer zeigt die typischen Merkmale eines schweren Schocks. Haut und Extremitäten sind kalt und feucht, der Puls wird schwach, die Atmung röchelnd. Auch Zuckungen können sich einstellen, bevor tiefe Bewußtlosigkeit und Tod eintreten.

Die ganze Reihe dieser Erscheinungen kann innerhalb weniger Stunden ablaufen, gewöhnlich stellt sich der Tod jedoch erst nach zwei bis drei Tagen ein. Falls der Magen zur Zeit der Vergiftung eine größere Menge Nahrung enthielt, kann ein großer Teil des Arsens mit der unverdauten Speise erbrochen werden, wodurch sich der Eintritt des Todes um mehrere Tage verzögert. Zu diesem Zeitpunkt können sich auch Anzeichen einer Genesung bemerkbar machen. Bei Mordabsicht wird meist nach einiger Zeit eine weitere Dosis verabfolgt.

Zieht sich eine Arsenvergiftung über längere Zeit hin, dann können auch die Nerven, besonders an Armen und Beinen, ernstlich in Mitleidenschaft gezogen werden. In den Extremitäten stellen sich starke Schmerzen ein, ja es kann sogar Paralyse auftreten. Schließlich wird das Opfer apathisch, und der Tod tritt infolge Erschöpfung und mangelhafter Ernährung ein.

Wenn der Tod längere Zeit nach der ersten Verabreichung von Arsen eintrat, wird die Obduktion eine fettige Degenerierung der Leber und Nieren als das für eine Arsenvergiftung charakteristische Merkmal ergeben. Ferner wird man meist Entzündungen und geschwürartige Veränderungen im Magen und besonders im Dünndarm antreffen. Der Dickdarm wird normalerweise nicht davon betroffen.

Leichen von Menschen, die an einer Arsenvergiftung gestorben sind, bleiben gut erhalten, weil das Gift die Gewebe ausgezeichnet konserviert. Der Erhaltungszustand von Leichen, die drei Jahre in der Erde lagen, stellte sich als sehr gut heraus. (Nach Lemoyne Snyder: Morduntersuchung. Ein Handbuch über Kapitalverbrechen und die Aufklärungsmethoden. Hamburg [um 1955], S. 280–283.)

elf Uhr die Leichenschau unter Leitung des chemischen Sachverständigen Professor Ludwig. Man führte zudem die beiden Verdächtigen hinein, damit sie sich den Toten anschauten und ihn anerkannten. Röhner tat dies ruhig und gefaßt, während die Witwe beim Anblick der Leiche in Wehklagen verfiel, sie umarmte und küßte und laut ausschrie, sie wolle mit ihrem Mann ins Grab.

Die äußere Besichtigung der Leiche ergab nichts Auffälliges, die Organe im Inneren erschienen gesund und wiesen keinerlei Abnormität auf. Die Schleimhaut des Magens dagegen war stark gerötet und zeigte verzweigte Blutergießungen in das Zellengewebe hinein. Der Dünndarm war ebenfalls gerötet. Der Sachverständige entnahm zwecks späterer Untersuchungen den Magen.

Das Gutachten des Physikats ergab das folgende vorläufige Gutachten: »Die aus der heutigen Sektion des Leichnams des Chirurgen Gottschalg gewonnenen Resultate, im Zusammenhang mit den vor dem Tode stattgehabten Krankheitssymptomen, lassen es außer Zweifel erscheinen, daß der Chirurg Gottschalg infolge einer heftigen Magen- und Darmentzündung gestorben ist. Die von den chemischen Experten vorzunehmende chemische Untersuchung des Magens u.s.w. wird ermitteln, ob diese Entzündung durch die Einwirkung eines ätzenden Giftes entstanden ist oder nicht.«

Die chemische Untersuchung wies einwandfrei nach, daß man Gottschalg vergiftet hatte. Zweidreiviertel Gran[5] arseniger Säure oder weißen Arseniks wurden nachgewiesen. Die physiologische Todesursache war

---

[5] Eine alte Maßeinheit der Masse. Sie betrug 62,2 Milligramm.

Starrkrampf und dadurch bedingte Lähmung der Atmungs- und Blutzirkulationsorgane, während die physische Todesursache durch eine heftige Magen- und Darmentzündung hervorgerufen wurde. Diese war durch eine Vergiftung mit Arsenik entstanden. Es bestand kaum ein Zweifel, daß auch die nicht untersuchten Teile des Körpers Gift enthalten haben mußten. Vermutlich wurde das Arsenik nicht in pulverisierter, körniger Gestalt verabreicht, sondern in gelöster, flüssiger Form.

Als das Untersuchungsgericht das Ergebnis der chemischen Untersuchung erfuhr, setzte es das Verhör der beiden Verhafteten mit um so größerer Intensität fort. Auch die Eltern des Chirurgen Röhner waren inzwischen verhaftet worden. Alle drei Röhners bestritten, jemals Gift besessen geschweige denn dieses Gottschalg verabreicht zu haben. Der junge Röhner leugnete beharrlich, mit Pauline Gottschalg in vertrautem Umgang gestanden zu haben. Er bestritt sogar, diejenige Pauline zu kennen, die ihm den verhängnisvollen, in seinem Besitz gefundenen Brief geschrieben hatte. Darauf wurden die Familie Röhner sowie die Witwe Gottschalg ins Gefängnis des großherzoglichen Kreisgerichts nach Weimar verbracht.

Erst dort gestand Eduard ein, er habe mit Pauline ein Verhältnis unterhalten, weil er mit ihr wegen ihrer unglücklichen Ehe großes Mitleid gehabt habe. Als er aber die Zwecklosigkeit einsah, sie jemals ehelichen zu können, brach er jeden Kontakt ab. Die Antwort darauf sei der Brief Paulines vom 7. Mai gewesen, den man bei ihm gefunden hatte. Doch er bestritt weiterhin, am Tode Gottschalgs beteiligt gewesen zu sein.

Seine Geliebte dagegen revidierte in ihrem nächsten Verhör die bislang gegebene Version. Sie erzählte nun dem Untersuchungsrichter, nach ihrer Rückkehr zu Gottschalg hätten die alten Röhners sie bedrängt, doch einzuwilligen, ihren Mann beiseite zu schaffen. *»Warten Sie nur, es wird schon alles besser werden, überlassen Sie und Eduard alles nur mir, ich will es schon besorgen«,* soll Frau Röhner gesagt haben. Sie, die Gottschalg, habe sich jedoch nicht dazu durchringen können und um Bedenkzeit gebeten. Doch hätte Frau Röhner sie immer heftiger bedrängt, nicht zuletzt wohl, weil ihr vertraglich festgesetzter Auszug aus dem Hause immer näher rückte. Herr Röhner dagegen hielt sich meist zurück, er beschränkte sich darauf, seine Frau durch Kopfnicken zu unterstützen. Doch immer wieder sprach er den Wunsch aus, Pauline möge recht bald seine Schwiegertochter werden.

Weiter gestand Pauline Gottschalg, sie habe schließlich dem Druck nicht mehr standhalten können. Als er erfuhr, daß der Advokat keinen Grund zur Scheidung sehe, habe Eduard zu ihr gesagt: »*Nun bleibt nichts anderes übrig, nun muß er* (Gottschalg) *um die Ecke.*« Und ebenso: »*Ich sehe nicht ein, warum wir darunter leiden müssen, da wollen wir lieber deinen lieben Mann auf die Seite bringen·...*« Auf Anraten Frau Röhners habe sie sich ihrem Mann gegenüber dann ausnehmend freundlich benommen, damit er keinen Verdacht schöpfe. Zu dieser Zeit hätten die Röhners bereits über Arsenik verfügt, denn Eduard habe ihr am Morgen des 15. Mai ein in Papier eingeschlagenes Pulver überreicht. Sie habe es zu sich genommen, weil sie es wegschütten wollte, doch es ihm dann wieder zurückgegeben.

Dem weiteren Geständnis zufolge bereitete Pauline mittags das Essen und trug einen Teil davon zu ihrem Geliebten hinauf. Dann kochte sie in einer Blechkanne den Kaffee für den Nachmittag, den sie darauf in je eine Porzellan- und eine Zinnkanne goß. Sie stellte auf den Stubentisch zwei Tassen: eine kleinere für sich selbst, die größere für ihren Mann. Als nun die Gottschalgs oben bei den Röhners zum Kaffeetrinken versammelt waren, müsse, so die Gottschalg, der alte Röhner heimlich hinuntergegangen und das Gift in die leere Tasse ihres Mannes geschüttet haben. Als sie nämlich auf das Türschellen hin hinunterging, sei dieser ihr entgegengekommen. Dies widersprach aber der Aussage des Scharfrichtergehilfen, der zum Rasieren gekommen war. Er gab an, Frau Gottschalg habe sich bereits in ihrer Wohnstube befunden, als er die Rasierstube betrat.

Das Untersuchungsgericht hatte Zweifel an dem Geständnis der Gottschalg, was die Ausführung der Tat betraf. Der Untersuchungsgefangenen selbst war es nicht entgangen, daß man ihr keinen Glauben schenkte. Sie wolle nun die Wahrheit und nichts als die Wahrheit sagen, ließ sie vernehmen. Als sich ihr Mann nämlich in der Wohnstube den Kaffee einschenkte, habe sie obenauf weiße Punkte schwimmen gesehen. Sie begab sich, voller dunkler Ahnung, hinauf zu Eduard und erfuhr von ihm, daß sein Vater Arsenik in die Tasse gestreut habe. »*Sag keinem Menschen etwas davon. Schütte die Tasse aus, spüle sie rein, gieß frischen Kaffee ein, damit kein anderer Schaden nimmt*«, habe er sie ermahnt.

Bei einem anschließenden Gegenverhör wiederholte Pauline ihr neuestes Geständnis, während Eduard Röhner alles ableugnete. Dann bequemte sich die Witwe zu weiteren Einzelheiten: Ja, sie habe das Arsenikpulver Eduard nicht zurückgegeben, sondern es behalten. In seiner Gegenwart

31

schüttete sie das Gift vor der Rückkehr ihres Mannes in die größere Tasse und goß auf Raten Eduards etwas heiße Milch darauf, damit Bernhard keinen Verdacht schöpfe. Doch auch dies stritt der junge Röhner ab.

Wochenlang kam das Untersuchungsgericht nicht weiter. Am 14. Juni 1860 endlich, es war ihr 20. Geburtstag, ließ Pauline Gottschalg um ein neues Verhör bitten. Heute, an ihrem Geburtstag, könne sie es nicht mehr ertragen, daß Eduard Röhner, für den sie noch immer eine heiße Liebe empfinde, sie so beharrlich als Lügnerin hinstelle. *Ich muß hierüber von ihm Aufschluß haben. Lassen Sie, zu meiner Beruhigung, ihn nochmals in meine Gegenwart kommen!* Daher führte man die beiden erneut zusammen. Sogleich bestürmte Pauline ihn, er solle doch die ganze reine Wahrheit sagen.

Eduard Röhner rang lange Zeit mit sich selbst und legte schließlich ein Geständnis ab, das, von einigen wenigen Aspekten abgesehen, im großen und ganzen glaubhaft erschien:

Nach Paulines Rückkehr aus Leipzig am 30. April traf er sich mit seiner Geliebten am Ende des wenig belebten Paradiesgäßchens. Sie teilte ihm mit, daß der Rechtsanwalt keinen Grund zu einer Scheidung finden könne. Nun bestand für Röhner keinerlei Zweifel mehr: Gottschalg mußte sterben! Er konnte ohne Pauline nicht mehr leben, sich eine Zukunft ohne sie nicht vorstellen. Einen anderen Ausweg als Mord gab es für ihn nicht. Nach schweren inneren Kämpfen gab Pauline schließlich nach und willigte mit einem Handschlag ein. Das Schicksal ihres Mannes war besiegelt.

In den nächsten Tagen wurde sie jedoch wieder wankend. Ihr widerstrebte der Gedanke an den Mord, selbst gutes Zureden durch Eduard und seine Eltern vermochte sie nicht zu überzeugen. Am 2. Mai, als sie sich wieder allein mit ihrem Geliebten befand, fiel dieser vor ihr auf die Knie und beschwor sie, unwiderruflich in den Mord einzuwilligen. Sie brauche ja nicht die Tat selbst zu begehen, er und seine Eltern würden es für sie tun. Wieder willigte Pauline ein, bat aber darum, noch ein paar Tage verstreichen zu lassen, weil sie ja erst wenige Tage zuvor zu ihrem Mann zurückgekehrt sei. Sein plötzlicher Tod würde zu sehr auffallen. Als sich das Verhältnis zwischen den Eheleuten besserte, schrieb Eduard Röhner am 7. Mai seiner Geliebten einen leidenschaftlichen Brief, in dem er an ihrer Liebe zweifelte und damit drohte, erst Gottschalg und dann sich selbst zu erschießen. Gleichzeitig suchte seine Mutter Pauline auf und machte ihr heftige Vorwürfe: ihr Sohn sitze in seinem Zimmer und heule unentwegt. Wann endlich erlaube sie ihm, ihrem Mann das weiße Pulver zu verabreichen? Pauline setzte sich daraufhin an ihren Schreibpult und schrieb Eduard jenen verhängnisvollen Brief, der später bei ihm entdeckt werden sollte. Dann machte sie sich mit dem Gedanken vertraut, daß eine Beseitigung ihres Mannes unausweichlich war.

Am nächsten Tag besprach man, wie die Vergiftung bewerkstelligt werden sollte. Am nächsten Sonntag wollte Bernhard Gottschalg nach Ziegenhain gehen, um dort zu »schröpfen«. Da könne man ihm ohne weiteres das Gift in die Wegzehrung oder in den Kaffee mischen, so daß er unterwegs erkranken und sterben würde. Doch wieder schreckte Pauline vor dem Anschlag zurück und versuchte, die ganze Angelegenheit aufzuschieben. Da kam der Vorschlag ihres Geliebten: »*Nächsten Donnerstag ist Himmelfahrt, da soll dein Mann in den Himmel fahren!*« Ob man die Leiche des Toten öffnen und das Gift finden würde, wollte sie wissen. Röhner beruhigte sie: Sie brauche in die Leichenöffnung ja nicht einzuwilligen und außerdem könne sie behaupten, ihr Mann habe sich wegen der ehelichen Zerwürfnisse selbst vergiftet. Das beruhigte Pauline und ihre zögerliche Haltung wich einer festen Entschlossenheit.

Eduard Röhner ließ sich nun von seiner Mutter das in einer Pappschachtel aufbewahrte, zur Vertilgung von Ratten und Mäusen gedachte Arsenik geben. Er nahm etwa fünf Gran, schlug es in ein kleines Papier und zeigte es am 14. Mai seiner Geliebten. Der nächste Tag wurde als der Tag festgesetzt, an dem Bernhard Gottschalg »in den Himmel fahren« sollte. Pauline sollte das Gift in das Mittagessen mischen, doch verwarf man diesen Plan. Statt dessen schlug Röhner vor, das Pulver in Bernhards Kaffeetasse zu schütten und zur Tarnung heiße Milch darüberzuschütten.

Dem Untersuchungsrichter erschien es wenig glaubhaft, daß sich die Giftbeibringung so abgespielt habe. Gottschalg hätte ganz gewiß Verdacht schöpfen müssen, als er in seine Tasse sah und die milchig-trübe Färbung bemerkte. Hinzu kam, daß Frau Pilling ausgesagt hatte, daß der Ermordete bei ihrem Eintritt ins Wohnzimmer bereits bei seiner zweiten Tasse Kaffee saß, diese aber kaum berührt hatte. Woher sollte die Menge des später chemisch ermittelten Arseniks gekommen sein, wenn nur die eine Tasse Kaffee vergiftet gewesen wäre und Gottschalk sie nicht zur Hälfte ausgetrunken hätte? Die Gottschalg beharrte darauf, sie habe die noch zum Teil gefüllte Tasse ausgeschüttet, gereinigt und ebenso viel anderen Kaffee eingegossen. Es hätten zwei mit Kaffee gefüllte Kannen bereitgestanden, wovon die eine größer als die andere war. Der bedenkliche Zustand, in dem Herr Pilling den Kranken fand, sprach dafür, daß er, als Frau Pilling eintrat, schon eine Tasse des vergifteten Kaffees getrunken hatte.

Das alte Ehepaar Röhner stritt hartnäckig jede Beteiligung an der Vergiftung ab. Sie schoben jegliche Schuld der Witwe Gottschalg zu. Als Frau Röhner erfuhr, daß ihr Sohn alles gestanden hatte, beschwor sie ihn in einem Gegenverhör, seine Aussagen zurückzunehmen, denn er stürze seine Eltern ins Unglück. Eduard Röhner aber sagte ihr, er wolle bei der Wahrheit bleiben. Darüber kam es zwischen ihm und seiner Mutter zu einem handfesten Streit, das Gegenverhör mußte abgebrochen werden.

Es wurde nun Anklage erhoben: gegen Pauline Gottschalg wegen vorbedachten Mordes an ihrem Ehemann, gegen Eduard Röhner wegen Verleitung zum Verbrechen und der Teilnahme an diesem, gegen Georg Röhner wegen Verleitung oder zumindest der unterlassenen Verhinderung und gegen seine Ehefrau Christiane wegen Verleitung und gleichen Teilnahme oder doch der ungleichen Teilnahme (»mit Kenntnis davon, daß Gottschalg vergiftet werden sollte, ihrem Sohne das Arsenik übergeben, somit aber, ohne das Verbrechen mit beschlossen zu haben, vor der Ausführung Beihülfe geleistet zu haben«).

Das Schwurgerichtsverfahren vor dem fürstlichen Kreisgericht in Sondershausen[6] begann am 14. September 1860 unter dem Vorsitz des Geheimen Justizrats Dr. von Gersdorff. Die beiden Hauptangeklagten blieben bei dem Geständnis, wie sie es in der Voruntersuchung abgelegt hatten, während die Eheleute Röhner weiterhin leugneten.

Im Mittelpunkt des Prozesses stand natürlich Pauline Gottschalg. Ihre Erscheinung machte auf viele einen unheimlichen Eindruck, vor allem, als sie mit völlig ruhiger, klarer und heller Stimme alle Einzelheiten des Verbrechens schilderte, dabei abwechselnd lächelte und leicht errötete. Sie verstand es, die Zuhörer in ihren Bann zu ziehen. Nichts deutete darauf hin, daß sie Reue für ihre Tat empfand. Im Gegenteil: sie schien eine

---

[6] Sachsen-Weimar-Eisenach sowie Schwarzburg-Sondershausen und Schwarzburg-Rudolstadt hatten 1850 mittels Staatsvertrages eine Gerichtsgemeinschaft gegründet, wonach alle drei Staaten die gemeinschaftlichen Kreisgerichte Weimar, Eisenach, Rudolstadt und Sondershausen turnusmäßig für die Aburteilung von Verbrechen nutzten (Ulrich Heß: Geschichte der Behördenorganisation der thüringischen Staaten und des Landes Thüringen von der Mitte des 16. Jahrhunderts bis zum Jahr 1952. Jena/Stuttgart 1993). Für die Herbstsitzungen des Jahres 1860 war Sondershausen auserwählt.

gewisse Befriedigung darüber zu verspüren. Ihr Geliebter dagegen zeigte sich während des zweitägigen Prozesses völlig teilnahmslos. Er schien sich in sein Schicksal gefügt zu haben, wußte, daß sein Ende besiegelt war.

Die aufgebotenen Zeugen wußten nichts Neues zu berichten. Die Sachverständigen erläuterten den Obduktionsbericht, der unzweifelhaft auf eine Vergiftung hindeutete. In den Eingeweiden des Gottschalg habe man zweidreiviertel Gran arseniger Säure gefunden, während die Menge des im gesamten Körper verteilten Giftes auf zehn bis zwölf Gran geschätzt wurde.

Nach Beendigung der Beweisaufnahme ergriff der großherzogliche Oberstaatsanwalt von Groß das Wort. Er faßte noch einmal die Umstände des Verbrechens zusammen, sich dabei auf die Geständnisse berufend, und beantragte dann gegen die beiden Hauptangeklagten die Schuldigsprechung wegen Giftmordes.

Der Verteidiger der angeklagten Gattenmörderin, Rechtsanwalt Gabler aus Weimar, erklärte, daß der Verstorbene bereits vor dem Genuß des Kaffees Gift erhalten haben müsse, beispielsweise mit dem Mittagessen. Denn er habe eine weitaus größere Menge des Arseniks erhalten, als dem Geständnis Röhners zufolge überhaupt in den Kaffee getan worden sei. Wenn dies der Fall gewesen wäre, dann sei Gottschalg an dem vorher genossenen Gift gestorben, und seine Frau habe den Tod durch die letzte von ihr beigebrachte Dosis allenfalls beschleunigt. Sie habe wohl, als sie das Pulver in den Kaffee schüttete, gar nicht die Absicht gehabt, ihren Mann zu töten, weil sie glaubte, es sei Brechweinstein[7], der normalerweise nur eine Krankheit herbeiführe, nicht aber den Tod. Dies sei von den Geschworenen bei ihrem Wahrspruch zu berücksichtigen.

Der Verteidiger Eduard Röhners, Rechtsanwalt Hotzel aus Weimar, versuchte die Motive des Angeklagten abzumildern. Dieser habe im elterlichen Haus nichts als Laster und Sünde gesehen. Daher sei es nicht verwunderlich, daß nichts Gutes aus ihm geworden war. Infolge seiner tiefen Leidenschaft für Pauline Gottschalg vermochte er auch vor einem Verbrechen nicht zurückzuschrecken.

Die Verteidiger der Eheleute Röhner stellten jegliche Beteiligung der beiden an der Tat in Abrede und wiesen auf das lasterhafte Vorleben der An-

---

[7] Brechweinstein oder Kaliumantimonyltartrat wurde früher in Dosen von 20–30 mg als Brechmittel verabreicht.

geklagten Gottschalg hin. Zwar sei es möglich, daß Frau Röhner ihrem Sohn das Gift gegeben habe, daraus folge aber nicht, daß sie auch gewußt habe, wofür er es verwenden wolle. Allenfalls könne man beide der Begünstigung für schuldig erklären. Im übrigen stünde nicht die Moralität der Eheleute Röhner zur Debatte. Beide Verteidiger plädierten auf Freispruch.

Die Geschworenen gaben nach zweitägiger Verhandlung am 15. September ihre Entscheidung ab. Mit zehn gegen zwei Stimmen sprachen sie Pauline Gottschalg und einstimmig Eduard Röhner schuldig. Daraufhin fällte der Vorsitzende über die beiden das vorgeschriebene Todesurteil durch Enthauptung mittels Fallbeiles.[8] Das Ehepaar Röhner dagegen wurde im Sinne der Anklage für schuldig befunden. Der Mann erhielt fünf Monate Gefängnis, die Frau 15 Jahre Zuchthaus.

Kaum hatte sie den Todesspruch vernommen, brach Pauline Gottschalg in ein heftiges Schluchzen aus. Ihr Geliebter dagegen verblieb regungslos und starrte vor sich hin. Wenige Tage nach dem Urteilsspruch wurden die beiden Todgeweihten nach Weimar zurückgebracht und im Kriminalgefängnis inhaftiert, wo sie ihrer Hinrichtung entgegensahen.

Hier schrieb die Verurteilte dem Untersuchungsrichter einen Brief: »Ich bin, wie Sie wissen, vom Gerichtshof zum Tode verurteilt worden und habe mich bereits in mein Schicksal ergeben. Ich will die Strafe leiden, ich kann mich aber von Eduard nicht trennen. Mein Verteidiger will ein Gnadengesuch für mich einreichen, ich will dem nicht entgegen sein, wünsche vielmehr mit meinem Verteidiger darüber zu sprechen. Auch Eduards Verteidiger beabsichtigt ein gleiches Gesuch. Sollte des Großherzogs königliche Hoheit sich wirklich bewogen fühlen, mich zu begnadigen und die Todesstrafe in Zuchthausstrafe zu verwandeln, so würde ich zwar dafür dankbar sein, jedoch nur unter der Voraussetzung, daß Eduards Strafe ebenso verwandelt würde. Wir haben beide gleiche Schuld, und ich möchte nicht leben, wenn Eduard sterben müßte.«

Sie bat um eine Unterredung mit ihrem Mitverurteilten. Unter strenger Bewachung sprachen sich die beiden aus. Die Gottschalg teilte ihm ihre

---

[8] Im Juli 1856 war im Großherzogtum Sachsen-Weimar-Eisenach die nach der Revolution von 1848 abgeschaffte Todesstrafe wiedereingeführt und das Fallbeil als Enthauptungswerkzeug bestimmt worden. Bereits zwei Jahre später, am 8. Dezember 1858, wurde in Weimar der Raubmörder Bernhard Stempner enthauptet (siehe Michael Kirchschlager [Hg.]: Thüringer Kriminalchronik hingerichteter Verbrecher. Arnstadt 2006, S. 87–136).

Absichten mit und verlieh ihrer Hoffnung Ausdruck, daß beide begnadigt und nach guter Führung nach wenigen Jahren aus dem Zuchthaus kämen. Und es gelang ihr, auch Eduard Röhner von den Vorteilen eines Gnadengesuches an den Großherzog zu überzeugen. Über seinen Verteidiger ließ er daraufhin um sein eigenes Leben bitten, aber nur unter der Voraussetzung, daß auch Pauline Gottschalg begnadigt würde.

Als Paulines Eltern ihre Tochter im Gefängnis besuchten und auch deren kleine Tochter Anna mitbrachten, kam es zu herzzerreißenden Szenen. Auch ihr Vater hatte an den Großherzog ein Gnadengesuch gesandt und drang nun in sie, die Begnadigung anzunehmen, sollte sie ihr gewährt werden, ganz gleich, wie die Entscheidung hinsichtlich ihres Mitverurteilten ausgehe. Nach hartem inneren Kampf willigte sie schließlich ein, obwohl sie immer wieder beteuert hatte, sie ginge lieber in den Tod, denn vor dem Zuchthaus graue es ihr. Sie sei noch jung und möge nicht dort weitere 40 Jahre dahinvegetieren.

Und ihr Geliebter vertraute sich seinem Geistlichen an: »Ich habe alles gestanden, wenn ich auch die Strafe kannte, die mir bevorsteht. Gott hat seine unsichtbare Hand im Spiel gehabt und die Entdeckung des Verbrechens herbeigeführt, sonst wären wir alle frei geworden. Es war alles genau verabredet, daß wir gar nichts gestehen wollten, Beweise waren auch nicht da, denn das Gift war verbrannt, alle Briefe vernichtet. Nur der eine war, in meiner Tasche verborgen, in meiner Tasche geblieben.« Er sprach von seiner immer noch starken Liebe zu Pauline Gottschalg. Seinem Geistlichen vertraute er an, daß er in den letzten Tagen bitterliche Tränen vergossen habe. Auf die Frage, ob er über sein Verbrechen oder über seinen bevorstehenden Tod geweint habe, antwortete er: »*Nein, über die Gottschalg, daß ich sie so lange nicht gesehen noch gesprochen habe; ich sehne mich nach ihr.*«

Am 21. Oktober 1860 suchte das Gericht die Verurteilten in ihren Zellen auf. Die Entscheidung des Großherzogs war eingetroffen. Sie lautete: »... und so haben Wir die gnädigste Entschließung gefaßt, die gegen die verwitwete Pauline Gottschalg erkannte Todesstrafe, in gnädigster Rücksichtnahme auf deren noch jugendliches Alter und auf den Umstand, daß sie zu der verbrecherischen That durch den Theilnehmer an derselben, den Chirurgen Eduard Röhner, verleitet worden ist, in lebenslängliche Zuchthausstrafe zu verwandeln. Dagegen haben Wir uns nicht entschließen können, eine gleiche Gnade dem Chirurgen Eduard Röhner gegenüber walten zu lassen, vielmehr beschlossen, bei der gegen denselben richterlich erkannten Verurteilung zur Todesstrafe durch Enthauptung mit dem Fallbeil es lediglich bewenden zu lassen.«

Pauline vernahm die großherzogliche Entscheidung als erste. Sie sollte also leben. Sie hörte den Beschluß völlig ruhig an, nur als sie dann erfuhr, daß ihr Geliebter sterben müsse, brach sie in leises Weinen aus. Röhner dagegen fügte sich ohne Regung in sein unausweichliches Schicksal. Gefaßt nahm er Abschied von seinen Eltern.

Die Gottschalg bat um eine letzte Unterredung mit ihm, die ihr auch gewährt wurde. Immer wieder beteuerte sie ihm, sie werde ihn ewig lieben, auch wäre sie gern mit ihm gestorben. Als sie sich für immer voneinander trennten, brach sie in lautes Schluchzen aus, das weithin vernehmbar war. Noch am selben Tag wurde sie ins Zuchthaus überführt. Zuvor aber äußerte sie den Wunsch, an der Hinrichtung Röhners teilnehmen zu dürfen. Vermutlich beabsichtigte sie damit, ihren Geliebten noch ein letztes Mal sehen zu können. Das Gericht lehnte dieses Ansinnen ab.

Wenige Tage vor der Hinrichtung zeigte Röhner nach unermüdlichem Drängen seines Seelsorgers an, doch endlich die reine Wahrheit sagen zu wollen, daß nämlich Pauline in einem Punkt gelogen habe. Sie habe das Gift nicht in die Tasse getan, sondern in eine der Kaffeekannen, die auf dem Kohlenfeuer warmgehalten wurden. Aus dieser Kanne habe sich Gottschalg in die vollständig leere Tasse eingeschenkt und so das Arsenik zu sich genommen. Im übrigen sei Pauline anfangs nur bereit gewesen, die Vergiftung geschehen zu lassen, aber nicht aktiv daran teilzunehmen. Da sie aber nach ihrer Rückkehr aus Leipzig von ihrem Vater sehr streng behandelt und wie eine Gefangene gehalten wurde, darüber hinaus Zusammenkünfte mit ihrem Geliebten so gut wie unmöglich geworden waren, habe sie aus Wut am Montag, dem 14. Mai, das Gift von Eduard Röhner verlangt, um es ihrem Mann selbst beizubringen.

Während seine Geliebte ihre Strafe im Zuchthaus antrat, bereitete sich Eduard Röhner auf seinen Tod vor. Er aß kaum noch, verschmähte auch die Zigarren, die man ihm anbot. Immer wieder bat er, sein Leichnam solle nicht an das anatomische Theater in Jena abgeliefert werden, sondern man möge ihm ein ehrliches Begräbnis gestatten. Wenn er nicht an den schimpflichen Tod unter dem Fallbeil dachte, kreisten seine Gedanken nur um Pauline. Sein Seelsorger versuchte alles, ihn davon abzubringen. Am Abend vor der Vollstreckung sagte er zu dem Delinquenten: »*Ich weiß schon, was Sie sich für morgen vorgenommen haben, Sie wollen mit dem letzten Gedanken an die Gottschalg sterben, und das thut mir leid, denn sie ist dessen unwürdig, der Gedanke ist sündhaft, und wie wir sterben, so stehen wir auch wieder auf.«* Röhner hielt ihm vor, Pauline sei zwar leichtsinnig, aber nicht schlecht, er liebe sie noch sehr und darum wolle er sich bis zum letzten Augenblick an sie, ebenso aber auch an die Gnade Gottes erinnern. Auf das Drängen des Geistlichen versprach er aber, wenn er seine Zelle verlassen werde, zuerst an seine Geliebte, dann aber nur noch an Gott und den Heiland zu denken ...

Als der Morgen des 23. Oktober 1860 heranbrach, wurden die Straßen vor dem Kreisgerichtsgebäude durch Militär besetzt. Punkt sieben Uhr wurde Eduard Röhner, sich auf den Arm des Seelsorgers stützend, auf den umschlossenen Hof geführt, wo das Schafott stand. Er war zwar bleich, aber gefaßt. Während das Läuten der Stadtkirchglocken herüberdrang, vernahm er nochmals sein Todesurteil und das Reskript[9] des Landesherrn. Dann stieg er festen Schrittes die Stufen zum Schafott hinauf. Wenige Augenblicke später trennte das Fallbeil sein Haupt vom Rumpf. An wen er in seinen letzten Augenblicken gedacht hat, an seine Geliebte Pauline oder an Gott und den Heiland, wissen wir nicht. Vielleicht aber durchzuckte ihn im letzten Augenblick die Furcht vor dem schrecklichen Tod unter dem Beil.

Wolfgang Krüger

---

[9] Entscheidung zu einem Gesuch.

Regina Gutmann – Das Schwefelholzluder

Sachsen-Meiningen (1860–1861)

Den Nachnamen des Holzmachers August Gutmann trug Regina wider Willen, dem Drängen ihrer Eltern folgend. Schon während der kirchlichen Trauung Ostern 1860 brach die damals 18jährige in Tränen und schließlich vor Kummer zusammen.

Noch in der Hochzeitsnacht schwor sich die Thüringerin, den 24 Jahre alten Ehegatten zu vergiften, um wieder ungehindert in den Armen ihres gleichaltrigen Liebhabers Max liegen zu können.

Auch in den folgenden Monaten verlief die Ehe mit dem ungeliebten August Gutmann nicht glücklich. Regina Gutmann setzte nämlich das vor der Ehe angeknüpfte Liebesverhältnis mit Max nicht nur fort, sondern unternahm nichts, um das Verhältnis im verborgenen schlummern zu lassen. Ihrem Ehemann schenkte die junge Frau dagegen keine Beachtung.

So entstanden bald Zerwürfnisse zwischen beiden Ehegatten, in deren Folge sich Reginas Haß auf ihren angetrauten Mann steigerte. Freilich sprach sich das zwischen den Gutmannschen Eheleuten bestehende gespannte Verhältnis in Frankenstein bei Allendorf und Salzungen herum und zog die Aufmerksamkeit der Ortsbewohner auf sich.

»Kaum 3 Monate nach der Hochzeit«, so berichtete später die Zeitung *Beobachter an der Saale, Schwarza und Ilm*, »reichte die Angeklagte ihrem Ehemanne zum Frühstück vergiftete Milch. Dieser aß davon, bald überfielen ihn Magenschmerzen und er begann sich auf dem Boden herum zu wälzen. Eine Untersuchung des Milchtopfes ließ auf dessen Boden eine Anzahl roter Köpfe von mit Phosphor getränkten Schwefelhölzchen erkennen. Dieselben hatten sich indessen nur teilweise aufgelöst.«

Die Gutmann wollte über den Vergiftungsversuch während der am 16. März 1861 in Weimar stattgefundenen Schwurgerichtsverhandlung unter Leitung des Präsidenten, dem Geheimen Justizrat Dr. von Gersdorff, keine Auskunft geben und zeigte sich gleichgültig gegenüber den Qualen, die ihr Ehemann nach dem Giftmordanschlag zu erdulden hatte.

Verdächtig war nach den Worten des Anklagevertreters Oberstaatsanwalt Dr. von Groß, daß einige Tage vor dem Vorfall mehrere in Papier gewickelte, mit roten Köpfen versehene Schwefelhölzchen bei der Angeklagten

Regina Gutmann gesehen wurden, die nach dem fraglichen Vorfall verschwunden waren.

Zum Glück hatte der Genuß besagter Milch für die Gesundheit des August Gutmann keine bleibenden Folgen, so daß der kräftige Mann schon kurze Zeit darauf seiner Arbeit wieder nachgehen konnte.

Aber schon wenige Wochen später, im September 1860, schritt die Gutmann erneut zur Tat und brachte ihrem an der Chaussee beschäftigten Ehemann selbstgebackenen, sogenannten Ofenkuchen zum Mittagessen, den sie dem Mann mit Preiselbeeren reichte.

Als Gutmann von den Beeren einige gegessen hatte, spuckte er sie wegen ihres widerlichen Geschmacks sofort wieder aus und schrie seine Frau an: »*Luder, was hast du wieder gemacht? Sie riechen wie lauter Schwefelhölzchen!*«

Auch der Genuß der Preiselbeeren hatte für die Gesundheit des Holzmachers keine bleibenden Folgen.

Warum August Gutmann seine junge, hübsche Frau nicht bei der Polizei anzeigte, blieb sein Geheimnis. Von den vorstehenden Vorfällen waren die Behörden durch die darüber umlaufenden Gerüchte aufmerksam geworden.

Daher wurde Regina Gutmann am 15. Dezember 1860 wegen des Verdachtes auf versuchten Giftmord verhaftet. Nach anfänglichem Leugnen legte die 19jährige Ehefrau bald ein detailliertes Geständnis ab und gestand ihre Schuld in vollem Umfang. Sie gab zu, in die Milch ca. 100 Stück abgeschabte Schwefelholzköpfe gemischt zu haben. Für die Beeren löste sie Phosphor von etwa 50 Zündhölzern ab. All dies geschah in der Absicht, ihren Gatten zu vergiften, um nach dessen Ableben den Geliebten heiraten zu können.

Nach Abschluß der gerichtlichen Voruntersuchung widerrief Regina Gutmann ihr Geständnis. Sie wollte es auf Anraten einer mit in ihrem Gefängnis sitzenden Gefangenen abgelegt haben, um nur schnell wieder in Freiheit zu kommen.

»Hierbei beharrte sie auch in der heutigen Hauptverhandlung«, schrieb der Gerichtsreporter der Zeitung *Beobachter an der Saale, Schwarza und Ilm* am 16. März 1861 aus Weimar, »indessen ohne Erfolg. Ihr heutiges Benehmen machte keinen günstigen Eindruck. Sie verriet, – wenn auch sonst klug und gewandt in ihren Antworten – durch Blick und Haltung ihr böses Gewissen.«

Alle vom Gericht vernommenen Belastungszeugen bestätigten durch ihre Aussagen den auf der Gutmann lastenden schweren Verdacht des Giftmordversuchs.

Eine Zeugin ließ das Gericht wissen, daß die Angeklagte Regina Gutmann bereits im April 1860 geäußert habe: Sie werde eines Tages »*... entweder ihren Ehemann oder sich selbst um das Leben bringen*« und hätte später hinzugefügt: Sie wolle »*... ihm den Hals brechen*«.

Der vernommene Sachverständige, Medizinalrat Dr. Gullon, erklärte, daß die von der Gutmann ihrem Manne dargereichten Giftstoffe, wenn dieser sie vollständig genossen hätte, zu dessen Tötung geführt haben würden.

Daher hielt der Oberstaatsanwalt die Anklage gegen Regina Gutmann wegen zweimaligen Giftmordversuchs aufrecht und forderte für die junge Frau eine hohe Haftstrafe.

Ihr Verteidiger, Rechtsanwalt Dr. Luden, gab den Geschworenen den Spruch über die Schuld der Angeklagten selbst anheim, versuchte das Gremium aber davon zu überzeugen, daß wegen des jugendlichen Alters der Täterin und des Umstandes der aufgenötigten Hochzeit mit August Gutmann mildernde Umstände zu erkennen seien.

Den Einlassungen des Verteidigers folgten die Geschworenen nicht. Sie schlossen sich der Ansicht der Staatsbehörde an und sprachen über Regina Gutmann einstimmig das Schuldig, ohne Anerkennung mildernder Umstände, aus.

Sie wurde daraufhin vom Weimarer Gerichtshof zu zwölf Jahren Zuchthaus verurteilt.

Frank Esche

Marie Rosine Strauss –
Die letzte öffentliche Hinrichtung in Deutschland

Reuss ältere Linie (1861–1864)

Marie Rosine Strauß aus Leiningen gebührt die zweifelhafte Ehre, als letzte zum Tode verurteilte Person in Deutschland den öffentlichen Tod auf dem Schafott erlitten zu haben. In einer Zeit, als die Industrialisierung des noch immer in zahlreiche Staaten zersplitterten Deutschland mit großer Geschwindigkeit voranschritt und technische Errungenschaften den Menschen zum Teil Leben und Arbeit erleichterten, schrieb die Gesetzgebung in einem kleinen thüringischen Fürstentum noch die öffentliche Sühne für einen Mord vor und berief sich hierbei auf eine aus dem Spätmittelalter stammende Strafprozeßordnung.

Das kleine Dorf Leiningen[10] liegt zwischen Elsterberg und Zeulenroda. Es zählte zum Zeitpunkt des Geschehens etwa 120 Einwohner und gehörte zu dem kleinen, nicht viel mehr als 40.000 Einwohner zählenden Fürstentum Reuß ältere Linie, einem der vielen Thüringer Kleinstaaten, die die zeitgenössische politische Karte des heutigen Freistaates wie ein Flickenteppich erscheinen ließen.

Es war bereits Abend geworden an diesem 17. Dezember 1861, einem Dienstag, als sich die Leichenfrau Johanne Christiane Ott zum Haus des Webermeisters Friedrich Traugott Feustel begab, das weitab von anderen Häusern im oberen, südlichen Teil der Ortschaft stand. Die neunjährige Ernestine Strauß, die mit ihrer Mutter im selben Haus wohnte, hatte sie flehentlich um Hilfe gebeten: Ihre Mutter, die 43jährige Hefehändlerin Marie Rosine Strauß, und die Ehefrau Feustel hätten am Nachmittag wieder einmal heftig miteinander gestritten und nun dürfe es, das Mädchen, die Stube nicht mehr betreten. Es habe jetzt große Angst, daß etwas Schreckliches passiert sein könne. Als die Leichenfrau das Haus Feustels betrat, kam ihr im Flur die Mutter des Mädchens entgegen. Frau Strauß sagte ihr ohne die geringste Spur einer Aufregung, die Ehefrau Christine Karoline Feustel habe sich in ihrer Wohnstube erhängt. Die Ott überzeugte sich davon durch Augenschein und kehrte dann nach Hause zurück, um

---

[10] Heute nach Hohndorf eingemeindet.

Greiz um 1850.

ihrem Sohn Mitteilung zu machen. Dieser verständigte sofort den Ortsrichter Golle und die Geschworenen Gebhardt und Riedel, die für die Ordnung und Sicherheit im Ort zuständig waren. Alle drei begaben sich augenblicklich zum Wohnhaus Feustels.

Tatsächlich fanden sie in der Wohnstube die Ehefrau Feustel, 43 Jahre alt, kniend neben einem leeren Handwebstuhl, der das Zimmer beherrschte, das Gesicht auf dem Werftenbaum[11] ruhend. Gleich daneben stand ein weiterer, kleinerer Webstuhl. Auf einem Stuhl lag ein langer entknoteter Strick. Der Ehemann der Toten, der 44jährige Friedrich Traugott Feustel, saß auf der Ofenbank und starrte teilnahmslos vor sich hin, während Marie Rosine Strauß auf einem Stuhl hockte und in einem Gesangbuch blätterte.

Befragt, was denn geschehen sei, erzählte Feustel, seine Frau müsse sich am Nachmittag in der Stube eingeschlossen haben. Als er dann nach seiner Rückkehr von einer Reise nach Zeulenroda gewaltsam eingedrungen war, habe er sie mit einem Strick um den Hals tot am Webstuhl hängend vorgefunden. Sofort entfernte er den Strick, nahm die Leiche herab und brachte sie in die kniende Stellung, in der sie sich noch immer befand. Marie Rosine Strauß bestätigte dies. Sie schien von dem Selbstmord nicht sonderlich berührt zu sein.

Der Ortsrichter schärfte jedem ein, die Tote nicht zu berühren, und stellte zwei Dorfbewohner ab, die die Leiche bewachen sollten. Dann schickte er den Leininger Webermeister Dietzel in die acht Kilometer entfernte Residenzstadt Greiz. Dieser setzte gegen ein Uhr morgens das Kriminalgericht von dem Vorfall in Kenntnis. Noch vor Morgengrauen machte sich eine Gerichtsdeputation unter Begleitung des Amtschirurgen Träger auf den Weg nach Leiningen.

Nach ihrer Ankunft am frühen Morgen ging das Gericht sofort an die Arbeit und inspizierte zunächst die Tote. Sie ruhte kniend zwischen den beiden in der Stube befindlichen Webstühlen. Der Oberkörper war leicht nach vorn gebeugt, der Kopf lag auf der etwas über dem Fußboden befindlichen hölzernen Welle, dem Werftenbaum. An einem zweiten Querbalken war der Strick befestigt, wie Feustel den Gerichtspersonen gegenüber angab. Er habe ihn vom Hals seiner Frau entfernt, weil er sich Hoffnung gemacht hatte, sie wieder ins Leben zurückrufen zu können. Doch es sei zu spät gewesen.

---

[11] Eine hölzerne Welle am Webstuhl.

Friedrich Traugott Feustel, Fotografie von 1862.

Der Amtschirurg unterzog die Leiche einer vorläufigen Untersuchung. Zweifellos war die Frau durch Strangulation ums Leben gekommen. Es fanden sich kleinere Hautabschürfungen und geringfügige Wunden, die er sich nicht erklären konnte. Die Kleidung war in einem ordentlichen Zustand. Was den Chirurgen stutzig machte, waren kleinere Blutflecken am Webstuhl und auf dem Fußboden in der unmittelbaren Umgebung. Er schloß ein Verbrechen nicht aus. Auch die Gerichtsdeputation war der Ansicht, daß hier höchstwahrscheinlich kein Selbstmord vorlag. Sie kehrte nach Greiz zurück und erstattete dem dortigen Kriminalgericht Bericht.

Dieses begab sich in der zweiten Tageshälfte nach Leiningen und nahm weitere Ermittlungen auf. Als erstes inspizierten die Beamten die Örtlichkeit. Das Anwesen Feustels bestand aus dem Wohnhaus, einem Hof mit Stall und einem kleinen Garten. Im Erdgeschoß befanden sich außer der Küche zwei Stuben, während das Dachgeschoß die Schlafkammern enthielt. In der größeren Stube wohnte der Webermeister Feustel mit seiner so tragisch ums Leben gekommenen Frau und der achtjährigen Tochter, während in der kleineren Marie Rosine Strauß, deren Tochter Ernestine und der beinahe zweijährige Sohn Hermann lebten. Das Gericht ließ Skizzen des Wohngebäudes und des Webstuhls anfertigen, an dem die Leiche gefunden worden war.

Am nächsten Tag, dem 19. Dezember, wurde das Wohnzimmer der Strauß für die Sektion der Toten vorbereitet. Es verfügte über mehr Tageslicht als das andere. Die medizinische Untersuchung ergab, daß Frau Feustel tatsächlich an einer Strangulation gestorben war. Die stärkste Einwirkung der Schlinge fand sich im Nackenbereich. Beides, die bei einem Selbstmord durch Erhängen eher ungewöhnlichen starken Würgemale im Nacken und die merkwürdige Position der Toten, verstärkten den Verdacht des Kriminalgerichts, daß hier ein Verbrechen vorliegen mußte. Das Körpergewicht der Feustel konnte wohl kaum das Zuziehen der Schlinge bewirken. Und hatte ihr Ehemann nicht angegeben, er habe ohne Schwierigkeiten die Schlinge vom Webstuhl lösen können?

Man schritt zur Vernehmung der Hausbewohner und der Nachbarn. Dabei erfuhr das Gericht, daß es um den häuslichen Frieden nicht sonderlich gut bestellt war. Jeder im Dorf wußte, daß der so tragisch zum Witwer gewordene Feustel seit geraumer Zeit mit seiner um ein Jahr jüngeren Untermieterin Marie Strauß ein intimes Verhältnis unterhielt. Auch munkelten die Leininger, daß Feustel seine Frau nicht aus reiner Liebe, sondern wegen ihres in die Ehe gebrachten Vermögens von 350 Reichstalern geheiratet habe. Allerdings habe er mit einer weit größeren Mitgift gerechnet und sei über den seiner Ansicht nach bescheidenen Betrag sehr enttäuscht gewesen. Die Verstorbene sei eine sehr ordentliche und sparsame Hausfrau gewesen, doch habe sie sich sehr herrschsüchtig und hochmütig gezeigt.

Die Eltern der Strauß, das Ehepaar Hemmann, hatten im Jahre 1841 von den Eltern Feustels ein Haus erworben und diesen gestattet, darin als Auszügler zu wohnen. Schon bald darauf hatten sich der junge Feustel und die Marie Hemmann kennengelernt, wobei ersterer bereits reges Interesse an der jungen Frau bekundete. Dann aber heiratete Marie den Webermeister Strauß, von dem sie bereits 1852 wieder geschieden wurde. Hierauf ging sie eine morganatische Verbindung mit Christian Söllner ein, aus der die Tochter Ernestine stammte. Doch Söllner verließ sie bald und wanderte in die USA aus. Damals wohnte die Strauß im Gemeindehaus von Leiningen.

Im Jahre 1856 jedoch nahm Friedrich Feustel wieder Verbindung zu seiner früheren Liebe auf und bot ihr eine Stube in seinem Haus an. Seine Frau stimmte damals zu. Als sie aber gewahr wurde, daß sich ihr Mann und die geschiedene Frau immer näher kamen, kam es zu einem heftigen Krach: Die Nebenbuhlerin mußte das Feustelsche Haus verlassen und kehrte ins Gemeindehaus zurück.

In jener Zeit verdiente sie sich ihren Unterhalt durch den Verkauf von Hefe, mit dem sie von Haus zu Haus zog. Feustel begleitete sie zuweilen dabei, auch übernachtete er gelegentlich bei ihr im Gemeindehaus. Als seine Frau schwer erkrankte, willigte Marie Strauß ihn, ihm den Haushalt zu führen. Auch die kranke Karoline Feustel hatte nichts dagegen, hoffte sie doch, ihr Mann könne durch den von ihm und die Strauß betriebenen Hefehandel etwas Geld ins Haus bringen.

Also zog die Strauß erneut in das Haus Feustels ein. Nun setzte sie ihr Verhältnis mit Feustel ungehindert und vor den Augen der Ehefrau fort. Immer häufiger gerieten sich die beiden Frauen in die Haare. Schließlich zeigte man sich gegenseitig wegen Körperverletzung an. Am 14. Januar 1860 brachte Marie Strauß einen Sohn zur Welt – über den Kindesvater braucht nicht erst spekuliert zu werden. Bereits durch das Nichtanzeigen der Schwangerschaft verstieß sie gegen das Gesetz. Erst nach der Niederkunft bequemte sie sich, beim Polizeiamt in Greiz Meldung zu erstatten. Als Kindesvater gab sie einen ihr unbekannten Kutscher an, mit dem sie ein kurzes Verhältnis unterhalten habe. Für diese in der damaligen Zeit unerhörte Unterlassung wurde sie mit sechs Tagen Gefängnis bestraft. Erst später, als sie einmal mit ihrem Liebhaber in eine heftige Auseinandersetzung geriet, gab sie Feustel als den wahren Vater an. Dieser bestritt den Vorwurf. Der Greizer Konsistorialrat Hofmann legte der unehelichen Mutter nahe, das Haus Feustels und damit das Haus des »Schwängerers und Ehebrechers« zu verlassen und mit ihren zwei Kindern ins Gemeindehaus zurückzuziehen. Die Strauß willigte ein. Das hinderte Feustel aber nicht daran, seine Geliebte dort regelmäßig aufzusuchen und den ehebrecherischen Umgang fortzusetzen. Nach wenigen Wochen schon konnte er sie erneut dazu überreden, in sein Haus zurückzukehren.

Da man annahm, daß sich zur Todeszeit der Ehefrau Feustel nur der Ehemann und die Strauß mit ihren Kindern im Haus aufgehalten hatten, wurden Marie Strauß und ihr Liebhaber verhaftet und zwecks weiterer Untersuchung nach Greiz transportiert. Dort bezogen sie getrennte Stuben im Kriminalgerichtsgefängnis. In den Verhören leugneten beide zunächst beharrlich, etwas mit dem Mord an Karoline Feustel zu tun zu haben. Die Strauß gab an, am fraglichen Tag mittags von einem Gang nach Elsterberg zurückgekehrt zu sein. Feustel behauptete, erst am Abend von einer Geschäftsreise nach Zeulenroda heimgekommen zu sein. Da habe er seine Frau schon tot vorgefunden. Hatte er aber nicht nach Entdeckung der Leiche gesagt, er habe am Nachmittag des 17. Dezember die von innen verschlossene Stubentür gewaltsam aufbrechen müssen und dann seine Frau am Webstuhl hängend vorgefunden?

Gleich zu Beginn des neuen Jahres, am 4. Januar 1862, kehrte das Kriminalgericht noch einmal zum Tatort zurück. Das gesamte Wohnhaus Feustels wurde einer genauen Untersuchung unterzogen. Auf einer Wäscheleine entdeckte man eine frischgewaschene blaue Schürze, die immer noch zahlreiche dunkle Flecken aufwies: Offensichtlich hatte man versucht, darauf befindliches Blut auszuwaschen.

Da sich die Angaben Feustels bezüglich seiner Reise nach Zeulenroda und seiner späten Rückkehr als zuverlässig erwiesen, wurde er am 26. Februar aus der Haft entlassen. Die Kriminaluntersuchung konzentrierte sich nun auf die geschiedene Frau Strauß.

Ihre eigene Tochter Ernestine sollte ihr nun zum Verderben werden. Das Mädchen hatte sich mittlerweile ihrem Schullehrer anvertraut und ihm gebeichtet, sie habe bei ihrer gerichtlichen Vernehmung die Unwahrheit gesagt. Daraufhin wurde sie nochmals befragt und erzählte nun, sie habe gesehen, wie an dem fraglichen Tag ihre Mutter in die Stube zu der am Spinnrad sitzenden Frau Feustel getreten sei. Kurz darauf habe sie einen Schrei gehört, und dann sei ihre Mutter mit hochrotem Gesicht herausgekommen und habe die Stubentür verschlossen. Darauf habe die Mutter zu ihr gesagt: »*Wenn du vom Gericht gefragt wirst, sagst du: Wie ich gekommen wäre, hätten wir gegessen, dann hätte ich mich über deinen Rock gemacht. Davon sagst du aber nichts, daß ich in Feustels Stube gewesen bin.*« Ernestine erzählte weiterhin, sie habe kurz davor auch den lauten Streit zwischen ihrer Mutter und der Frau Feustel aus der benachbarten Stube mit angehört, doch von dem Wortwechsel nicht viel verstehen können. Die Mutter habe die Stube der Frau Feustel verlassen, sei dann aber wieder hineingegangen.

Mit der Aussage der eigenen Tochter konfrontiert, sagte die Strauß nur, sie fühle sich am Selbstmord der Feustel mitschuldig und bereue dies zutiefst. Denn immerhin habe sie die Frau wegen des Verhältnisses mit ihrem Ehemann in den Tod getrieben. Dabei blieb sie eine Zeitlang. Doch dann überlegte sie es sich wieder anders. Am 12. Mai legte sie folgendes Geständnis ab: Sie sei mit der Feustel in Streit geraten und habe sie dabei so unglücklich gestoßen, daß sie darauf gestorben sei. Sie habe die Tote dann an den Webstuhl gehängt, um diesen Umstand zu verschleiern und Selbstmord vorzutäuschen. Dieses Geständnis hielt die Strauß ebenfalls einige Zeit aufrecht. Als man wieder und wieder in sie drang und sie aufforderte, doch endlich die volle Wahrheit zu sagen, meinte sie, »*daß, wenn sie nur einige Ruhe vor ihrem Gewissen erlangen wolle, sie alles offen bekennen müsse.*«

Sie legte nun ihr endgültiges Geständnis ab, bei dem sie auch bis an ihr Lebensende bleiben sollte. Ja, sie habe die Ehefrau Feustel mit Vorsatz ermordet. Als Tatmotiv gab sie an, sie habe mit Feustel zusammenleben wollen, denn es sei ihr zunehmend schwergefallen, ihre zwei Kinder durchzubringen. Feustel konnte ihr eine gewisse finanzielle Sicherheit bieten. Doch fügte sie ihrem Geständnis noch hinzu, daß Feustel eine Mitschuld träfe, denn er habe sie zu der Tat angestiftet.

Friedrich Traugott Feustel wurde erneut verhaftet. Auch er gestand nun seine Beteiligung an der Mordtat ein. Die Vorbereitung und die Ausführung des Verbrechens konnten aufgrund der fast übereinstimmenden Aussagen der beiden Beteiligten folgendermaßen rekonstruiert werden:

Kurz nach Ostern 1859 wanderten Feustel und die Strauß gemeinsam nach Plauen, um dort Hefe zu verkaufen. Auf dem Rückweg kam es in einem Wäldchen zwischen Fröbersgrün und Syrau erneut zum Ehebruch. Anschließend unterhielt man sich darüber, was denn eigentlich dem gemeinsamen Glück im Wege stünde. Das aber war zweifellos die Ehefrau Feustel. Diese müsse man aus dem Wege räumen, aber dies so gescheit durchführen, daß keiner es merke. Feustel schlug vor, seine Frau mit einem Strick ums Leben zu bringen und sie dann aufzuhängen. So würde jeder glauben, sie habe sich selbst entleibt. Und: »es sei eine Entdeckung des Verbrechens weit weniger zu befürchten, wenn sie (die Strauß) allein den Mord einmal in seiner Abwesenheit ausführe«. Das sollte wohl heißen, der Verdacht eines Mordes sei weniger wahrscheinlich, wenn sich der Ehemann des Opfers auswärts befände und sie als Frau sowieso nicht als Täterin in Betracht käme. Die wohl nicht allzu gescheite Strauß sah das durchaus ein und erklärte sich bereit, die Tat auszuführen. Feustel hatte ihr nämlich versichert, Mord sei doch keine solch große Sünde, »denn die Monarchen lassen ja ganze Reihen junger Leute im Kriege erschießen«. Doch bat sie um Aufschub, da sie (von Feustel) schwanger sei und sie befürchten mußte, dem ungeborenen Kind könne während des Mordes etwas zustoßen. Und als auf einem der gemeinsamen Hausierertouren ihre Kleidung in Brand geriet, weil Feustel beim Rauchen einer Zigarre wohl unvorsichtig gewesen war, sah sie das als Vorsehung an und scheute wieder vor der Ausführung zurück.

Feustel ließ nicht nach, sie zu der Begehung der Tat aufzuwiegeln. Der erfahrene Webermeister erklärte ihr wieder und wieder, wie die Schlinge anzufertigen und anzuwenden sei. Die Strauß war nun wieder bereit, doch mußte die Ausführung des teuflischen Planes mehrmals verschoben werden. Darüber gingen Monate ins Land.

Am Dienstag, dem 17. Dezember 1861, einem kühlen, regnerischen Tag, war es dann soweit. Marie Strauß stand an jenem Morgen gegen 6.30 Uhr auf, denn sie wollte im unweit gelegenen Elsterberg Hefe verkaufen. Feustel bereitete unterdessen eine Geschäftsreise nach Zeulenroda vor. In der Stube der Strauß besprachen sie noch einmal alle Einzelheiten des Mordplanes. Feustel ermahnte sie eindringlich, ihn heute nicht zu enttäuschen, wenn er zurückkehre, wolle er bereits Witwer sein.

Gegen 12.30 Uhr kam Marie Strauß aus Elsterberg zurück. Sie trug ihrer Tochter Ernestine auf, Kartoffeln für das Mittagessen zu kochen. Als sie die leeren Hefefässer in den Hof schaffte, hörte sie den aus der Stube Feustels kommenden scharrenden Ton des Spinnrades. Also war Christine Karoline Feustel mit Spinnen beschäftigt. Die Strauß sah nun eine günstige Gelegenheit gekommen, die Tat auszuführen. Sie trat in die Stube und verwickelte die ahnungslose Frau in einen Streit, der in eine kurze Handgreiflichkeit ausartete. Dann eilte sie aus dem Zimmer, ging in ihre eigene Stube, ergriff den bereitgelegten Strick und kehrte zur Stube Feustels zurück. Leise schloß sie die Tür hinter sich und näherte sich von hinten der ahnungslos am Spinnrad sitzenden Frau, warf ihr blitzschnell die Schlinge über den Kopf, schob sie mit der linken Hand über den Hals und zog sie mit aller Kraft zusammen. Die Feustel, so jäh aus ihrer Arbeit gerissen, griff instinktiv mit beiden Händen nach dem Strick an ihrem Hals, strampelte mit den Beinen und stieß einen erstickten Schrei aus. Weiterhin fest die Schlinge zusammenziehend, zog die Strauß ihr Opfer nun von der Fußbank und warf es zu Boden. Da rührte sich die Ehefrau Feustel schon nicht mehr.

Während sie noch mit der Leiche beschäftigt war, hörte sie draußen im Flur ein Geräusch. Sie lief zur Tür und öffnete sie. Draußen stand, wohl durch den Lärm aufgeschreckt, Ernestine und schaute nun neugierig in die Mordstube. Ihre Mutter drängte sie rasch zur Seite, befahl ihr, nichts von dem Geschehen zu sagen, und schickte sie in ihre eigene Stube zurück. Dort hatte die Tochter bereits das Mittagessen zubereitet. Sie befahl ihr, mit dem Essen anzufangen, kehrte aber selbst in die Stube Feustels zurück. Sie erhob die Tote und hängte sie in kniender Stellung am Streichriegel[12] des Webstuhls auf. Auf der Ofenbank lag eine blaue Leinenschürze. Mit dieser wischte sie kleinere Blutflecken aus dem Gesicht der Leiche und ebenso vom hölzernen Fußboden, die wohl von der kurzen, verzweifelten Gegenwehr des Opfers stammten. Dann stellte sie das während des kurzen Kampfes beiseite gestoßene Spinnrad an seinen gewöhnlichen Platz, knotete das gerissene Garn zusammen und verschloß die Stube. Hierauf begab sie sich an ihren Mittagstisch, bekam jedoch keinen Bissen hinunter. Die Zeit bis zur Rückkehr Feustels kam ihr wie eine Ewigkeit vor.

Gegen 18.30 Uhr betrat Feustel seine Stube und schaute mit Zufriedenheit auf das getane Werk. Er löste den Strick vom Hals seiner toten Frau und legte ihn auf einen Stuhl. Dann schickte die Strauß ihre Tochter zur

---

[12] Eine Vorrichtung am Webstuhl.

Leichenfrau, um sie auf das Geschehen im Hause Feustel aufmerksam zu machen.

Mit ihrem Geständnis wich der Mörderin eine Last von der Seele. Sie suchte zunehmend die Nähe des Geistlichen, Konsistorialrat Hofmann aus Greiz, dem sie sich unter Tränen anvertraute. Tiefe Reue empfinde sie über ihre Missetat, ja nachts erschiene ihr die von ihr Ermordete, an der sie sich so versündigt und die sie so unvorbereitet in die Ewigkeit geschickt habe. Auch tat es ihr sehr weh, deren vier Kindern die Mutter genommen zu haben. Nun, in der Haft, wolle sie erneute Bekanntschaft mit Gott machen und sie verlangte danach, mit dem Seelsorger geistliche Lieder zu singen.

»Je näher der Jahrestag ihrer blutigen That kam, desto größer schien ihre Qual und Seelennoth zu werden und als der Geistliche am 17. Decbr. [1862], am Jahrestag der Mordthat, zu ihr gerufen ward, erzählte sie unter Händeringen und lautem Weinen von der schauerlichen Nacht, die sie wachend und betend zugebracht hatte. Diese Ausbrüche furchtbaren Jammers wiederholten sich oft und sie erzählte von ängstlichen Träumen, die sie quälten«, heißt es in einer kleinen anonymen Schrift, die nach ihrer Hinrichtung erschienen ist.[13] Und weiter: »Ihre Gemüthsstimmung war überhaupt eine dem raschen Wechsel unterworfene. Ihr ganzes Wesen ein leidenschaftlich aufgeregtes, jähzorniges, willenskräftiges. Ihr Herz war jedoch besseren Eindrücken nicht unzugänglich. In dem von ihr selbst aufgeschriebenen Lebensbericht sagt sie, daß sie, während Feustel unablässig in sie drang, den Mord auszuführen, eine zweimalige Warnung, die Gott ihr durch äußere Tatsachen zukommen ließ, wohl verstanden, gegen den Mord gekämpft und dem Feustel diese Stimme Gottes erklärt habe. Ihr Sinn für Ordnung und Reinlichkeit war ausgeprägt. In ihren Diensten erhielt sie das Lob des Fleißes, der Geschicklichkeit und einer fleißigen Kirchengängerin. Kirchenbesuch und der Genuß des heiligen Abendmahls müssen freilich bei ihr lediglich äußeres Thun und leere Form gewesen sein; denn im Gefängnisse erzählte sie auch, daß sie kurz vor ihrer Mordthat noch zum heiligen Sacrament gegangen sei.«

In der Untersuchungshaft las Marie Strauß fleißig in der Bibel und im Gesangbuch, auch lernte sie die in ihrer Schulzeit sich eingeprägten 70

---

[13] Anonym: *Die letzten Tage, der Todesweg und das Ende der Mörderin Marie Rosine gesch. Strauss, geb. Hemmann von Leiningen,* Greiz 1864.

Marie Rosine Strauß, Fotografie von Dezember 1862.
Der Untersuchungsakte im Archivbestand Amt Greiz Nr. 555
ist zu entnehmen, daß die Fotografien von Feustel und Strauß
von dem Hoffotografen Wittig angefertigt wurden.

Lieder von neuem auswendig und fügte ihnen elf Psalmen hinzu. Zu seinem Erstaunen glaubte der Geistliche in ihr eine gewisse Todessehnsucht zu erkennen.

Das Kriminalverfahren wurde mit äußerster Gründlichkeit durchgeführt; daher zog es sich über anderthalb Jahre hin.[14] Man wollte wohl nichts überstürzen, wenn es darum ging, einen Menschen dem Tode zu überliefern. Als der Aktenberg vollendet und nichts mehr hinzuzufügen war, schickte die Greizer Regierung ihn an die thüringische Juristenfakultät in Jena. Diese war für die Erteilung eines rechtlichen Gutachtens zuständig, das heißt, ihre Richter mußten nun befinden, mit welcher Strafe die beiden Angeklagten belegt werden sollten. Das öffentliche Schwurgerichtsverfahren wie in den benachbarten Staaten hatte sich in den reußischen Fürstentümern noch nicht durchgesetzt. Man gab sich dort noch sehr konservativ. Zwar war im März 1862 in Reuß-Greiz ein neues Strafgesetzbuch eingeführt worden, doch zur Tatzeit war noch immer die Carolina vorgeschrieben[15], jene Peinliche Halsgerichtsordnung Kaiser Karls V. vom Jahre 1532, die ihrerseits die im Mittelalter bestehende große Rechtsunsicherheit beseitigen sollte. Die Verteidiger der beiden Angeklagten, die Regierungsadvokaten Knoll und Bonardy aus Greiz, hatten die Schuldfähigkeit ihrer Mandanten in Frage gestellt, um eine geringere Strafe zu erwirken, doch war ihnen kein Erfolg beschieden. Die Jenaer Juristen waren der Ansicht – und folgten damit den Vorschriften der Carolina – daß die Täterin unbedingt die Todesstrafe treffen müsse, den Anstifter aber eine mildere Strafe. Daher verurteilte, nachdem das Rechtsgutachten aus Jena eingetroffen war, die fürstliche Landesregierung in Greiz[16] die Strauß zur Todesstrafe durch Enthauptung, Feustel dagegen zu lebenslänglicher Zuchthausstrafe. Diese Urteile wurden den beiden am 24. September 1863 eröffnet.

---

[14] Im benachbarten Großherzogtum Sachsen-Weimar sowie im Fürstentum Schwarzburg-Sondershausen wie auch im Königreich Sachsen arbeitete die Strafjustiz wegen des dort vorgeschriebenen öffentlichen Schwurgerichtsverfahrens wesentlich schneller.

[15] Das Fürstentum Reuß ältere Linie hielt noch weit ins 19. Jahrhundert hinein an dieser mittelalterlich anmutenden Strafprozeßordnung fest und war somit einer der letzten deutschen Staaten, die die Carolina abschafften.

[16] Die Trennung von Verwaltung und Justiz bestand im Fürstentum Reuß ältere Linie noch nicht.

Advokat Knoll, der der Ansicht war, seine Mandantin habe sehr unter dem Einfluß Feustels, dem eigentlichen Urheber des Mordes, gestanden, legte Berufung beim Oberappellationsgericht in Jena ein, dem für alle sachsen-ernestinischen und reußischen Staaten gemeinschaftlich errichteten höchsten Justizhof. Marie Strauß, die bereits die Eröffnung des Todesspruches mit einer gewissen Zufriedenheit aufgenommen hatte, war nun sehr erbost, daß das Urteil im nächsten Rechtszug nochmals verschickt werden müsse. *»Warum kann denn nicht jetzt schon an mir das vollzogen werden, was ich verdient habe? Ich weiß es, ich finde keine Ruhe, bis durch meinen Tod der Gerechtigkeit genügt ist. Als ich die erdrosselte Feustel aufhob, um sie an den Webstuhl zu binden, und ihr Blut sah und erschrak, da fiel mir das Wort Gottes ein: Wer Menschen Blut vergießt, des Blut soll wieder durch Menschen vergossen werden.«*

Das Oberappellationsgericht ließ sich mit der Überprüfung des erstinstanzlichen Urteils viel Zeit. Die Strauß klagte immer wieder über diese ihrer Ansicht nach unnötige Verzögerung, denn sie wolle die wohlverdiente Strafe sobald wie möglich erleiden, doch schwieg sie gewöhnlich, wenn man ihr klarmachte, dies sei lediglich eine Verlängerung ihrer Gnadenzeit zur Vorbereitung für die Ewigkeit. Das höchste Thüringer Gericht bestätigte letztendlich das Todesurteil.

Auch das Urteil gegen Feustel wurde bestätigt, und er trat bald darauf seine Strafe im Zuchthaus von Zeitz an. Dort starb er im November 1870 an Typhus.

Die verwitwete Fürstin Caroline[17] unterschrieb das ihr vorgelegte Todesurteil: »Gestützt auf das Wort Gottes 1. Moses 9, 6, bestätige ich das Todesurtheil. Caroline.« Zugleich aber richtete die Regentin folgende Zeile an die Landesregierung: »Bittet aber die unglückliche Strauß um Erhaltung ihres Lebens, sei es auch im letzten Augenblick vor der Hinrichtung, so soll dieselbe ausgesetzt werden.«

Als man der Strauß die Entschließung der Fürstregentin mitteilte, nahm sie dies mit größter Dankbarkeit auf. Sie bereitete sich nun mit Hilfe ihres Geistlichen intensiv auf ihren Todestag vor. »In jenen ernsten Tagen der besonderen Vorbereitung zu ihrem Ende schienen die früheren Gewissensqualen viel geringer geworden, sie versicherte oft, wenn ihr der furchtbare

---

[17] Da der rechtmäßige Fürst Heinrich XXII. noch minderjährig war, führte seine Mutter die Regierungsgeschäfte.

Ernst des Gerichtes Gottes, dem sie zugehe, vor die Seele gestellt wurde: Ja, ich hoffe, daß der barmherzige Gott mich große Sünderin zu Gnaden annehmen werde. (...) Wenn ich auf's Zuchthaus käme, weiß ich nicht, ob ich nicht wieder von Gott abfallen könnte, ich bin im Zusammensein mit Andern sehr geneigt zu ärgerlichen Gedanken.« Am Tag darauf verlangte sie nach dem heiligen Abendmahl.

Am letzten Abend ihres Lebens suchte sie der zur Vorbereitung zum Tode auserwählte Geistliche Hofmann nochmals in ihrer Zelle auf und versicherte ihr, daß Gott ihre Seele in Gnaden annehmen werde. Die Delinquentin traf verschiedene Anordnungen, die ihre zwei noch unmündigen Kinder betrafen. Insbesondere wünschte sie, ihre Tochter Ernestine möge sich später keine Vorwürfe machen, daß sie am Tode der Mutter eine gewisse Mitschuld trage. Dann betete sie eine lange Zeit mit dem Seelsorger, wobei sie immer wieder in Tränen ausbrach.

Freitag, der 21. Oktober 1864, brach heran, der Tag, an dem zum letzten Mal in Deutschland ein Mensch in aller Öffentlichkeit enthauptet werden sollte – was damals niemand ahnen konnte.[18] Im Gegensatz zu der Mehrzahl der deutschen Staaten hielten die beiden reußischen Lande, wie übrigens Kurhessen auch, noch immer an der Vollstreckung in aller Öffentlichkeit fest.

Zur Hinrichtungsstätte hatte das fürstliche Kriminalgericht Greiz als Vollstreckungsbehörde den sogenannten Schaltisacker im Elstertal zwischen den südlich von Greiz gelegenen Dörfern Kleingera und Dölau ausgewählt, der zum Kammergut Dölau gehörte. Dort hatte man ein hohes Schafott, dessen Geländer schwarz und der Fußboden rot angestrichen war, und diesem gegenüber eine Tribüne für das Gerichtspersonal errichtet. Auf dem Feld drängten sich seit der ausklingenden Nacht Hunderte von Neugierigen, deren Zahl bald auf einige Tausend angeschwollen war. Ein großer Teil stammte aus Greiz selbst, viele kamen auch aus den umliegenden Dörfern, vor allem aus der Gegend von Leiningen.

Da der Greizer Scharfrichter sich nur auf die Führung des Richtschwertes verstand, die Enthauptung aber mit dem Handbeil durchgeführt werden sollte, wandte man sich an die Regierung der preußischen Provinz

---

[18] Erst fünf Wochen zuvor, am 14. September 1864, war im kurhessischen Marburg der Mörder Ludwig Hilberg öffentlich mit dem Schwert hingerichtet worden, weil er seine Geliebte ermordet hatte.

Greiz im Jahre 1858.

Sachsen und bat um Amtshilfe: Der Scharfrichter Emanuel Hamel aus
Sangerhausen, der sich eines ausgezeichneten Rufes als in der Handha-
bung des Beiles erfahrener Vollstrecker erfreute, wurde angefordert. Die
Preußen gaben dem Ersuchen statt. Nun stand Hamel mit seinen Gehil-
fen auf dem Schafott und wartete auf die Ankunft der Delinquentin. Der
Richtplatz war mit Barrieren eingefriedet. Für die Aufrechterhaltung der
Ordnung bot man 130 Mann Greizer Militär auf.

Als die Turmuhr acht schlug, setzte sich im ersten Hof des oberen
Schlosses der aus mehreren Wagen bestehende Todeszug in Bewegung.
Kurz darauf erklang die Glocke des Rathausturmes, um der Stadt anzuzeigen, daß man sich zum Richtplatz bewege. Im ersten Wagen saßen die
drei Beamten des Kriminalgerichts, gefolgt von Mitgliedern anderer Behörden zu Fuß, im von reitendem Militär eskortierten zweiten die dem
Tode geweihte Verurteilte in Begleitung des Gerichtsdieners Bethmann
und zweier Geistlicher, des Konsistorialrates Hofmann und des Schulra-
tes Horlbeck. Marie Strauß war äußerst ruhig und gefaßt. Als der Zug die
Stadt verließ, überkam die Delinquentin ein Schwächeanfall. Wiederholt
rief sie aus: »*Ach, mein Kopf, mein Kopf!*« Die Geistlichen stützten sie und
bestrichen sie mit ein wenig Kölnisch Wasser, worauf sie sich wieder faßte
und fortfuhr, den erbaulichen Worten der Geistlichen zu lauschen.

Da sich der Zug nur im Schrittempo bewegte, dauerte es eine Stunde, bis er gegen 9.15 Uhr am Richtplatz anlangte. Als die Delinquentin das Schafott erblickte, rief sie aus: »*Ach das ist die Stätte! Die Menge der Menschen! Möchten sie doch ein Beispiel an mir nehmen, vielen mein Ende zum Segen sein!*« Die drei Gerichtspersonen nahmen auf der eigens für sie errichteten Tribüne Platz. Ohne Furcht stieg dann die Strauß vom Wagen herunter, grüßte die Gerichtsbeamten und bat die beiden Geistlichen, der Fürstregentin ihren Dank zu übermitteln dafür, daß sie das Urteil bestätigt habe. Sie nahm das schwarze Tuch von den Schultern, das sie auf ihrem Todesweg getragen hatte, mit der Bitte, es ihrer Tochter zu übergeben, damit diese es sich an ihrem Konfirmationstag umbinden solle. Hierauf stellte sie sich mit den beiden Geistlichen auf einen zwischen Schafott und Tribüne errichteten Holztritt. Während die vieltausendköpfige Menge in absoluter Stille verharrte, hielt der Gerichtsvorsitzende, Kriminalamtmann Schwarz, einen kurzen Vortrag über die begangene Tat und verlas dann nochmals das Todesurteil sowie die Bestätigung durch die Landesregentin. Dann übergab er die Delinquentin dem Scharfrichter.

Nun knieten die Geistlichen mit der Delinquentin nieder und beteten mit ihr laut vernehmlich das Vaterunser. Dann erhoben sie sich wieder und erteilten der Strauß durch Handauflegen den Segen.

Als Hamel an sie herantrat, zögerte sie eine kurze Zeit, schaute sich ängstlich um und sagte: »*Jetzt stehe ich da allein, ich weiß nicht, wie mir wird*«, worauf ihr einer der Geistlichen zurief: »*Und ob ich schon wanderte im finstern Tal, so fürchte ich kein Unglück, denn Du bist bei mir, Dein Stecken und Stab tröstet mich.*« Hierauf legte Hamel ihr eine weiße Binde um die Augen und übergab sie seinen Gehilfen. Diese führten die Frau die wenigen Stufen auf das Schafott hinauf. Oben angekommen, nahm sie ihre ganze Kraft zusammen und rief laut in die Zuschauermenge: »*Ich bin eine reuige Sünderin, ich will stillhalten, ich habe ja selbst um den Tod gebeten. Die Menschen mögen sich ein Beispiel an mir nehmen!*« Vor dem Richtblock stehend, wurde ihr die Augenbinde ein wenig gelockert, dann wurde ihr das Sterbekleid am Hals aufgeknöpft, um den Nacken zu entblößen. Hierauf kniete die Strauß nieder und ließ sich an den Block schnallen, den Kopf der Gerichtstribüne zugewandt. Nur kurz erhob sie ihn wieder, weil ihr das Kleid in den Hals schnitt. Man erlöste sie von dem Druck des Stoffes, dann legte sie erneut den Kopf auf den Block. Kaum hatte sie die Worte »*Möge Gott mich gnädig annehmen*«

ausgesprochen, fiel das mit sicherer und geübter Hand geführte Richtbeil nieder und trennte ihr den Kopf vom Rumpf. Es war 9.30 Uhr.

Das Verbrechen an der Ehefrau Feustel war gesühnt. Kopf und Rumpf der Marie Rosine Strauß wurden in einen schlichten schwarz angestrichenen Holzsarg gelegt, der sich im Innern des Schafotts befand, und dieser unter einem stillen Gebet der Geistlichen in eine neben dem Schafott ausgehobene Grube gelassen. Still und tief unter dem Eindruck des letzten Aktes der Gerechtigkeit stehend, verlief sich die Menschenmenge. Zu Zwischenfällen kam es nicht. Vielmehr hatte die Menge angesichts des blutigen Schauspiels ein dem traurigen Anlaß entsprechendes würdevolles Benehmen gezeigt. Das war die erste Hinrichtung in reußischen Landen seit über 20 Jahren: Am 2. August 1843 hatte man in Schleiz im Herrschaftsbereich der jüngeren reußischen Linie den Gastwirt Johann Wilhelm Oswald enthauptet, weil er mehrere seiner Verwandten vergiftet hatte.

Wolfgang Krüger

Neundorf
(Schleiz-Land)

Kirche

Kirche von Neundorf, Postkarte um 1930.

KATHARINA HORN – DER STRANGULIERTE EHEMANN

REUSS JÜNGERE LINIE (1869–1882)

Katharina Horn hatte sich geschworen, ihren Mann aus dem Weg zu räumen. Egal wie, Adam mußte sterben! Seit Jahren war dieser Plan verfolgt worden, ohne daß sich Gelegenheit zu seiner Ausführung gefunden hätte. Allein ging gar nichts. Zwar hatte die jahrelange Trunkenheit des Ehemanns schon erheblich an dessen Kondition gezehrt, aber der stattliche Mann könnte selbst im trunkenen Zustand von Katharina allein nicht zur Strecke gebracht werden.

Zunächst weihte die Frau nur den älteren 26jährigen Sohn Heinrich in das Vorhaben ein. Den jüngeren Michael ließen sie erst später an dem Geheimnis teilhaben und bestürmten ihn, sich an der Beseitigung des »Alten« zu beteiligen. Michael war damals erst 18 Jahre alt und gab endlich dem Drängen der Mutter nach. Es sollten jedoch noch mehrere Monate ins Land gehen, bis die Tat zur Ausführung gelangte.

Der dritte Tag des Jahres 1869 neigte sich langsam dem Ende zu. Adam Horn kam wie gewöhnlich stark angetrunken nach Hause. Torkelnd erreichte der korpulente Mann sein in der Wohnstube stehendes Bett und ließ sich in die Federn sinken. Nun entspann sich zwischen ihm und der Familie ein lauter und wortreicher Streit. Der Heimgekommene erhob sich, um seinen Worten mehr Nachdruck zu verleihen, worauf der inzwischen 19jährige Michael ihn am Kragen faßte und ins Bett zurückdrückte.

Im Verhör vor dem Untersuchungsrichter sollte er später sagen, er habe Gewalt angewandt, um den Vater »von weiterem Skandal abzuhalten«. Die Mutter sprang aber rasch hinzu, packte den Ehemann an der Kehle und hielt sie fest umklammert. Adam rang nach Luft und versuchte, sich durch heftige Arm- und Beinbewegungen aus seiner mißlichen Lage zu befreien. Nun mußten Sekunden über sein Schicksal entscheiden. Während Katharinas Körpergewicht auf der Kehle des Betrunkenen lastete, rief sie kreischend dem älteren Sohn zu, er möge schnell den Strick herholen, sonst würde das Vorhaben nicht gelingen. Heinrich Horn erfüllte diesen Auftrag schnell, denn das Seil lag schon griffbereit in seiner Nähe. Die Schlinge war bereits geknüpft. Sie wurde dem Vater über den Kopf geworfen und zusammengezogen. Der jüngere Sohn hatte beim Zufassen der Mutter schon nachgelassen, der ältere aber zog den Vater mit dem Strick aus dem Bett, wobei der Drangsalierte mit dem Hinterkopf auf den Fußboden schlug. Heinrich schleifte den zuckenden Vater weiter über die Dielen hinweg in den Hausflur. Dort richtete er den fast besinnungslosen Mann auf, während die Mutter auf einen Stuhl stieg, um den Strick an einem Balken zu befestigen. Michael eilte indessen mit einem brennenden Kienspan herbei, damit jeder Handgriff der verabredeten Mordtat saß. Langsam zogen Katharina und Heinrich den hilflosen Ehegatten und Vater am Balken empor. Der Todeskampf des Aufgehängten, dessen Atmen noch lange von den Tätern gesehen und gehört wurde, dauerte einige Minuten.

Jetzt war es an der Zeit, den Mord zu verschleiern. Die Täter kleideten dem Toten seine Sonntagssachen an und verstauten etwas Geld darin. Zuletzt steckte Katharina der Leiche eine gefüllte Branntweinflasche in die Jacke.

Zur Inszenierung des Verbrechens gehörte, daß Mutter und Söhne vorerst schlafen gingen. Gegen vier Uhr früh weckte Katharina ihre Söhne, damit nun das Werk vollendet werden konnte. Die Leiche des Vaters wurde auf eine Misttrage gelegt, mit einem Tuch bedeckt und von der Frau sowie den beiden jungen Männern in den nahen Wald transportiert. Auf dem Weg dorthin, am Toreingang des Gutes, begegnete dem Mördertrio Ernst Ehrhardt, der Schwiegersohn und Mitbewohner der Horns. Katharina Horn forderte ihn auf, bei der Beseitigung der Leiche mitzuwirken. Dieser wies jedoch das Ansinnen schroff zurück und begab sich ins Gut.

Im Wald angekommen, wurde der Tote abermals, diesmal an einer Fichte, aufgehängt. Beim Auffinden derselben sollte unzweifelhaft angenommen werden, Adam Horn habe sich selbst aus dem Leben verfügt.

In den folgenden Tagen bemerkte niemand das Verschwinden des alten Horn. Allerdings konnte sein Fernbleiben von der Gastwirtschaft des Ortes Neundorf bei Schleiz im Fürstentum Reuß jüngere Linie nicht lange verborgen bleiben. Bald wurden allerlei Vermutungen mal hinter vorgehaltener Hand geäußert, mal ganz offen ausgesprochen.

Frau Horn ging daher am 11. Januar 1869 mit dem Ziel, dem aufkommenden Verdacht zu begegnen, zum Fürstlichen Kreisgericht nach Schleiz und fragte Kreisgerichtsdirektor Hertwig, ob ihr Mann vielleicht in Haft behalten worden sei. Adam Horn hatte nämlich tags vor seinem Verschwinden gegenüber Nachbarn die Absicht geäußert, daß er nach Schleiz »ins Amt« gehen wolle.

Vor dem Kreisgerichtsdirektor Hertwig gab Katharina an, ihr geliebter Mann und Vater ihrer Söhne habe sich am 4. Januar vier Uhr am Morgen vom Heimatort Neundorf entfernt, um nach Schleiz zu gehen und sich mit dem Herrn Kreisdirektor wegen der von ihm zu bezahlenden Gerichtskosten zu treffen. Da der Gatte seitdem vermißt werde, wolle sie wissen, ob er im Gericht aufgetaucht sei und ob Herr Hertwig etwas über seinen Verbleib sagen könne.

Hertwig konnte freilich keine Antwort auf die Fragen der scheinbar besorgten Ehefrau geben. Adam Horn blieb verschwunden. Doch im etwa 700 Seelen zählenden Neundorf ging das Gerücht um, seine Frau, die Söhne Heinrich und Michael sowie sein Schwiegersohn hätten ihn in der kalten Winternacht vom 3. zum 4. Januar 1869 im Haus umgebracht und im Wald vergraben.

Am 3. Februar des Jahres fanden Bauern die infolge der anhaltenden Kälte guterhaltene Leiche des Horn im Wald. Die Obduktion ergab, daß der Tod des Mannes durch Strangulation eingetreten war, wobei die nähere Untersuchung des Entleibten keine Aussage darüber geben konnte, ob es sich bei dem Fall um Mord oder Selbstmord handelte. Zunächst machte aber stutzig, daß am Hinterhaupt die Kopfschwarte infolge eines Schlages gerötet war. Der Zeitpunkt der Verletzung mußte unmittelbar vor dem Tod des Horn oder höchstens 24 Stunden vorher erfolgt sein.

Bei dem Leichenfund konnte die gefüllte Branntweinflasche nicht verborgen bleiben und das herbeigelaufene Dorfpublikum schlußfolgerte mißtrauisch: »Hätte der alte Horn sich selbst erhängt, dann hätte er vorher wenigstens die Schnapsflasche ausgetrunken.«

Die Umstände des Leichenfundes und die aufgekommenen Zweifel am Selbstmord des Adam Horn bewirkten, daß die Angehörigen des Verstorbenen eingehend vernommen wurden. Die Verdachtsmomente reichten allerdings für die Einleitung eines Untersuchungsverfahrens nicht aus. Kreisgerichtsdirektor Hertwig legte den Vorgang jedoch nicht zu den Akten und wies das Polizeipersonal an, weitere Recherchen anzustellen. Jahre vergingen.

Der Umstand, daß schließlich im April 1880 die Geschehnisse vom Januar 1869 nach etwa elf Jahren unter völlig neuen Vorzeichen wieder aufgerollt wurden, läßt sich nur über die Familiengeschichte der Horns erschließen.

Johann Adam Heinrich Horn, der Sohn des Gutsbesitzers Jakob Horn aus Neundorf, heiratete 1840 Elisabeth Katharina Friederike, die Tochter des wohlhabenden Neundorfer Gutsbesitzers Fichte.

Die Eheleute lebten in den ersten Jahren nach der Hochzeit beim Schwiegervater Katharinas, dem Gutsbesitzer Horn. Das Paar zeugte acht Kinder, die den Vornamen ihrer Mutter tragende Tochter Katharina, Sohn Heinrich, der im Herbst 1842 das Licht der Welt erblickte, den am 22. Februar 1849 geborenen Michael sowie die um 1860 geborenen Erdenbürger Georg und Johann Horn. Drei Kinder waren kurz nach der Geburt gestorben.

Ehemann Adam Horn trieb Handel, mußte bald Geld leihen und ging schließlich 1845 in Konkurs. Adams Vater, der sich für ihn verbürgt hatte, verlor sein Vermögen, einschließlich das Gut. Zwangsläufig zog Katharina nun mit ihrer Familie in das Bauerngut ihres Vaters.

Zwietracht entstand daraufhin zwischen Schwiegervater Fichte und Adam Horn, weil ersterer seinem Schwiegersohn Unfähigkeit vorhielt und keine finanzielle Unterstützung zu leisten bereit war. Ehefrau Katharina stand in dem sich permanent verschärfenden Streit auf der Seite ihres Vaters und belastete das Familienleben somit zusätzlich. Adam Horn ergab sich nun dem Trunk, leistete fast nichts in der Wirtschaft des Hofes und im Haushalt. Wenn er zuviel Branntwein geschluckt hatte, verprügelte er nicht selten Ehefrau Katharina und nötigte sie wiederholt zum Geschlechtsverkehr.

1850 kulminierten die Tätlichkeiten gegen Familienmitglieder, als Adam sogar versuchte, seinen Schwiegervater mit Arsenik zu vergiften, um sich dadurch vorzeitig in den Besitz des Gutes zu setzen. Er füllte ihm zu diesem Zweck Gift in seine Branntweinflasche. Der Alte trank später auch davon. Da er zu seinem Glück aber die Flasche vorher nicht geschüttelt hatte, schadete ihm das am Boden sitzende Gift nicht.

Später tranken aus derselben Flasche zwei im Gut beschäftigte Zimmerleute, welche die Flasche zwar nicht speziell geschüttelt, aber doch stärker bewegt hatten. Bei ihnen zeigten sich bald die Folgen der Alkohol-Arsenik-Mischung. Zunächst erbrachen sie fortwährend und litten unter starkem Durchfall. Später suchten die jungen Handwerker heftige Krämpfe in Armen und Beinen heim. Bald stellten sich Bewußtseinstrübungen ein. Nur mit Mühe konnten die Zimmermänner dem Tod entrissen werden.

Das Getränk wurde nun untersucht, das Arsenik bald gefunden und

Adam daraufhin in Untersuchungshaft genommen. Aus Mangel an Beweisen stellte das Gericht nach 14 Tagen die Untersuchung gegen ihn ein und entließ den Delinquenten aus der Haft.

Schwiegervater Fichte durchschaute die Absicht des Schwiegersohnes, setzte ihn aus dem Haus und bestimmte nun testamentarisch, daß sein ältester Enkelsohn das Gut erben und seine Tochter Katharina, die verehelichte Horn, den Nießbrauch[19] haben solle. So lebte Adam Horn mehrjährig außerhalb des Bauerngutes, in das er eingeheiratet hatte.

Fichte starb im Jahr 1858 und das Testament kam nicht zum Vollzug. Vielmehr verglichen sich die Beteiligten am 17. März 1859 dahingehend, daß Enkel Heinrich Horn zwar Eigentümer des Gutes werden, auch die verehelichte Horn den Nießbrauch bekommen, aber Adam Horn, wie es hieß, in betreff dieses Nießbrauchs die gesetzliche Stellung als Ehemann einnehmen solle. Zu dem Vergleich hatte die Gemeinde beigetragen, denn Horn machte sich während seines mehrjährigen Aufenthaltes außerhalb der ehelichen Wohnung durch Schnapstrinken, Verschuldung und Prügeleien lästig.

Die Uneinigkeit in der Familie dauerte jedoch fort. Die heranwachsenden Söhne, insbesondere der älteste, Heinrich, standen auf der Seite der Mutter, denn der Vater trank viel und arbeitete wenig. Im Jahr 1865 wurde Adam Horn schließlich abermals der Aufenthalt im Hause von Katharina und Heinrich verwehrt. Er wohnte von da an bei verschiedenen Nachbarn, erhob aber gleichzeitig Klage gegen seine Ehefrau, um die Wiederherstellung seines Nutzungsrechtes als Ehemann juristisch zu erzwingen. Am 24. Juli 1868 gewann er den anhängigen Revisionsprozeß vor dem Kreisgericht Schleiz, welches die Ehefrau zur Anerkennung dieses Rechts verurteilte.

Somit wurde der von seiner Familie Verstoßene nochmals vom Gericht zwangsweise in das Haus eingewiesen und der Ehefrau bei Androhung einer erheblichen Geldstrafe vorgehalten, sich jeder Störung dieses Rechts zu enthalten. Schon lange davor hatte Katharina Horn am 25. Juni 1867

---

[19] Der Nießbrauch gewährt dem Nießbraucher nicht nur einzelne Nutzungsrechte, sondern das Recht zur umfassenden Nutzung des belasteten Gegenstands. Darin enthalten ist die Ziehung von »Früchten«, also der Erzeugnisse und sonstigen Ausbeute des Gegenstandes. Sachfrüchte sind z. B. die Ernte bei einem landwirtschaftlichen Grundstück oder die abgebauten Steine eines Steinbruches, Rechtsfrüchte die Miet- und Pachtzinsforderungen.

Ehescheidungsklage erhoben, die sie auf ihre Mißhandlungen durch Adam Horn und dessen Morddrohungen stützte. Zur Überraschung der Gerichtsbeamten kam die Scheidungsverhandlung nicht zustande. Die Eheleute erklärten nämlich am 11. November 1868 vor dem Kreisgericht Schleiz, also nach der zweiten Einweisung des Ehemanns Horn in das Gut, sie hätten sich vollständig miteinander geeinigt und wollten von nun an wie christliche Eheleute miteinander leben.

Knapp zwei Monate später war Adam Horn tot. Heinrich avancierte nun zum alleinigen Herrn der Wirtschaft und konnte das Gut als sein Eigentum betrachten. Der neue Gutsbesitzer verheiratete sich kurz danach. Mit Ehefrau Elfriede lebte Heinrich jedoch infolge seines cholerischen Charakters in häufigem Streit, der immer gewalttätigere Züge annahm. Am 14. Mai 1877 wurde er wegen Körperverletzungen an seiner Frau zu 50 Mark Geldstrafe oder 14 Tagen Gefängnis verurteilt. Elfriede leitete nun den Scheidungsprozeß ein, verließ den Ehemann und lebte fortan von ihm getrennt.

Auf gerichtlichen Beschluß hatte ihr Heinrich Horn wöchentlich sechs Mark Alimente zu zahlen. Der Scheidungsprozeß kostete ihn ebenfalls viel Geld. Daher entschloß sich Heinrich, der Mutter das Gut zu übertragen, damit er als vermögenslos galt und wenigstens von der Zahlung der Alimente entbunden werden konnte.

Nach verlorenem Scheidungsprozeß verlangte er von der Mutter das Gut zurück, die das Anliegen aber im Interesse ihrer beiden jüngsten, noch im Knabenalter stehenden Söhne verweigerte. Von da an entwickelte sich ein fast drei Jahre andauernder Zwist zwischen Sohn und Mutter, zumal Katharina Horn die Magd, mit der Heinrich ein Verhältnis angefangen hatte, zu Lichtmeß 1880 entlassen hatte und sie auch nicht wieder einstellen wollte.

Heinrich ergab sich seitdem zunehmend der Trunkenheit. Die Mutter mußte dessen Launen allein über sich ergehen lassen, denn Sohn Michael hatte inzwischen die Frau seines Lebens gefunden, war glücklich verheiratet und lebte mit Nachwuchs in Mittweida im Königreich Sachsen. Und auch die inzwischen herangewachsenen jüngeren Brüder Georg und Johann konnten der Mutter nur selten beistehen, denn sie arbeiteten als Schieferdecker meist anderenorts.

Am 19. April 1880 wurde Katharina Horn in einem Wasserloch in der Nähe ihres Hauses tot aufgefunden. Die Untersuchung ergab nicht, ob sie in einem Anfall von Schwäche oder Schwindel, an dem sie gelitten hatte, in das Loch gefallen war, ob sie den Tod absichtlich dort gesucht oder ein Anderer sie ertränkt hatte. Da die Frau schon längere Zeit an akuten Herzproblemen litt und keine äußeren Merkmale einer Gewaltanwendung zu erkennen waren, wurden die Todesumstände nicht weiter untersucht.

Jedoch lag es in der Natur der Sache, daß sich nun der aufkommende Verdacht der Untersuchungsbeamten und Neundorfer Bewohner gegenüber Heinrich, der sie ertränkt haben konnte, um die Mitwisserin wegen der neu aufgenommenen Ermittlungen im Fall des 1869 ermordeten Adam Horn zu beseitigen, hartnäckig hielt.

Anfang des Jahres 1880 sollte sich zeigen, daß die Staatsanwaltschaft die scheinbar aufgegebene Untersuchung des Neundorfer Mordfalls immer streng im Auge behalten hatte. Es gelang ihr, einen Brief des Ernst Ehrhardt aus Amerika an Schwager Michael in Mittweida abzufangen. Ehrhardt riet seinem Schwager darin, so schnell wie möglich nach Amerika zu kommen. Fern von der Heimat könne er mit seiner Familie doch ruhiger im Gemüt leben.

Der Brief nahm außerdem speziell Bezug auf die Mordumstände von 1869 und sprach sich über Katharina und Heinrich Horn beiläufig als die Hauptschuldigen an dem Verbrechen an Adam Horn aus. Heinrich wurde daraufhin gerichtlich vernommen und wälzte die Schuld an der Tat auf den Schwager ab, den er in Amerika außerhalb des Gesetzes wähnte.

Ernst Ehrhardt wurde daraufhin in seinem amerikanischen Wohnort von deutschen Konsulatsbediensteten vernommen, die ihm am 21. Januar 1881 die Aussage seines Schwagers Heinrich Horn vorhielten. Darin belastete er den amerikanischen Staatsbürger stark. Ehrhardt, der bei seinen bisherigen Aussagen Heinrich weitgehend geschont hatte, gab nunmehr eine rückhaltlose Darstellung jener Vorgänge, die sich in der Mordnacht abgespielt hatten. Er beschrieb den Tathergang, wie ihm dieser von der inzwischen unter mysteriösen Umständen verblichenen Katharina Horn und deren Sohn Michael geschildert worden war. Schon wenige Tage darauf wurde Heinrich in Neundorf verhaftet, am 6. Februar in Mittweida auch Michael Horn.

Michael leugnete zunächst seine Beteiligung an dem Mord und legte schließlich am 5. Mai 1881 ein umfassendes Geständnis ab.

Nach Beendigung der Voruntersuchungen und dem Beschluß über die Zulassung der Hauptverhandlung tagte schließlich am 5. Dezember 1881

in Gera das Schwurgericht wegen des fast 13 Jahre zurückliegenden Ehe-
gatten- bzw. Vatermordes an Adam Horn.

Der Gerichtshof unter Vorsitz seines Präsidenten Oberlandesgerichtsrat
Schwarz und mit den beisitzenden Landrichtern Göhring und Weißker
sowie dem Ersten Staatsanwalt Dr. Hagen als Vertreter der Staatsanwaltschaft, hatte über die Taten der inzwischen 39 und 32 Jahre alten Heinrich
und Michael Horn wegen gemeinschaftlichen Mordes zusammen mit der
inzwischen verstorbenen Mutter Katharina Horn in der Nacht vom 3. zum
4. Januar 1869 zu befinden.

Während der Vernehmung der Angeklagten und der zahlreichen Zeugen
sowie der Gutachterbefragungen wurde den Geschworenen und Prozeß-
beobachtern ein schreckliches Familiendrama vor Augen geführt, ein Verbrechen, das die thüringischen Bewohner der Lobensteiner Gegend in all
den Jahren in Erregung gehalten hatte.

Da sich die Aussagen der mutmaßlichen Tatbeteiligten Heinrich und
Michael widersprachen, wurde den schriftlichen Einlassungen des Horn-
schen Schwiegersohns Ernst Ehrhardt besondere Bedeutung beigemessen.
Als Beweismittel diente vor allem ein von Ehrhardt am Tage nach seiner
letzten Vernehmung in Amerika geschriebener Brief an Heinrich Horn,
der von den Schleizer Untersuchungsbeamten abgefangen worden war.
Entrüstet begann der Deutsch-Amerikaner seine Korrespondenz mit den
Worten: *»Du infamer Halunke!«*

In dem Brief schilderte Ehrhardt die Einzelheiten des Verbrechens und
den Anteil des Schwagers an der Ermordung des Adam Horn.

Heinrich leugnete seine Beteiligung an der Ermordung des Vaters beharrlich bis zum Schluß, während Michael vor dem hohen Gericht sein
volles Geständnis vom 5. Mai 1881 wiederholte.

Nach eingehender Beratung sahen es die Geschworenen als erwiesen
an, daß Mutter Horn und ihre beiden ältesten Söhne den Mord an Adam
Horn gemeinschaftlich geplant sowie mit Raffinesse ausgeführt hatten.
Der Gerichtshof verurteilte darauf die Angeklagten Heinrich und Adam
Horn wegen Mordes nach §§ 211, 47 und 32 des Strafgesetzbuches zum
Tode, Ehrenverlust und zur Tragung der Kosten des Verfahrens.

Michael schrieb am 12. Dezember 1881 ein Gnadengesuch an den Fürsten Heinrich XIV. von Reuß jüngere Linie (regierte von 1867 bis 1908) und
bat darin, die Todesstrafe in eine lebenslange Freiheitsstrafe umzuwandeln. Der Schieferdecker begründete das Gesuch mit seinem jugendlichen

Alter von 19 Jahren zur Tatzeit und dem Umstand, daß er die Tat nur auf ununterbrochenes sowie dringendes Verlangen der Mutter und des Bruders als Helfer begangen und sein Mitwirken den Tod des Vaters nicht direkt hervorgerufen habe.

Heinrich Horn legte kein Gnadengesuch ein. Ein solches Gesuch, so ließ sich der Verurteilte vernehmen, könne nur ein Schuldiger stellen. Die Verteidiger der beiden Horn-Söhne, die Geraer Rechtsanwälte Sturm und Müller, erwogen kurz nach der schriftlichen Urteilsverkündung, ob sie für diesen Mandanten gegen das Urteil Revision einlegen sollten. Die überlieferten Archivalien geben keine Auskunft darüber, ob dies fristgemäß geschah.

Am 16. Dezember 1881 berieten Oberlandesgerichtsrat Schwarz, die Landrichter Göhring und Weißker, der Erste Staatsanwalt Dr. Hagen und die nicht am Geraer Schwurgerichtsprozeß teilgenommenen Landrichter Rothe sowie der Geheime Staatsrat Vollert vom Ministerium in Gera über eine Empfehlung zur Begnadigung des Michael Horn. Sie entschieden sich, dem Landesherrn die Umwandlung der Todesstrafe in lebenslängliches Zuchthaus anzutragen. Bei Heinrich Horn sahen sie keinen Grund zur Empfehlung für eine landesherrliche Begnadigung.

Einige Tage später ging im Ministerium ein Schreiben von Michaels Frau Pauline Horn aus Mittweida ein, das sie auch »im Namen ihrer unschuldigen Kinder« am 21. Dezember 1881 »An den Durchlauchtigsten Fürsten Heinrich XIV. von Reuß Schleiz j. L. in Gera« verfaßt hatte:

»Die gehorsamst Unterzeichnete erlaubt sich auf diesem Weg eine kleine Bitte an seine Durchlaucht auszusprechen. Bittstellerin ist ein schwaches Frauenzimmer und zwar die Ehefrau des am 5ten Dezember vom Schwurgericht Gera zum Tode verurteilten Schieferdeckers Johann Heinrich Michael Horn, welcher beschuldigt ist, seinen Vater vor 13 Jahren gewaltsam ermordet, beziehentlich Beihilfe dazu, geleistet zu haben. Mein Mann ist zu der Zeit ein Jüngling von 19 Jahren gewesen, mithin noch minderjährig und hat nach Berichten nur seiner Mutter Beistand bei dem Verbrechen geleistet.

Derselbe ist hier bei Jedermann beliebt und Niemand hält ihn für fähig, so ein Verbrechen ausgeführt zu haben. Er war ein treuer Ehegatte und zärtlicher Vater und Versorger seiner blond gelockten Knaben im Alter von 4 ½ und 1 ¾ Jahren, für welche ich wöchentlich nur 50 Pfennige Armenunterstützung aus hiesiger Gemeinde beziehe. Ich habe ein trauriges Weihnachtsfest, welches doch ein Fest der Liebe ist, wo doch Jedermann seinen Angehörigen eine kleine Freude, durch Überreichung von Geschenken bereitet.

Auch Durchlaucht wird meinen Schmerz ermessen und mir eine Freude bereiten, welche darin besteht, daß derselbe Gnade gegen meinen Mann erzeugt und ihm die Todesstrafe in entsprechende Zuchthausstrafe verwandelt.

In der Hoffnung, daß mir Durchlaucht meine Bitte erfüllt und einmal Gnade vor Recht ergehen läßt, zeichnet Ihre untertänigste Pauline verehelichte Horn im Namen ihrer unschuldigen Kinder.«

Am 27. Dezember 1881 ging ein weiteres, vom Ministerium in Gera bestelltes Gutachten zur Begnadigungsempfehlung vom 16. Dezember 1881 ein. Darin wird der Begnadigung des Michael Horn uneingeschränkt zugestimmt. Darüber hinaus beleuchteten die Gutachter auch die Tatumstände des Falles Heinrich Horn völlig neu. Sie empfahlen auch bei Heinrich die Begnadigung, weil er nicht vordringlich aus Habgier, sondern wegen der ständigen Schikanen des Vaters gegen die Mutter die Tat begangen habe, die Tat viele Jahre zurückliege und nur Indizien, die sie als stumme Zeugen bezeichneten, zur Verurteilung geführt hätten.

Am 7. Januar 1882 wandelte Fürst Heinrich XIV. von Reuß jüngere Linie die Todesstrafe der beiden Männer in lebenslange Zuchthausstrafen um.

Ob Heinrich und Michael jemals wieder die Freiheit erlangten und um wie viele Jahre sie die Mörderin Katharina Horn überlebten, ist den Akten des Thüringischen Staatsarchivs Greiz nicht zu entnehmen.

Frank Esche

JOHANNE SOPHIE STROBEL –
MORD AN EINEM UNBEQUEMEN MITWISSER

(REUSS ÄLTERE LINIE, 1879)

Am 13. Juni 1879 erschien bei dem Gendarmen Hofmann in dem kleinen Dorf Arnsgrün[20], das damals zum Fürstentum Reuß ältere Linie gehörte, der 15jährige Dienstknecht Franz Strobel. Offenbar plagten ihn starke Gewissensbisse, denn er gab an, er könne schon seit längerem nicht mehr ruhig schlafen, zu furchtbar sei, was sich zugetragen habe. Immer wieder erscheine ihm das Bild seines Großvaters, der im Februar gestorben sei. Seine eigene Mutter habe ihn umgebracht! Nun sei er gekommen, die Tat anzuzeigen, auch wenn seine Mutter für lange Zeit ins Zuchthaus müsse. Er könne aber nicht mehr länger schweigen.

Hofmann erstattete pflichtbewußt Anzeige beim fürstlichen Kreisgericht in Zeulenroda, das sofort eine Untersuchung begann. Vor dem Untersuchungsrichter wiederholte Franz Strobel das, was er bereits dem Gendarmen erzählt hatte: Seine Mutter, Johanne Sophie Strobel, habe im Februar des Jahres den Altenteiler[21] Opitz in seiner Schlafkammer totgeschlagen und dann die Leiche aufgehängt, um einen Selbstmord vorzutäuschen.[22] Er sei dabeigewesen und habe alles mit angesehen. Als Anstifter bezeichnete er einen gewissen Weber, einen Forstwärter aus Elsterberg.

Man erinnerte sich: Am 7. Februar 1879 wurde in dem zum Fürstentum Reuß ältere Linie gehörenden Dorf Görschnitz[23] bei Elsterberg in seinem Zimmer der betagte Altenteiler Opitz[24] tot aufgefunden. Der 76jährige

---

[20] Heute Teil der Gemeinde Vogtländisches Oberland im Landkreis Greiz.

[21] Altenteiler nennt man noch heute denjenigen, der überwiegend von Geld- und/oder Naturalleistungen aus einem land- bzw. forstwirtschaftlichen Betrieb lebt, dessen Inhaber er früher war und dessen Wohnsitz sich auf diesem Betrieb oder in räumlicher Nähe befindet.

[22] Sollte Johanne Strobel vielleicht noch der Fall Strauß in Erinnerung gewesen sein, bei dem die Täterin ihr Opfer ebenfalls aufgehängt hatte, um einen Freitod vorzutäuschen?

[23] Heute nach Elsterberg im Vogtland eingemeindet.

[24] Sein vollständiger Name findet in der zeitgenössischen Presse keine Erwähnung.

hing an einem Balken in seiner Dachstube. Da er in der letzten Zeit etwas schwermütig schien, nahm man Tod durch Selbstmord an. Opitz wurde ohne weitere Untersuchung bestattet. Danach wuchs Gras über die Angelegenheit. Doch das Geschehen ließ den 15jährigen Jungen nicht ruhen. Er zögerte lange, bis er endlich Mut schöpfte und dem Gericht Mitteilung machen ließ.

Die Mutter, die ledige Johanne Sophie Strobel, sowie deren 18jähriger ältester Sohn Bernhard und der 49jährige Feldhüter Christian Weber wurden verhaftet und die Untersuchung gegen alle drei eröffnet. Es dauerte nicht lange, und sie legten ein Geständnis ab. Die durch das Gericht angestrengte Untersuchung, die sich überwiegend auf das Geständnis der Hauptbeteiligten und die Aussagen mehrerer Zeugen stützte, förderte eine Mordtat zutage, die in ihrer Abscheulichkeit viele andere Morde übertraf.

Am 14. August 1878 erstattete der Feldhüter Christian Weber Anzeige beim königlichen Gerichtsamt in Plauen im benachbarten Königreich Sachsen. Er sei am 10. August nachmittags auf der von Elsterberg nach Plauen führenden Chaussee von dem ihm bekannten Schuhmacher Knoll aus Elsterberg und dessen Ehefrau überfallen worden. Beide hätten mit Tragriemen auf ihn eingeschlagen, ihn mit Messerstichen verwundet und ihm dann seinen Geldsack geraubt, der 40 Mark enthalten habe. Das Plauener Gerichtsamt verwies die Angelegenheit an das königliche Gerichtsamt in Elsterberg. Dort lief kurze Zeit später ebenfalls eine Anzeige ein: von den Eheleuten Knoll, den angeblichen Räubern. Sie teilten ihrerseits mit, daß es Weber war, der an ihnen einen Straßenraub begangen hatte. Weber habe sich ihnen mit seinem Hund in den Weg gestellt, dem Ehemann Knoll mit einer Kreuzhacke über den Kopf geschlagen und dann seinen Hund auf ihn gehetzt. Als die Ehefrau zu Hilfe eilte, habe Weber sie ebenfalls mit der Hacke geschlagen. Dann habe er ihnen das Geld abgenommen. Beide seien verletzt worden.

Das Ehepaar Knoll und der Feldhüter wurden miteinander konfrontiert. Während mehrere Zeugen bestätigen konnten, daß Weber der Straßenräuber war, konnte dieser nur zwei Kinder aufbieten, die den Vorgang, wie ihn Weber schilderte, gesehen haben wollten. Während die Untersuchung im Gange war, suchte Weber am 4. November 1878 erneut das Gerichtsamt in Elsterberg auf und brachte eine weitere Zeugin bei. Sie hieß Johanne Sophie Strobel, eine schlecht beleumundete Frau aus Görschnitz. Sie hatte bereits sechs uneheliche Kinder geboren.

76

Johanne Sophie Strobel wurde daraufhin am 15. November vor das Justizamt Greiz geladen. Sie sagte aus, sie habe an dem fraglichen Tag an der Chaussee gestanden, als der ihr bekannte Feldhüter Weber vorbeigekommen sei. In einiger Entfernung seien ihm ein Mann und eine Frau gefolgt. Sie habe die beiden nicht gekannt. Kurz darauf habe sie gesehen, wie die beiden den Weber am Hals gepackt, ihn mit dem Tragriemen geschlagen und zu Boden gerissen hätten. Dann habe die Frau dem Opfer Geld aus der Tasche gezogen, worauf sich beide auf und davongemacht hätten. Vor das Gerichtsamt in Elsterberg geladen, wiederholte Frau Strobel ihre Aussage und leistete darauf einen Eid.

Was die Beamten nicht wußten: Weber hatte die Strobel, als er erkannte, daß die Gegenaussagen im Falle des Straßenraubes ihn ins Gefängnis bringen konnten, aufgesucht. Er instruierte sie, sie solle aussagen, den angeblichen Überfall auf ihn mit angesehen zu haben. Er besuchte sie mehrmals und schärfte ihr ein, was sie vor Gericht zu sagen habe. Da die Frau anfängliche Bedenken zeigte, beruhigte er sie mit den Worten, die großen Herren machten auch schlechte Dinge, die gestünden sie nur nicht ein, und wenn die Strobel standhaft bei ihrer Aussage bleibe, könne ihr gar nichts geschehen. Um sie vollends auf seine Seite zu ziehen, brachte er ihr wiederholt kleinere Geldbeträge und Geschenke. Diese bestärkten die Frau in ihrem Entschluß, eine Falschaussage zu machen.

In Görschnitz aber waren ihr viele Bewohner nicht wohlgesonnen. Sie zweifelten ihre Aussage an und bezichtigten sie, einen falschen Eid geleistet zu haben. Auch ihr Stiefvater, der 76jährige Opitz, mit dem sie und ihre beiden Söhne unter einem Dach lebten, warf ihr immer wieder vor, falsch ausgesagt zu haben, und nannte sie eine falsche Person. Schon seit längerem war das Verhältnis zwischen den beiden alles andere als herzlich. Als Frau Strobel erfuhr, daß der alte Mann überall im Dorf erzählte, sie habe ein falsches Zeugnis abgelegt und sei eine Meineidige, die bestraft werden müsse, bekam sie es mit der Angst zu tun. Sie hatte nun einen gefährlichen Mitwisser im Haus.

Anfang Februar 1879 suchte die Strobel den Feldhüter Weber in Elsterberg auf und teilte ihm ihre Befürchtung mit, ihr Schwiegervater könne alles bei Gericht ausplaudern. Weber meinte, wenn das herauskäme, kämen alle beide ins Zuchthaus. Und das müsse man verhindern. »Es ist nichts besser, als wenn ihr den alten Hund wegputzt, denn der sagt alles!« Und er schlug vor, den alten Opitz zu töten und ihn »ins Holz« zu schaffen.

Auf dem Rückweg nach Görschnitz gingen der Strobel Webers Worte durch den Kopf. Vielleicht wäre es wirklich besser, der alte Mann verschwände völlig. Als sie wieder zu Hause ankam, war ihr Entschluß gefaßt. Es mußte sich nur noch eine günstige Gelegenheit bieten. Sie sollte nicht lange auf sich warten lassen.

Am 6. Februar 1879 vormittags saß die Strobel mit ihrem 18jährigen ältesten Sohn Bernhard und dem Schwiegervater in ihrer Wohnstube. Plötzlich entspann sich zwischen Stiefvater und Stieftochter ein heftiger Streit. Die Strobel warf ihm vor, gedankenlos alles auszuschwätzen und sie dadurch in Schwierigkeiten zu bringen. Dann brachte sie die Rede auf eine Axt, von der Opitz behauptet, sie gehöre ihm, was die Strobel heftig bestritt. Immer lauter wurde der Streit zwischen den beiden, während Bernhard teilnahmslos zuhörte. Plötzlich ergriff die Frau voller Wut die Axt und versetzte dem alten Mann mit dem Stiel einen starken Stoß gegen die Brust. Dieser stürzte zu Boden, doch erhob er sich wieder und ging ohne ein Wort zur Stubentür. Dabei drohte er seiner Stieftochter: *»Ich sage es überall, daß du – die Strobel – falsch geschworen hast ...«*

Die Strobel sah nun den geeigneten Augenblick gekommen, sich des lästigen Mitwissers ihres Meineides ein für allemal zu entledigen. Sie nahm einen zufällig dort hängenden Strick von der Stubenwand, reichte ihn ihrem Sohn Bernhard und rief ihm zu: *»Der stürzt uns noch alle ins Unglück, der muß weg. Machen wir's jetzt gleich.«* Mutter und Sohn zögerten nicht lange. Sie eilten dem alten Mann nach, der gerade im Begriff war, in den Hausflur zu treten. Die Strobel gab ihm einen derartigen Stoß, daß Opitz der Länge nach zurück in die Stube hinschlug. Sie schloß die Tür hinter sich und kniete sich auf den alten Mann. Mit beiden Händen umfaßte sie seinen dürren Hals, drückte ihre Daumen auf den Kehlkopf und schüttelte seinen Kopf auf und ab, wodurch er mehrmals mit dem Hinterkopf hart auf der Holzdiele aufschlug. Dann rief sie Bernhard, der die ganze Zeit mit dem Strick in der Hand wie gelähmt zugesehen hatte, zu, er möge doch helfen. Dieser versetzte Opitz daraufhin einen Faustschlag in die Seite. Schließlich riß die Strobel ihrem Sohn den Strick aus der Hand, schlang diesen dem Stiefvater um den Hals und zog ihn mit aller Kraft zu. Opitz röchelte und erbrach Schleim aus dem Mund, so daß Bernhard sein Taschentuch hervorholte und es dem Opfer halb in den Mund steckte. Einige Augenblicke später war alles vorbei. Der alte Mann lief blau an und rührte sich nicht mehr.

Wohin aber mit der Leiche? Die Strobel schlug vor, ihn in seine Kammer auf dem Dachboden zu bringen. Gemeinsam zogen sie den Körper aus der Stube und schleppten ihn die Treppe zum Dachboden hinauf. Dabei vermeinten sie ein leises Röcheln zu vernehmen. In der Dachbodenstube angekommen, schleiften sie den Erdrosselten zu einem Balken und hängten ihn daran auf. So mußte man zwangsläufig annehmen, er habe Selbstmord begangen.

Unterdessen hatte die achtjährige Tochter Anna, die krank im Bett lag, durch die geöffnete Tür ihrer Schlafkammer alles mit angesehen.

Am nächsten Vormittag suchte die Strobel einen Nachbarn auf und bat ihn, in ihr Haus zu kommen. Der alte Opitz habe sich erhängt. Tatsächlich fand dieser den alten Mann in seiner Stube tot an einem Balken hängend. Er schnitt ihn ab, legte ihn auf den Boden und benachrichtigte den Kreisphysikus. Dieser machte sich keine allzu große Mühe, den Toten zu untersuchen, zumal Frau Strobel darauf beharrte, er habe schon öfter Selbstmordgedanken geäußert. Er konstatierte Tod durch Erhängen infolge Schwermut. Opitz wurde kurz darauf ohne großes Aufsehen beerdigt.

Johanne Strobel begab sich hierauf nach Elsterberg zu Weber. Dieser bestand insbesondere darauf, daß ihre Kinder nichts von dem Geschehen sagen sollten. So schärfte sie ihnen ein, Opitz sei nicht erdrosselt worden, sondern habe sich selbst erhängt. Als ihr 15jähriger auswärts dienender Sohn Franz zu Besuch kam, erzählte sie auch ihm von der Tat, warnte ihn jedoch davor, ein Wort darüber zu verlieren.

Franz Strobel aber, ein sensibler Junge, der sehr an seinem Großvater hing, ging alles sehr zu Herzen. Lange rang er mit sich, bis er schließlich seinem Dienstherrn in Gablau Mitteilung machte. Dieser schickte ihn zum Gendarmen in Arnsgrün.

Kaum hatte Christian Weber, der räuberische Feldhüter, von der Anzeige erfahren, eilte er sofort nach Görschnitz und setzte die Strobel in Kenntnis. Er sagte ihr, daß, wenn die Sache untersucht würde, er und ihr Sohn Bernhard ins Zuchthaus kämen, sie selbst aber werde sicherlich unter dem Beil enden. Und er riet ihr, sie solle sich entweder erhängen oder aber ersäufen. Auf keinen Fall könne sie nun am Leben bleiben.

Noch am selben Tag lief die Frau in den Wald und machte Anstalten, sich mit ihrer Schürze an einem Kieferast zu erhängen. Doch im letzten Augenblick verließ sie der Mut. Immer im Glauben, der Gendarm sei hinter ihr her und werde sie gleich verhaften, irrte sie stundenlang im Wald umher. Dabei traf sie eine Bewohnerin des Dorfes und klagte ihr, Weber habe ihr geraten, Selbstmord zu begehen. Diese tröstete sie, sagte, sie solle sich nicht vom Fleck rühren, und schickte den Gemeindevorsteher zu ihr in den Wald. Dieser brachte sie nach Görschnitz zurück und quartierte sie zunächst bei dem Weber Kellner ein.

Inzwischen hatten im Dorf umherlaufende Gerüchte die Strobel als Mörderin bezeichnet. Der Gemeindevorsteher setzte daher das Gericht in Kenntnis, und die Strobel wurde verhaftet, ebenso ihr ältester Sohn Bernhard und natürlich Christian Weber, den die Frau als Urheber der Tat bezeichnet hatte. Gegen die Strobel wurde Anklage wegen Mordes, gegen ihren Sohn wegen Beihilfe und gegen Weber wegen Anstiftung zum Mord erhoben. Der Fall wurde an die nächsten, vor dem Landgericht in Weimar beginnenden Schwurgerichtssitzungen verwiesen.

Am 10. September 1879 trat das Schwurgericht in Weimar zusammen, um über den Mordfall zu beraten und zu entscheiden. Während Mutter und Sohn ihr gleich nach der Verhaftung abgelegtes Geständnis wiederholten und tiefe Reue zeigten, womit sie einen Anflug von Mitleid durch die im Gerichtssaal Anwesenden ernteten, stritt Weber, der fast die gesamte Verhandlung über mit breitem Grinsen auf der Anklagebank saß, jede Beteiligung ab.

Staatsanwalt Hofmann stellte die Tat nochmals als eine mit großer Brutalität begangene dar und forderte den Kopf der Strobel als der Ausführenden sowie des Weber als dem geistigen Urheber. Die Verteidiger der Strobels dagegen bezweifelten, daß ihre Mandanten mit Überlegung gehandelt hatten. Allenfalls käme Totschlag in Betracht. Webers Anwalt meinte, die Anklage gegen ihn beruhe nur auf den Aussagen der Strobel, und diesen könne nicht geglaubt werden.

Nach kurzer Beratung betraten die Geschworenen den Gerichtssaal und gaben ihren Wahrspruch ab. Mit zehn gegen zwei Stimmen bejahten sie bei der Angeklagten Strobel die Schuldfrage wegen Mordes, im Falle des Meineides sogar einstimmig, während sie bei Bernhard Strobel die Mittäterschaft am Mord mit elf gegen eine Stimme verneinten und Weber der Anstiftung zum Mord für überführt hielten. Dem Antrag des Staatsanwalts folgend, verurteilte der Präsident des Gerichts die Strobel und Weber zur Todesstrafe, während der Sohn fünf Jahre Zuchthaus erhielt.

Anstifter und Täterin bewegten keine Miene, als sie den Todesspruch vernahmen. Ihre Verteidiger legten beim Reichsgericht in Leipzig, das

Zeulenroda. Postkarte um 1935.

erst wenige Wochen zuvor seine Tätigkeit aufgenommen hatte, Berufung ein. Sie wurde verworfen. Bei Fürst Heinrich XXII. (regierte von 1867 bis 1902), dessen Mutter Caroline während seiner Minderjährigkeit 15 Jahre zuvor das Todesurteil der Mörderin Strauß unterschrieben hatte, lag die letzte Entscheidung. Er wandelte Webers Todesurteil in lebenslängliches Zuchthaus um, bestätigte aber das der eigentlichen Mörderin. Johanne Strobels Schicksal war besiegelt.

Am frühen Morgen des 16. Dezember 1879 wurden beide Tore des Gerichtsgebäudes in Zeulenroda, das als Vollstreckungsort ausersehen war, durch Gendarmen besetzt. Auf dem hinteren Hof des Gerichtsgefängnisses war in der Nacht zuvor ein nur etwa eineinviertel Meter hohes Schafott errichtet und darauf das über vier Meter aufragende Fallbeilgerät[25] aufgestellt worden. Auf der ihm gegenüber errichteten niedrigen Tribüne hatten sich schon frühzeitig an diesem kalten Morgen die Gerichtspersonen, städtischen Abgeordneten sowie die zwölf gesetzlich vorgeschriebenen Bürger als Zeugen des Aktes eingefunden.

Um acht Uhr wurde die Delinquentin in Begleitung des Ortsgeistlichen, Oberpfarrer Resch, vorgeführt und vor die Tribüne gestellt. Staatsanwalt

---

[25] In beiden reußischen Fürstentümern war inzwischen das Beil durch die Guillotine ersetzt worden.

Hofmann eröffnete nun den Vollstreckungsakt. Er fragte die Vorgeführte, ob sie Johanne Sophie Strobel aus Görschnitz sei. Sie bejahte. Darauf richtete er an sie die folgenden Worte: *»Wie ich Ihnen bereits gestern eröffnet habe, soll die ihnen zuerkannte Todesstrafe in dieser Stunde vollstreckt werden. Wenn Sie noch einmal zu Ihrem Gott, vor dessen Richterstuhl Sie bald treten werden, beten wollen, so mögen Sie es mit Ihrem Pastor gar tun.«* Die Strobel kniete daraufhin auf der untersten Stufe der Tribüne und sprach mit dem Geistlichen das Vaterunser. Die Anwesenden entblößten das Haupt, als Oberpfarrer Resch der dem Tode Geweihten den Segen erteilte. Nach den Worten des Staatsanwalts *»Und nunmehr übergebe ich Sie dem Nachrichter, welcher seines Amtes walten mag«* ergriffen der königlich sächsische Landesscharfrichter Otto Oswald Brand und ein Gehilfe die Frau und führten sie an das Schafott und dann die sechs Stufen hinauf auf die Plattform. Innerhalb weniger Sekunden wurde sie an das vertikal stehende Fallbeilbrett angeschnallt, dies wurde dann in die horizontale Lage gekippt und die Frau unter das Beil geschoben. Brand löste das Beil aus, das nun auf den Nacken der Frau sauste und ihren Kopf vom Rumpf trennte. Es war zehn Minuten nach acht Uhr. Brand hob den bluttriefenden Kopf für wenige Sekunden hoch und zeigte ihn dem Staatsanwalt als Zeichen, daß das Urteil vollstreckt sei. Rumpf und Kopf wurden dann in einen bereitstehenden weiß angestrichenen Sarg gelegt und am selben Tag in die Anatomie nach Jena gebracht.

Johanne Strobel war die eine von nur zwei Frauen, die in den 1870er Jahren in Deutschland hingerichtet wurden, und zugleich die letzte in den Reußenstaaten. Im Jahre 1875 hatte man in Braunschweig eine weitere Mörderin enthauptet. In den 1870er Jahren, als in vielen deutschen Staaten Todesurteile zwar ausgesprochen, aber nicht mehr vollstreckt wurden, war es höchst ungewöhnlich, eine Frau dem Scharfrichter zu überantworten.

Wolfgang Krüger

FRIEDERIKE PATZER, CHRISTOPH BERGNER UND JULIE PASCHOLD – PISTOLENSCHROT FÜR DEN LÄSTIGEN EHEGATTEN

SACHSEN-MEININGEN (1879–1885)

Das gemeinschaftliche Schwurgericht Gera tagte schon seit 20. September 1880 wie gewöhnlich im meist nur zum Teil gefüllten großen Rathaussaal. Am 2. Oktober, der letzten Verhandlung in der aktuellen Session, war alles anders. Dicht drängten sich die Bürger auf den Gängen und suchten schubsend und stoßend, einen der begehrten Plätze im Gerichtssaal zu ergattern. Schon vor Tagen hatte sich in der Stadt herumgesprochen, daß ein spektakulärer Ehegattenmordversuch zur Verhandlung kommen sollte, und somit die Sensationslust zahlreicher Geraer geweckt.

Die Tat war in der Nacht vom 24. zum 25. Mai 1879 im sachsen-meiningischen Gräfenthal begangen worden. Da die kleine Stadt im Kreis Saalfeld lag und letzterer zum gemeinschaftlichen Landgerichtssprengel Rudolstadt, mit Schwurgericht in Gera, gehörte, hatte die Schwarzburgische Staatsanwaltschaft beim Landgericht Rudolstadt das Verbrechen zu untersuchen.

Die Verhandlung unter Vorsitz des Jenaer Oberlandesgerichtsrates Schwarz konnte pünktlich um 9.00 Uhr beginnen. Der Erste Staatsanwalt Dr. Hildebrandt verlas die Anklage. Sie lautete auf versuchten Mord gegen die 32jährige verehelichte Georgine Friederike Elisabeth Patzer aus Gräfenthal, auf Beihilfe dazu gegen den sechs Jahre älteren Christoph Heinrich Bergner aus Kleinneundorf durch Herbeischaffung der Mordwaffe, einer Pistole mit Schrotmunition, sowie auf Anstiftung und Beihilfe gegen die verehelichte Julie Paschold aus Gräfenthal, die im 46. Lebensjahr stand.

Was war geschehen? Die 21jährige Friederike Patzer, geborene Krauße, verheiratete sich, nachdem sie vorher sechs Jahre in verschiedenen Diensten gestanden hatte, im Jahr 1868 mit dem damals 18jährigen Handarbeiter Christian Louis Patzer aus Goßwitz bei Ranis. Das Ehepaar lebte und wohnte in dem Dorf des preußischen Kreises Ziegenrück bis zum Jahr 1877.

Anfangs harmonierte das Familienleben der Patzers und das Ehepaar brachte es zu einigen Ersparnissen. Das Paar erfreute sich allerdings schon damals keines guten Rufes. Louis Patzer blieb als ein sehr starker Branntweintrinker und äußerst unsolider Mensch in Erinnerung, während seine kluge und attraktive Ehefrau auf Grund von Affären mit mehreren verheirateten Männern in noch viel schlechterem Andenken bei der Ortsbehörde stand. Diese beiderseitigen Neigungen der Eheleute waren nur zu sehr dazu geeignet, den Familienfrieden immer wieder zu stören. Friederike wandte sich angeekelt von ihrem Branntwein trinkenden Gatten ab, der seine Eifersucht nun täglich zu ersäufen suchte.

1877 wechselten die Eheleute ihren Wohnplatz nach Kleinneundorf bei Gräfenthal, wo sie bis Ende März 1879 lebten.

Hier machte Friederike die Bekanntschaft des Schieferbrucharbeiters Christoph Bergner, die schließlich zu »ehebrecherischem Umgang derselben« führte, wie die Staatsanwaltschaft später unterstreichen sollte. Wiederholt beobachteten Zeugen, wie sich Friederike in ihrer Wohnung mit Christoph einschloß, und vernahmen nach kurzer Zeit laute Geräusche, die auf heftige und freudvolle intime Begegnungen schließen ließen. Ende März 1879 wurden die beiden sogar vom Ehegatten Louis Patzer und dem Schultheiß Schlegel in der Bergnerschen Wohnung in enger Umarmung im Bett liegend angetroffen. Schon damals hatte Friedericke Patzer den Entschluß gefaßt, ihren Ehemann im Stich zu lassen und sich mit Bergner nach Straßburg zu wenden. Folglich nahm die Spannung zwischen den Patzerschen Eheleuten zu und eskalierte, als Louis seine Frau lebensgefährlich würgte und verprügelte, so daß Friederike das Haus für einige Tage fluchtartig verließ.

Das Verhältnis mit Christoph Bergner setzte sie auch in Gräfenthal fort, wohin die Patzers im April 1879 umgezogen waren. Nun entfernte sich Friederike abermals tagelang von der ehelichen Wohnung. Wenn sie zurückkam, traf sie sich häufig mit Julie Paschold und deren Ehemann Friedrich, ihren im selben Haus wohnenden Vermietern.

Die Paschold, über die später die Presse mitteilen wird, sie sei häßlich an Seele und Gestalt, wurde für die junge Frau Patzer zum Verhängnis. Bei jeder Gelegenheit suchte das Weib die Patzer mehr und mehr gegen ihren Ehemann aufzuhetzen und riet ihr immer entschiedener, ihren Mann, den erbärmlichen Säufer, doch endlich aus der Welt zu schaffen. Die Alte bot Friederike an, sie könne dann bei ihr bleiben, so daß sie es viel besser haben würde als zuvor. Julie Paschold reflektierte dabei auf die Ersparnisse der jungen Frau, von der sie schon verschiedene Beträge geborgt hatte. Der Liebhaber Christoph Bergner förderte gleichfalls den Gedanken, seine Geliebte zur Witwe zu machen, indem er sie dann zu heiraten gedachte.

Durch Anstiftung der alten Paschold waren bereits verschiedene Mordversuche unternommen worden. Aber Louis Patzers guter Magen und der über dem oft Betrunkenen wachende Schutzengel machten alle diese Versuche zunichte.

Die Paschold unterbreitete schon kurze Zeit nach dem Einzug der Patzers in das Gräfenthaler Haus den Vorschlag, Louis Patzer gemeinsam an einen tiefen Schieferbruch auf den Bocksberg zu locken und vom Bruch zu schubsen. Der heimtückische Plan kam nur dadurch nicht zur Ausführung, weil Friederike ihn verwarf.

Sodann brachte Julie Paschold in Anregung, Louis im Zustand der Volltrunkenheit mittels eines Barbiermessers oder dergleichen die Kehle durchzuschneiden. Frau Patzer fand den Vorschlag so abscheulich, daß er gleichfalls ihren Beifall nicht fand.

Bald sollte es zu einem Ereignis kommen, in dessen Folge die Mordpläne der Vermieterin noch energischer betrieben wurden. Zwischen den Patzerschen Eheleuten hatte es wieder einmal heftigen Zank gegeben und der angetrunkene Louis Patzer warf seinen Teller nach Friederike, die leicht verletzt aus dem Haus in die Nachbarschaft floh. Louis, der plötzlich das Bedürfnis verspürte, sein Unglück mit der untreuen Ehefrau jemandem zu klagen, ging hinauf zur Vermieterin. Julie Paschold bediente ihn weiter mit hochprozentigen alkoholischen Getränken. Während sie auf ihren Mann schimpfte, versuchte Julie ihn zum Beischlaf zu animieren. Louis wies die Frau mit beleidigenden Worten zurück, die ihren Haß gegen den Mieter weiter anstachelten.

Kurz darauf rief sie Friederike Patzer nach Hause und teilt der verschüchterten Frau mit, daß ihr Alter betrunken sei und oben liege, *»wie verreckt«*. Man sollte einen Strick nehmen und ihn daran aufhängen. Übrigens habe er sie *»fleischlich gebrauchen wollen«*. Mit diesem *»Sausachsen«* möchte sie aber nichts zu tun haben.

Noch in derselben Nacht schlug die Paschold vor, Louis Patzer zu überreden, eines späten Abends mit in den Wald zu gehen, um eine Fichte zu stehlen. Unterwegs sollte der verhaßte Ehemann von der Brücke in den damals angeschwollenen Zoptebach gestoßen werden. Anfang Mai 1879, abends gegen zehn Uhr, schritten die Frauen zur Ausführung ihres heim-

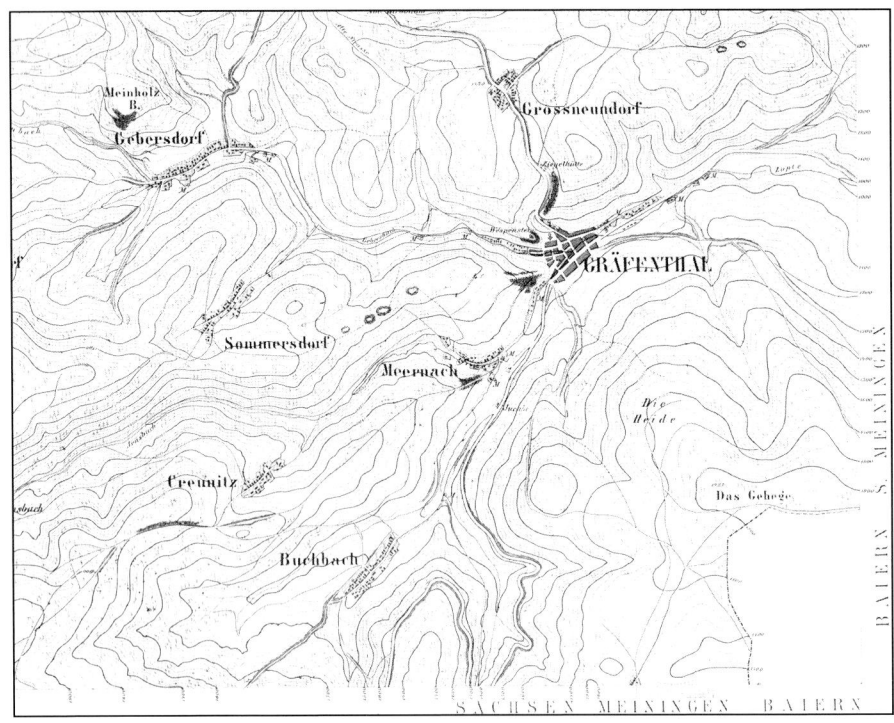

Gräfenthal mit Umgebung, Meßtischblattausschnitt um 1905.

tückischen Planes. Julie Paschold begann schon am späten Nachmittag, Louis Patzer mit Bier und Schnaps abzufüllen. Der Ehemann fand sich auch bald bereit, seinen Teil an dem Holzdiebstahl beizutragen. Um sich den neugierigen Blicken von Zeugen zu entziehen, stiegen die drei auf einer Leiter über die hinter dem Hause befindliche Hofmauer ins Freie und schlugen den Weg in Richtung Zopte ein. In der Nähe der Hölleinschen Mühle lag die Zoptebrücke. Sie bestand nur aus Holzstämmen. Da ein Geländer fehlte, war deren Überquerung vor allem in der Nacht ein riskantes Unterfangen. Als Louis Patzer die Brücke schon passiert hatte, rief ihn die Paschold mit den Worten zurück: *»Um Gottes Willen, Patzer, guck doch nur einmal, was da im Wasser liegt!«*

Louis torkelte zurück, beugte sich über den Bach, um nachzusehen, welche Entdeckung die Paschold wohl gemacht habe. In diesem Augenblick packte ihn die Alte am Kopf und versuchte ihn ins Wasser zu stoßen. Friederike Patzer jedoch, die auf dem Weg zur Brücke Gewissensbisse plagten, zog ihren Mann im letzten Augenblick zurück.

Das Scheitern des Anschlags ließ nun die Paschold nicht ruhen. Zumal sie erfuhr, daß Louis Patzer im Wirtshaus verkündete, die alte Paschold hätte ihm nach dem Leben getrachtet.

So kam die Paschold zunächst auf die Idee, Louis in den nahe bei Gräfenthal liegenden Ort Gebersdorf zu locken und ihn zum Biertrinken zu verführen. Auf dem Rückweg sollte er im betrunkenen Zustand in einen angrenzenden Teich geworfen werden. Auch diesen Vorschlag wies Friederike zurück und hielt ihren Mann von dem Biergang zurück.

Ungeachtet der Mißerfolge gab Julie Paschold den Gedanken an die Ermordung des Louis Patzer nicht auf. Sie bedrängte die junge Frau nur noch energischer, endlich zur Tat zu schreiten, weil der Vorfall an der Zopte inzwischen »zur Kenntnis der Polizei und des Gerichts gekommen« sei, und beschwor ihre Komplizin, sie wisse, was das zu bedeuten hätte, Louis müsse weggeschafft werden, er bringe sie sonst zeitlebens ins Zuchthaus. Deshalb sei in ihr der Entschluß gereift, daß derselbe mittels einer Pistole vom Leben ins Jenseits befördert werden solle.

Mitte Mai 1879 kamen die Verbündeten der Ausführung dieses Mordplanes näher. Bergner hatte eine Pistole gekauft und unterrichtete Friederike im Gebrauch des Schießeisens. Nachdem schon einige Tage vorher ein Versuch mit der Pistole unternommen worden war, wobei sich die Schrotladung in einer Tür entlud, kam es in der Nacht vom Sonnabend, dem 24. Mai 1879, zum Sonntag zu dem so lange herbeigesehnten Attentat auf den lästigen Ehemann Louis Patzer.

Friederike Patzer befand sich an diesem Abend bei ihrem Ehemann in der von den Paschold s gemieteten Wohnung. Sie verbrachten den Abend mit Genuß von Bier und Branntwein. Zu später Stunde legten sich die Beiden endlich ins Bett. Vor Gericht wird später die Ehefrau bestätigen, daß es in besagter Nacht zum Vollzug des Beischlafs gekommen sei.

Nach Mitternacht wurde Friederike von der alten Paschold wachgerüttelt und zum Aufstehen genötigt. Mit einer Kerze leuchtete die Paschold nun den schlafenden Louis an, um sich von seinem tiefen Schlaf zu überzeugen. Auch Christoph Bergner hatte sich inzwischen fast geräuschlos in das Schlafzimmer begeben und sollte nun die Tat vollführen. Den stämmigen Mann plagten jedoch plötzlich Gewissensbisse, er zitterte am ganzen Leib, konnte die Pistole nicht ruhig führen und beteuerte, daß er keinen Vogel töten könne, geschweige denn einen Menschen. Da der Paschold nicht entgangen war, daß Bergner unfähig war, die Tat auszuführen, drückte sie

Friederike die Pistole in die Hand und schob das Eheweib zum Lager des Schlafenden. Dort gab Julie ihr noch einen Stoß an den Arm und flüsterte im Befehlston: »*Los, steck ihm das Ding ins Maul und drück endlich ab.*«

Im selben Augenblick ging die Schrotladung der Pistole los, von der einige Schrote dem Schlafenden in den Hals drangen. Infolge des heftigen Schmerzes sprang Louis aus dem Bett, eilte auf die Straße hinaus und rief dort: »*Hilfe, Hilfe, man hat mich in den Hals gestochen!*«

Vor Gericht wird er später die Einzelheiten seiner Wahrnehmung beschreiben und aussagen, es sei plötzlich so »*warm auf der Brust geworden*« und er habe »*so ein Brausen gehört*« und ihm wäre »*etwas in den Kopf gesaust*«.

Er war also in seiner Angst aufgesprungen und hatte zunächst geglaubt, ein Stich habe ihn verletzt. Dabei hatte der Mann die Wahrnehmung gemacht, daß seine Ehefrau nicht mehr neben ihm im Bette lag, vielmehr zur Tür hinauseilte. Louis sprang in seiner Angst dann auf die Straße und rief um Hilfe. Diese wurde ihm auch von einigen Personen geleistet und er wurde in seine Wohnung zurückgeleitet. Dort erschien auch alsbald der herbeigerufene Physikus Dr. Kühner aus Gräfenthal, welcher an der vorderen Seite des Patzerschen Halses, und zwar in der Mittellinie desselben, eine Schußwunde konstatierte.

Seine Frau kam erst etwa eine halbe Stunde später zu ihm, um die Wunden vom Blut zu reinigen. Die Wunde hatte stark geblutet. Auf dem Bett, dem Tisch und in der Stube, überall waren Blutspuren zu sehen.

Abschließend resümierte der Verletzte: »*Sie hat mich ums Leben bringen wollen, weil sie den Kerl, nämlich den Bergner heiraten wollte.*«

Die durch die nächtliche Ruhestörung herbeigeeilten jungen Leute, die Louis ins Zimmer gefolgt waren, mutmaßten im Kerzenschein, daß die Verwundung von Schüssen herrühren müsse. Der Zimmermann Carl Zinner suchte deshalb alsbald in dem Zimmer nach einer Schußwaffe und fand die Schrotpistole am Fußende des Bettes unter der dort heruntergerissenen Bettdecke.

Der dringende Verdacht, daß es sich dabei um die Tatwaffe handelte, erhärtete sich einige Tage später, als Dr. Kühner dem Gericht am 31. Mai 1879 aus Gräfenthal mitteilte: »In Untersuchungssachen gegen die Ehefrau des Schieferarbeiters Louis Patzer, vormals in Kleinneundorf, jetzt in Gräfenthal, wegen Mordversuchs teile ich Ihnen nachträglich zu meinem Gutachten v. 28. d. J. pflichtschuldigst und ergebenst mit, daß

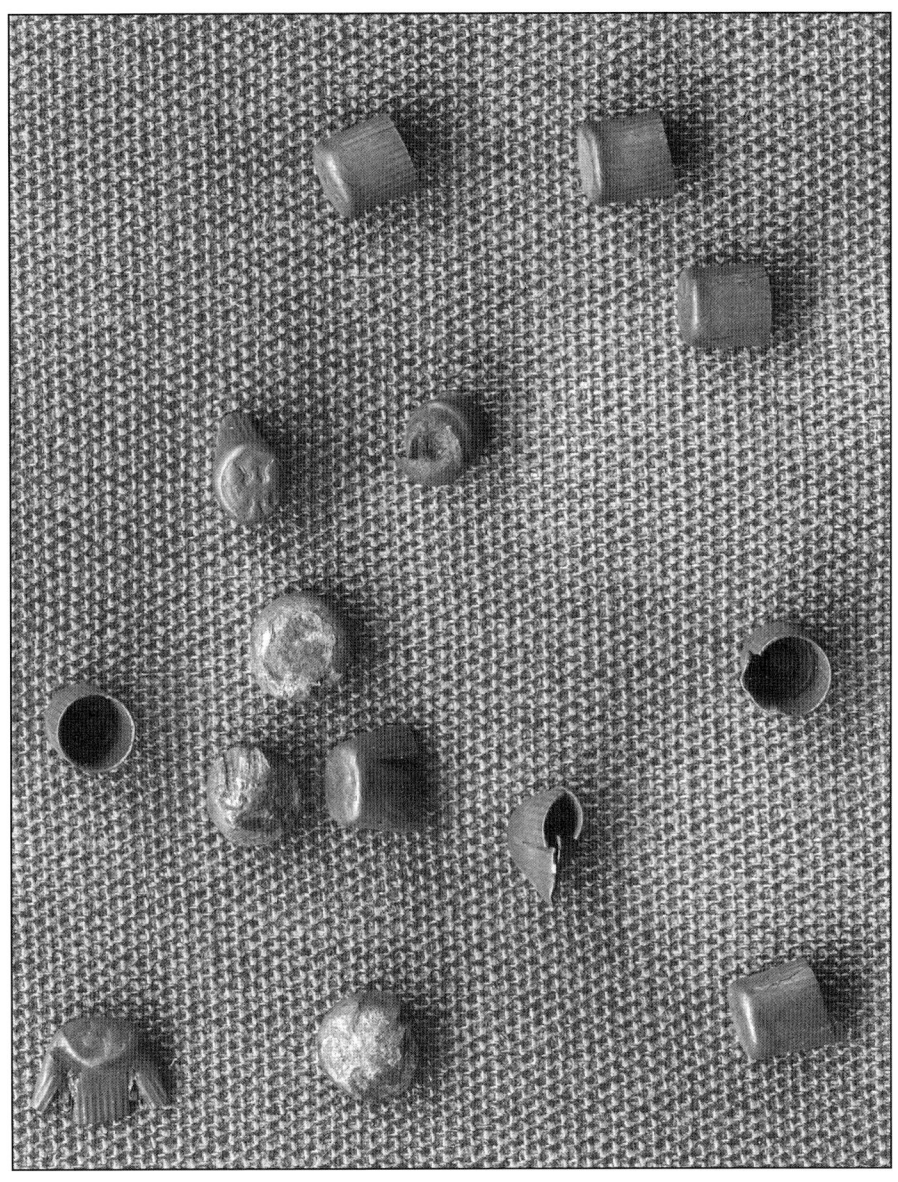

Die bei dem Attentat auf Louis Patzer verwendete Pistolenschrotmunition.

nach der gegenwärtigen Beschaffenheit der Wunde und der Erhebung der begleitenden Umstände die Annahme, daß die Verletzung durch ein mit Schroten geladen gewesenes Schießwerkzeug verursacht worden, sehr an Wahrscheinlichkeit gewinnt.«

Der Tatverdacht fiel zunächst auf die Ehefrau, zumal Louis aussagte, daß er bei seiner Flucht auf die Straße im Halbdunkel Friederike das Zimmer verlassen sah. Die Verhaftung der Patzer wurde angeordnet und die Angeklagte ins Gerichtsgefängnis nach Rudolstadt gebracht.

In der gegen sie eröffneten gerichtlichen Voruntersuchung stellte die Frau anfänglich ihre Urheberschaft, ja jedes Wissen über die Tat in Abrede. Insbesondere war die Verdächtige bemüht, der Untersuchung die Wendung zu geben, als liege ein Selbstmordversuch ihres Ehemannes vor. Und schließlich behauptete sie, Louis hätte ihr das Leben aus Eifersucht nehmen wollen und sich versehentlich selbst getroffen. Vom Untersuchungsrichter mit immer neuen Tatsachen über den Tathergang konfrontiert, sah sich die Delinquentin schließlich genötigt, der Wahrheit wenigstens einigermaßen näherzutreten. Wenngleich nun Friederikes Angaben noch immer in vielen Punkten offenbar erdichtet und zur Beschönigung ihrer Tat vorgebracht wurden, stellte sich der Tathergang nach ihrer Meinung im Kern so dar:

Sie sei allein durch den bösen Einfluß der Vermieterin Julie Paschold, die an allem schuld sei, zur Tat gebracht worden. Die Paschold übergab ihr einen Taler, den Friederike dem Bergner reichte. Dieser kaufte eine Woche vor der Tat die Pistole. Eines Tages, in der letzten Woche vor der Tat, hat Julie Paschold die Pistole der Frau Patzer ausgehändigt und diese aufgefordert, ihrem Mann, wenn dieser wieder einmal in trunkenem Zustand im Bett lag, das Schießeisen ins *»Maul zu stecken«* und loszuschießen.

Am Tag der Tat seien sie dann zum Bett geschritten. Als die Täter vor dem Bettvorhang mit der Pistole standen, da habe Friederike es nicht über sich gebracht zu schießen. Vielmehr sagte sie: *»Ich tue es nicht, ich verstehe nichts von dem Ding.«*

Daraufhin habe die Alte sie an den Arm gestoßen und die Pistole sei dabei losgegangen. Kurz nach der Festnahme der Friederike Patzer wurde auch Julie Paschold und nach Vernehmung der beiden Frauen Christoph Bergner in Gewahrsam genommen.

Julie Paschold behauptete, zur Tatzeit mit ihrem Ehemann im Bett gelegen und geschlafen zu haben. Sie hätte auch keinen Nutzen von dem

Mord gehabt. Christoph Bergner sagte aus, zwar den Louis nicht leiden zu können, aber an der Tat nicht beteiligt gewesen zu sein. Bald wurde ihm jedoch nachgewiesen, die Pistole in Leutenberg angekauft und dabei die Verkäuferin für ein kleines Geschenk zum Schweigen verpflichtet zu haben. Bei einer Hausdurchsuchung fanden die Ermittler jene Schrotmunition, die bei dem Anschlag auf Patzer Verwendung gefunden hatte.

Zunächst wurden die Untersuchungen gegen die wegen Diebstahls vorbestrafte Friederike Patzer wegen Mordversuchs und Christoph Bergner wegen des Verdachts der Vorbereitung und Mitwisserschaft weitergeführt. Dagegen stellte das Gericht die Ermittlungen gegen Julie Paschold ein. Im Verlauf der weiteren Untersuchungen kam der Verdacht wieder gegen sie auf, der sich durch die Aussagen der Patzer, des Bergner und die Gutachten der Sachverständigen erhärten sollte und schließlich zur Anklage gegen alle drei führte.

Der am 2. Oktober 1880 in Gera stattfindende Prozeß sollte sich von morgens neun Uhr bis in die späten Abendstunden hinziehen. Immer wieder nahm der Erste Staatsanwalt Dr. Hildebrandt die Angeklagten ins »Kreuzverhör« und lieferte sich mit den aus Münchenbernsdorf und Gera stammenden Verteidigern Barthel, Sturm sowie Müller wortgewaltige Auseinandersetzungen. Viel Zeit nahm auch die Vernehmung der 22 Zeugen und des Sachverständigen Dr. Kühner aus Gräfenthal in Anspruch.

Der Mediziner bekräftigte in der Verhandlung seine schon kurz nach der Tat schriftlich festgehaltene Erkenntnis: Anhand der Pulvereinsprengungen am Hals des Geschädigten könne mit Sicherheit darauf geschlossen werden, daß der Schuß direkt und aus einer Entfernung von nur drei bis vier Fuß auf den Verletzten abgegeben worden sei.

In der Verhandlung versuchten sich Friederike Patzer und Christoph Bergner durch beharrliches Leugnen doch noch von jeder Schuld reinzuwaschen. Schließlich durch den Staatsanwalt in die Enge getrieben, bezeichnete erstere es als ein großes Unglück, in das Haus der *alten Schlange* gezogen zu sein, weil diese sie fortwährend gegen ihren Mann aufgereizt habe.

Julie Paschold verfolgte im Prozeß eine andere Taktik, indem sie sich taub stellte. Dieses Leiden habe sich nach einem Schlaganfall eingestellt, der sie angeblich im Untersuchungsgefängnis getroffen habe.

Auf die Bejahung sämtlicher Schuldfragen durch die Geschworenen erkannte schließlich der Gerichtshof nach Antrag der Staatsanwaltschaft gegen Friederike Patzer wegen Mordversuches auf fünf Jahre, gegen den wegen Körperverletzung vorbestraften Christoph Bergner wegen Beihilfe dazu auf zwei und gegen Julie Paschold auf fünf Jahre und drei Monate Zuchthaus wegen Anstiftung und Beihilfe zu dem Verbrechen. Die Untersuchungshaft wurde angerechnet. Alle Kosten des Verfahrens hatten die Verurteilten zu tragen. Das zur Verübung des Mordversuchs gebrauchte Schießgerät, die Pistole, zog das Gericht gemäß § 40 des Strafgesetzbuches ein.

Zurück im Gefängnis Rudolstadt, erklärten Patzer und Bergner, sie wollten die Zuchthausstrafen antreten. Sie verzichten auf Rechtsmittel. Ob hingegen Julie Paschold Rechtsmittel eingelegt hat, ist unbekannt. Dies hat jedenfalls auf ihre Bestrafung keine Auswirkung gehabt, denn sie mußte etwa vier Wochen nach der Urteilsverkündigung ihre Haftstrafe in der zentralen Strafanstalt der ernestinischen Staaten Thüringens für weibliche Gefangene, im Zuchthaus Hassenberg, antreten. Auf schon vergilbtem Papier wurden persönliche Daten der Verurteilten für die Zuchthausleitung festgehalten:

Julie Paschold, geborene Wagner in Creunitz, evangelisch, wegen Beleidigung zweimal bestraft, 153 Zentimeter, graue Haare, graublaue Augen, gesunde Gesichtsfarbe. Die Paschold hat früher gut gehört, stellte sich später taub. Nach Meinung der behandelnden Ärzte ist das Leiden nicht so schlimm. Von Schlaganfall kann nicht die Rede sein.

Am 9. Juni 1885 öffnete sich nach Verbüßung der gesamten Strafe das Zuchthaustor für die Verurteilte, die sich zurück nach Gräfenthal wandte. In der Aufnahmelegitimation vom 21. Oktober 1880 für Georgine Friederike Elisabeth Patzer aus Gräfenthal ist festgehalten: Geborene Krauße, evangelisch, 153 Zentimeter, dunkelblondes Haar, braune Augen, Gesichtsfarbe blaß, kommt ins Zuchthaus Hassenberg, Einlieferung erfolgt am 4. November 1880.

Nach Verbüßung von drei Vierteln ihrer Strafe wurde sie am 5. Dezember 1883 nach Hasenthal bei Lauscha entlassen.

Christoph Heinrich Bergner aus Kleinneundorf kam ins Zuchthaus Untermaßfeld. Über ihn wurde festgehalten: Körpergröße: 174 Zentimeter, dunkelblondes Haar, blaugraue Augen, Gesichtsfarbe gesund, Handarbeiter, evangelisch.

Am 5. September 1881, nach Verbüßung von drei Vierteln der Strafe und unter Anrechnung der Untersuchungshaft, verließ dieser die Strafanstalt in Richtung seines Heimatortes Kleinneundorf.

Ob Louis Patzer die einst so geliebte Ehefrau Friederike jemals wiedersah oder diese mit Heinrich Bergner ihre Verbindung fortsetzte, entzieht sich der Aktenkenntnis.

Die Schrotkugeln jedenfalls haben Louis Patzer wenig geschadet und waren, wie er später berichtete, wieder aus dem Hals gefallen. Schon ein paar Tage nach dem Mordanschlag eilte er wieder ins Wirtshaus und saß inmitten seiner Saufkumpane.

Frank Esche

Apolda
Wormstedt
Hirschroda
Nauenhsn
Frauenpriessnitz
Wilsdorf
Stobra
Kösnitz
Naschhau
Steudnitz
Schöten
Zimmern
Unt Nossen
Dorndorf
Wetzdorf
Stiebritz
Dornburg
Rockau
Hermstedt
Hainichen
Nerkewitz
Neuengönna
Lehesten
Tautenburg
AltenGönna
Mein
Rödigen
Parsted
Tautenburger Wald
Krippendorf
Golmsdorf
Naira
Beutnitz
Löberschütz
Hohnd
Isserstedt
Klosewitz
Zwätzen
Kunit Bg
Greiz scher
Lützeroda
chfeld
Neue B.
Greiz schen
Poxdorf
Lt Schnecke
Cospeda
Rau Th.
Löbstedt
Kunitz
Jena Löbnitz
Bürgel
Windkno Hera od Napoleons Höhe
Lasan
Taupadel
Nausnitz
Gniebsdf
Remderoda
Landgraf B. B.H.
Jenzig
abhsu
Jena
Wenigenjena
Wogau
Rodigast
Thalbürgel
chenrada
Jenapriessnitz
Drach thurm
Gr.
Kl.
Lucka
Zinna
Ilmsdf
Forst H
R.H.
Rasen M.
Ziegenkain
Luftschl
Löbichau
Beilbar
Walde
sroda
z. Mein.
Lichtenhain
Kern Bg
Fürstenbrunn
Schön Gleina
berega
Wöllnitz
Kr Drakendf
Mennewitz
Scheidnitz
Koppanz
Ammerbach
Ob
Zöttnitz
Trockhsn.
Albersdor
Nensdorf
Burgau
B.H.
Johannis B.
Rabis
Schlöben
Ascherhau
Winzerla
Triesnitz
A.Lobdaburg
Unnitz
Lötschen
Bucha
Göschwitz
Lobeda
Drakendorf
Anh.
Gräben
Rutterdorf
Ossmaritz
Rutha
Zöllnitz
Laasdorf
Todelsatz
Bürna
chorba
Roda
Gernewitz
Schiess Hs
Quirla
mmritz
Leutra
Maua
Sülza
Rausdf.
Möckern
Dürren Gleina
Schiebelau
Rothenstein
Kanzel B.
Anh.
Stadt Roda
Essau
Ulrichs
Kröbitz
z. Weim.
Schirnewitz
Alldorf
Ottknitz
Gr.
Bockedra
Geisenhau
Tröbnitz
Rodias
Kl.
Ob.
Gneus
Hut
Waltersdf.
Altenberga
Greuda
Schöps
Jägersdorf
Magersdf
Erdmannsdf
Röttelmisch
Zwabitz
Gr.
Pürschnitz
Unt
Bodnitz
Meusebach
städt
Gumperda
B.H.
Ob.
Rattelsdf
elbach
Biebra
Kahla
Seitenroda
Seitenbrück
Pfalz
Kugel B.
Lichtenbg
Rothe Thof
Bremsnitz
Eichenberg
Löbschütz
Trockenborn
Fröhliche Wiederkunft

Ausschnitt aus einer Thüringenkarte von 1904.

ALWINE »LINA« LINDIG – DAS LEBENDIG BEGRABENE KIND

SACHSEN-ALTENBURG (1880)

Am 25. September 1880, pünktlich ab neun Uhr, verhandelte das Schwurgericht Gera über ein, wie sich im Blätterwald thüringischer Zeitungen vernehmen ließ, »abscheuliches Verbrechen gegen das Leben«.

Vor dem Gericht hatte sich die 28jährige Dienstmagd Alwine Lindig aus Eßbach, im Fürstentum Reuß ältere Linie gelegen, wegen eines grausamen und spektakulären Mordfalls zu verantworten. Nach Meinung des namentlich nicht überlieferten Korrespondenten der *Schwarzburg-Rudolstädtische Landeszeitung* entrollte die Verhandlung »... ein Bild grauenvoller seelischer Verkommenheit und stellte die Angeklagte als ein Ungeheuer in Menschengestalt hin«.

Und der Pressevertreter der renommierten ostthüringischen *Geraer Zeitung*, dessen Gerichtsbericht hier nur leicht modifiziert wiedergegeben wird, ließ am 26. September 1880 seine Leserschaft folgendes wissen:

Die Angeklagte habe eine sehr trübe Vergangenheit hinter sich. Sie sei unehelich geboren und habe einen nur mangelhaften Schulunterricht genossen. Das weibliche Geschöpf sei mit 14 Jahren konfirmiert worden und dann in Dienste gezogen. Hier zeigte sich, während der ziemlich langen Zeit ihrer Dienstjahre, in drastischer Weise ihre vernachlässigte Erziehung. Alwine habe während dieser Zeit eine große Anzahl einzelner Dienste ausgeübt und nie viel Lust zu Ordnung und Arbeit gezeigt. Außerdem sei die junge Frau überall als lügenhaft bekannt und habe während der letzten neun Jahre dreimal unehelich geboren. Die Mutter der Lindig habe sich später in Pößneck verheiratet und nunmehr verlor die Angeklagte jeden Kontakt zum Haus der Mutter. Während der richterlichen Befragung habe Lina, wie sie genannt werde, nicht einmal den Namen ihres Stiefvaters angeben können. Die Großeltern, bei denen die Lindig früher eine Art Heimat hatte, waren inzwischen gestorben.

Im Dezember 1879 befand sich, so informierte der Zeitungsschreiber, die Angeklagte wieder in gesegnetem Zustand und zwar, wie schon angedeutet, bereits zum dritten Male. Sie sei dann, weil ohne Dienst und ohne Kleider, in die im Großherzogtum Sachsen-Weimar-Eisenach gelegene Jenaer Entbindungsanstalt gegangen, wo sie am 20. Dezember 1879 ein

Mädchen gebar. Das Mädchen war gesund und erhielt später in der Taufe den Namen Anna Lindig. Einige Wochen nach der Geburt des Kindes sei eine Frau Albrecht aus Lobeda in die genannte Entbindungsanstalt gekommen, um dort zu fragen, ob sie ein Kind in Erziehung bekommen könne. Nach kurzer Verhandlung habe sie das Kind der Angeklagten mit nach Lobeda genommen, während sich Lina Lindig einer anderen Gegend zuwandte, um dort wieder Dienste zu suchen.

Von dem betreffenden Ort aus wurde die junge Frau, als sie erkrankt war, bald danach in das Genesungshaus Roda gebracht. Von dort aus ging die Dienstmagd später nach Lobeda zu Frau Albrecht, welche Lina Lindig darauf aufmerksam machte, daß die Mutter der kleinen Anna doch dafür sorgen möge, für ihr Kind wenigstens etwas warme Bekleidung zu beschaffen. Die Lindig gab an, daß sich ihre eigenen Kleider am vorigen Dienstort in Könitz befänden. Frau Albrecht entschloß sich daher, mit der Lindig dorthin zu reisen, um sich von der Wahrheit dieser Angabe zu überzeugen. Gleichwohl wollte die Pflegemutter auch die notwendige Bekleidung für das Kind bekommen. In Könitz stellte sich heraus, daß die Lindig betreffs der Kleider gelogen hatte, denn die Sachen befanden sich nicht in Könitz, sondern in Neustadt. Der Könitzer Bürgermeister hatte Frau Albrecht fünf Mark zur Rückreise gegeben und ihr außerdem mitgeteilt, man habe dort die Absicht gehabt, die Lindig zur Erziehung und Besserung in ein Korrektionshaus zu bringen.

Nun reisten Lindig und Albrecht weiter nach Neustadt, denn in Wirklichkeit befanden sich die Kleider der Angeklagten im Haus des Schuhmachers Födisch, bei dem die Lindig von Pfingsten bis Michaeli 1879 als Haushälterin gewesen, demselben aber während dieser Zeit nach dessen gerichtlicher Aussage so vielfachen Schaden zugefügt hatte, daß er die Kleider als Ersatz behalten habe. Diese Schädigung bestand namentlich darin, daß die Lindig achtzehn Wochen lang krank gewesen war und während dieser Zeit nicht arbeiten konnte. Ferner hatte sie in Ermangelung anderen Brennholzes eine Partie Schuhmacherleisten, sogenannte Stiefelbretter, sowie ein Fleischfaß und eine Mehlbutte zerhackt und verbrannt. Der Schuhmacher verlangte Ersatz im Betrag von 150 Mark und erklärte, die Kleider nicht früher herauszugeben, ehe er dieses Geld erhalten habe.

Lina und Frau Albrecht gingen nun zurück nach Lobeda. Frau Albrecht hatte mithin keinerlei Aussicht, ein Ziehgeld oder Kleider von der Lindig zu erhalten. Sie machte der Mutter deshalb heftige Vorwürfe. Darauf er-

Zöllnitz. Postkarte um 1910.

klärte Lina, sie wolle ihr Kind nun mitnehmen und selbst unterbringen. Es entstand zwischen den beiden ein Streit, weil Frau Albrecht das Kind liebgewonnen hatte. Schließlich entriß die Mutter das Kind der Pflegerin, die es gerade »fütterte«, mit Gewalt vom Schoße und ging mit ihm weg. Der Albrecht schrie sie dabei zu, nochmals nach Neustadt gehen zu wollen, um dort zu versuchen, ihre Kleider zu bekommen.

Die Albrecht empfand, so der Geraer Gerichtsreporter, als die Lindig mit dem Kinde fort war, große Besorgnis um dasselbe, da sie schon früher beobachtet hatte, daß die Mutter ziemlich lieblos mit Anna umging. Daher eilte sie der Lindig mit einem Federbettchen nach, um bei der sehr kalten Temperatur an diesem 12. Februar des Jahres 1880 der Kleinen etwas mehr Schutz zu bringen. Sie holte Lina in der Nähe der an den zwei Linden gelegenen »Neuen Schenke« ein und verlangte von ihr das Kind zurück. Frau Albrecht gelang es auch, das Kind wieder in die Arme zu schließen und wickelte es in ihren Mantel. Die Lindig aber entriß es ihr wieder und infolgedessen kam es zwischen den beiden sogar zu Tätlichkeiten, bis die Albrecht Anna endlich hergab, aber es vorher noch in das mitgebrachte Federbettchen hüllte. Die Angeklagte ging nun mit dem Kind weiter und wandte sich bald in Richtung Klosterlausnitz. Auf verschiedenen Feldwegen talauf, talab gelangte sie endlich zu einem Waldgrundstück in der

Flur des kleinen sachsen-altenburgischen Ortes Zöllnitz bei Roda. Den Entschluß, das Kind zu töten, hatte sie vorher schon gefaßt, aber die geeignete Stelle für die Ausführung des Verbrechens noch nicht gefunden. Schließlich fand Lina Lindig einen Haufen abgelesener Feldsteine, und hier vollführte die Mutter ihre Tat.

Zunächst bereitete sie durch Hinwegräumen eines Teils der Steine ein kleines Grab für das Kind. Jetzt schlug die Angeklagte nach eigener Aussage das Kind wiederholt mit der Faust und als das Kind dadurch nur zum Schreien gebracht, aber nicht sterben wollte, wiederholte sie die Schläge mit einem vier bis fünf Pfund schweren Stein, bis nach ihrer Meinung das Kind tot war. Nun legte die Täterin das Kind, mit dem Gesichtchen nach unten gedrückt, in die vorher bereitete Höhlung und verfüllte diese wieder mit Steinen. Die Zwischenräume verstopfte sie dann mit Moos.

Lina Lindig, die Mörderin ihres Kindes, verließ nun den grauenvollen Ort ihrer noch grauenvolleren Tat. Sie wandte sich zunächst zum Gasthof »Zu Heinbücht« bei Roda, um dort, wo sie vor kurzem schon einmal in Diensten war, erneut Arbeit zu suchen. Sie versprach ihrer Wirtin, daß sie jetzt recht gut und fleißig arbeiten und auch nicht wieder fortlaufen wolle. Ihre Dienstherrin fragte, wo sie das Kind habe, von welchem sie bereits wußte, worauf Lina entgegnete: *»Das Kind befindet sich noch bei der Frau Albrecht in Lobeda, diese will es noch einen Monat behalten. Dann wird es zu meinen Eltern nach Pößneck gebracht.«*

Als Lina Lindig am nächsten Tag erfuhr, daß ihre Dienstherrin nach Lobeda gehen wolle, um sich dort nach dem Kind zu erkundigen, verbarg sie sich in der Scheune des Gehöfts und wurde später in ihrem Versteck aufgefunden. Lina Lindig wurde des Kindesmordes beschuldigt, verhaftet und nach Roda in das dortige Justizamt eingeliefert. Auf dem Weg dorthin legte sie gegenüber den Gendarmen ein vollständiges Geständnis der Tat ab und gab das Versteck der kleinen ermordeten Anna preis.

Am 17. Februar wurde die Inhaftierte unter entsprechender Amtsbegleitung zu dem Ort der Tat gebracht, damit man von ihr weitere spezielle Angaben zum Verbrechen erhalte. Sie blieb geständig und machte über alles die genauesten Angaben. Bei der Öffnung des Steinhügels, in welchem sich die Kindesleiche vorfand, fand sich für alle Anwesenden ein entsetzlicher Beweis. Das unglückliche kleine Wesen hatte bei seiner Verscharrung noch gelebt! Es lag nicht mehr auf dem Gesicht, sondern auf der Seite und hatte in den zusammengekrampften Händchen sowie unter den Fingernägeln Bestandteile des dort vorkommenden Bodens. Lina Lindig hatte ihr Kind lebendig begraben.

Das Benehmen der Kindesmörderin während der Gerichtsverhandlung ließ bei Konstatierung all dieser Tatsachen keinerlei Reue oder besondere Bewegung erkennen.

Durch das Geständnis der Angeklagten, sowie die Aussagen der vorgeladenen Zeugen schien der ganze Fall so klar, wie er hier dargelegt wurde. Die Staatsanwaltschaft, vertreten durch den Ersten Staatsanwalt Dr. Hagen, führte die Momente der Tat in erschütternder Weise vor und beantragte das »Schuldig« der zwölf Geschworenen. Der Verteidiger, Rechtsanwalt Friedrich aus Altenburg, versuchte ebenfalls mit großer Beredsamkeit die Tat milder darzustellen und namentlich auf die Annahme hinzuwirken, daß sie nicht mit klarer Überlegung ausgeführt worden sei.

Die Geschworenen sprachen indes nach kurzer Beratung das »Schuldig« in der beantragten Form aus. Sodann erfolgte durch Dr. Hagen der Antrag auf Todesstrafe für Lina Lindig, als der einzigen Sühne, welche bei einem vorsätzlichen, mit Überlegung begangenen Mord erkannt werden könne. Für ein solches Verbrechen gäbe es, wie der öffentliche Ankläger in seinem einstündigen Plädoyer betonte, nur eine Strafe, die eine derartige Beleidigung aller sittlichen Ordnung zu sühnen imstande wäre: *»Das ist der Tod!«*

Der Gerichtshof erkannte auf Todesstrafe wegen Kindsmord. Die Kosten des Verfahrens legte das Gericht Lina Lindig nicht auf, denn sie war völlig mittellos. Die Verhandlung schloß am Nachmittag kurz vor zwei Uhr.

Damit endete der Gerichtsreport der *Geraer Zeitung,* aber nicht der Fall Alwine Lindig. Zurück nach Altenburg gebracht, schrieb die Kindesmörderin am 5. Oktober 1880 folgendes Gnadengesuch an Herzog Ernst I. von Sachsen-Altenburg (regierte von 1853 bis 1908):

»Hoheit, gnädigster Herzog und Herr!
Angeklagt des Mordes, begangen am 12. Februar dieses Jahres an meiner am 20. Dezember 1879 außerehelich geborenen Tochter Anna, bin ich, die Dienstmagd Alwine Lindig von Eßbach, von den Thatrichtern der Geschworenenbank zu Gera auf Grund der am 25. September dieses Jahres stattgefundenen Hauptverhandlung der mit Überlegung begangenen Tödtung dieses meines Kindes für schuldig erachtet worden und müßte daraufhin meine Verurtheilung wegen Mordes zum Tode erfolgen.

Reumüthig habe ich vor dem Untersuchungsrichter die schwere That in allen Einzelheiten bekannt, nur das habe ich nicht zuzugegeben vermocht, daß ich damals mit ruhiger Überlegung gehandelt habe. Die Tödtung meines Kindes nach der kaum überstandenen Aufregung der Sechswochen ist vielmehr ein Act größter Verzweiflung aus Nahrungslosigkeit gewesen.

Ich bin ein Kind des Proletariats, behaftet mit dem unverschuldeten Fluche, den mir der Makel der Geburt aufgedrückt hat. Als außereheliches Kind nahm mich meine Mutter mit in ihre spätere Ehe. Meine demselben unwillkommene Erziehung hatte mein Großvater, der Seiler Anton Günther in Essbach übernommen. Gemüthsverbitternd habe ich als lästiger Zehrer durch denselben die rauheste Behandlung erfahren. Liebearm bin ich aufgewachsen. Den Segen deutschen Familienlebens habe ich nie kennen gelernt. Ungenügend unterrichtet habe ich die Schule verlassen. Was früher an meiner Erziehung gesündigt worden war, hat dann gut gemacht werden sollen durch meine Einbringung in die Besserungsanstalt zu Gefell auf die Dauer von drei Jahren.

Ich kann mich nicht freisprechen von großem Leichtsinn. Ist mein Unglück auch zum großen Theile ein durch mein Thun und Treiben selbst verschuldetes gewesen, so war es doch eben über mich hereingebrochen.

Ein Bild meiner Nothlage bietet schon mein einige Zeit andauernder Aufenthalt in der Scheune meines früheren Dienstherrn Dietzel in Könitz gegen Michaelis vorigen Jahres, wo ich mich am Tage verborgen hielt, um des Nachts mein Versteck zu verlassen und mir Obst zur Nahrung zu suchen, bis ich mich auch an anderen Dietzelschen Victualien vergriff. Es ist dies die einzige kriminelle Verschuldung in meinem früheren Leben gewesen. Schon damals befand ich mich in höherer Schwangerschaft.

Zu meinem Unglück war ich im Sommer vorigen Jahres in dienstlicher Stellung zu dem Schuhmacher Födisch in Neustadt als Haushälterin gekommen. Die Knappheit des Vorraths an Brennmaterial hatte mich veranlaßt, mir dort zu helfen, wie ich eben konnte. Zum Verbrennen in dessen Wirthschaft hatte ich mit verbraucht, was ich an mir werthlos erschienen Holzsachen bei demselben vorgefunden hatte, alte Butten, Fässer und dergleichen, nur um Födisch nicht zu Ausgaben zu veranlassen, die er mich immer schwer fühlen ließ. Auch sonst war ich demselben stets zu Willen gewesen. Zum Dancke hierfür hatte mich Födisch aus dem Dienste getrieben, Schädensansprüche bis zur Höhe von 150 M an mich erhoben, zu deren angeblicher Sicherstellung mein Dienstbuch und meine Kleider zurückbehalten und mich hülflos in die Welt hinaus gestoßen.

Eine Verheirathung mit Stoeckigt war mir erschwert und unmöglich gemacht worden. Meine eigene Mutter hatte mir alle Hilfe versagt. Ohne alle Aussicht auf Unterkommen hatte ich mich bereits nach Michaelis 1879 in die Entbindungsanstalt zu Jena gerettet und dort bis zu meiner am 20. Dezember 1879 erfolgten Entbindung Unterkunft gefunden. Ich hatte nunmehr nicht nur für mich, sondern auch für mein Kind zu sorgen, für welches ich Ziehgelder nicht zu erlangen wußte.

Nur erst 14 Tage vom Kinde (entbunden – d. V.), verließ ich daher die Entbindungsanstalt zu Jena, um wieder Dienste und Verdienste zu suchen und wurde auch als Magd bei dem Gutsbesitzer Schuster in Döllschütz angenommen. Ich hatte meine Kräfte jedoch überschätzt. Die Nachwehen meiner Niederkunft traten gefahrdrohend auf und mußte ich mich um Heilung zu suchen, in das Genesungshaus zu Roda begeben.

Um dadurch Erwerb zu suchen, hatte sich die verehelichte Handarbeiterin Albrecht zu Lobeda in der Entbindungsanstalt zu Jena als Ziehmutter gemeldet gehabt. Ihr übergab ich mein Kind, um nur wieder unter die Leute gehen zu können, gegen eine zugesicherte Entschädigung von 90 M jährlich, betreffs welcher Summe ich aber noch nicht wußte, wie ich sie erübrigen sollte.

Seit meiner Entlassung aus dem Genesungshaus in Roda begannen meine Irrfahrten zur Aufsuchung neuer, fester dienstlicher Stellung. Ich wurde wohl angenommen als Magd bei Gutsbesitzer Müller in ›Heinbrücht‹, dann auch bei Brauer Knorr in Lobeda, aber immer nur einstweilen und bedingt durch den Umstand, daß ich Dienstbuch und Kleider herbeischaffen würde, was mir jedoch Födisch unmöglich machte.

Es war der reine Existenzkampf, in welchen ich mich in Mitten der Aufregung der Sechswochen hineingestoßen sah.

Die Albrecht wollte das fällige Ziehgeld und Sicherheit wegen der weiteren Ziehgelder haben. Mit ihr brach ich nach Neustadt zu Födisch und zum Gemeindevorsteher Stüber nach Könitz auf. Umsonst! Auch bei dieser Gelegenheit verweigerte mir Födisch Dienstbuch und Kleider und meine Erklärung, daß ich die Stadt nicht eher verlassen würde, als bis ich Beides habe, fand Abfertigung dadurch, daß ich durch die Polizei aus der Stadt hinaus gebracht wurde.

In Könitz aber wurde ich, froh, daß man mich nur wieder los wurde, mit 5 M Reisegeld abgespeist. Nur das Eine erreichte ich: ein neues Dienstbuch. Glücklich, wenigstens in dessen Besitz zu sein, kehrte ich am 11. Februar 1880 nach Lobeda zurück in der Hoffnung, nunmehr mein dienstliches Unterkommen gesichert zu sehen. Ich erhielt jedoch meinen Dienst nicht wieder. Noch am 12. Februar vormittags wurde dies zur Gewißheit.

Die Albrecht hatte mir erklärt, daß sie mein Kind nicht länger behalten könne. So nahm ich mein Kind und eilte mit demselben fort, nachdem die Albrecht noch die ihr gehörigen Kleider demselben ausgezogen hatte.

Nothdürftigst bekleidet, wie es war, nahm ich meinen halbwollenen Kleiderrock auf und schlug es in denselben hinein und nahm meinen Weg in Richtung nach Roda zu, ohne recht zu wissen wohin, in die kalte Welt hinaus, mein Kind schon halb erstarrt vor mir hertragend. Wohl hat hinterdrein die Albrecht diesen meinen Fortgang in einer mich schwer gravirenden Weise geschildert. Sie will mir die Mitnahme des Kindes gewehrt, mir vor Allem keine Veranlassung hierzu gegeben haben. Sie will geneigt gewesen sein, das Kind aus Liebe zu behalten. Und doch hatte sie das Kind bereits auf den kleinen, ungeheizten Vorsaal in eine bettlose, nur mit Stroh angefüllte Bettstelle, schwach bekleidet, gelegt gehabt, nur damit ich es mit fortnähme, und von holen der Polizei gesprochen, wenn ich dies nicht thäte. War dies Alles nicht natürlich?

Die Albrecht ist gänzlich unbemittelt, verheirathet an einen Handarbeiter und selbst Mutter zweier Kinder, wie dies alles constatiert worden ist. Um des Vortheils willen hatte sie sich in der Entbindungsanstalt zu Jena zur Übernahme von Ziehkindern gemeldet, weil sie selbst zur Verrichtung von Handarbeit untauglich war und dann, mir bis dahin gänzlich unbekannt, mein ihr fremdes Kind gegen ein zugesichertes Ziehgeld von 90 M in Verpflegung genommen. Sie hatte jedoch kein Ziehgeld von mir bekommen können. Bloß um des Ziehgeldes willen hatte sie sich mit mir nach Könitz und Neustadt begeben. Sonst würde sie weder Zeit noch Geld zur Reise gehabt haben.

Ist es dann befremdlich, wenn die Albrecht nach Fehlschlagen ihrer Hoffnungen in Könitz und Neustadt sich entschieden weigerte, das Kind noch länger zu behalten? Wohl hat sie das Kind noch zum letzten Male gefüttert, dies lag nicht fern. Auch ist sie mir auf dem Wege dann noch nachgeeilt, um mir ein altes Bettstück nachzutragen und das Kind in dasselbe zu wickeln. Das Gefühl einer gewissen, mindestens moralischen Verantwortlichkeit, wenn nicht krimineller Verschuldung und die Scheu vor dem Gerede der Leute, daß sie mich mit dem Kinde in solchem Zustande hatte gehen lassen, mag sie befallen haben.

Ich selbst würde glücklich gewesen sein in meiner bedrängten Lage, wenn mir Jemand dauernd die Fürsorge für mein Kind abgenommen hätte!

Ich irrte weiter und schritt zur That, von der ich dann, wie von einem bösen Traum, in größter geistiger Anspannung erwacht bin. Für mich selbst werde schon wieder Rath werden, das Kind aber, das ich ohne Mittel nicht unterzubringen wußte, haftete sich wie ein verderbenbringender Ballast an meine Fersen.

Und so rief mir innere Verzweiflung zu: ›Fort mit dem Kinde!‹

Schon halb erstarrt, hielt ich dasselbe in meinen Armen. Dieser Gedanke, die Hülflosigkeit des Kindes und schwerste Sorgen erleichterten mir die That, in schneebedeckter Waldeinsamkeit nach längerem Umherirren zu meinem ewigen Schmerze begangen.

In meiner Rathlosigkeit suchte ich dann wieder Aufnahme bei Müller's im ›Heinbrücht‹, die doch um meine Mutterschaft wußten. Mein Heimkommen hatte dieselben befremdet. Mein aufgeregtes Wesen war ihnen nicht entgangen. Ich hatte mich deshalb anscheinend von denselben wieder entfernt und in meiner Verzweiflung auf deren Scheunenboden versteckt, wo ich dann im Zustande von Stumpfsinnigkeit hervorgeholt worden bin.

In tiefster Zerknirschung stehe ich hinter der That, die ich nicht mehr ungeschehen machen kann.

Das Gesetz kennt einen milderen Maßstab für die Tödtung des

außerehelichen Kindes durch die nur erst Mutter gewordene. Auch hier hat es sich um die Tödtung eines Kindes, was noch nahezu Wochenkind war, eines Wesens alter zugleich, was noch nicht zum menschlichen Bewußtsein gelangt war, durch die durch Sorgen erdrückte eigene Mutter gehandelt.

Ich wage daher die ehrerbietigste Bitte: Ew. Hoheit wolle die erkannte Todesstrafe in eine zeitige Zuchthausstrafe aus höchsten Gnaden umzuwandeln geruhen.

In größter Ehrerbietung und Ergebenheit Eurer Hoheit unterthänigste Dienerin Alwine Lindig.«

Nach Eingang des Gnadengesuches wurden die Bittschrift und die staatsanwaltschaftlichen Untersuchungsakten dem Oberstaatsanwalt Lommer aus Jena, der selbst an der Gerichtsverhandlung in Gera teilgenommen hatte, mit der Bitte um Erstellung eines Gutachtens übersandt. Dieses ging im Altenburger Ministerium, Abteilung für Justizangelegenheiten, kurze Zeit nach dem 18. Oktober 1880 ein. Darin heißt es, daß der Tatbestand eines wirklichen Mordes im Sinne des § 211 des Strafgesetzbuches, einer mit voller Überlegung vorbereiteten und ausgeführten Tötung vollkommen feststehe.

Dabei bezog sich Lommer vor allem auf den Umstand, daß Alwine Lindig vor der Tatausübung das Steingrab für Anna bereitete. Weiter führte aber der hohe Beamte im zum Teil umständlichen Behördendeutsch aus:

»In dem Gnadengesuche, welches wohl der Vertheidiger der Angeklagten verfaßt hat, da in demselben eigenthümliche Redewendungen und Phantasiegebilde fast wörtlich wiederkehren, wie sie von ihm in dem Schwurgerichts-Saal zu vernehmen waren, wird zwar ein Zustand der Aufregung und der verzweifelten Nothlage auf Seiten der Angeklagten behauptet, bei welchem der Moment der Überlegung nicht angenommen und daher nur ein Todtschlag nach § 212 des Strafgesetz-Buches jener beigemessen werden könne. Allein jene Behauptung ist nach den eignen glaubhaften Zugeständnissen der Verurtheilten in der Hauptverhandlung, nach dem Benehmen derselben in dieser, welches überdies auf mich keineswegs den Eindruck besonderer Reue machte, und zufolge des Umstandes, daß ja die Angeklagte gar nicht nöthig hatte, ihr Kind bei der verehelichten Albrecht in Lobeda, – deren Angaben übrigens entschieden das Gepräge der Glaubwürdigkeit trugen –, am 12. Februar d. J. abzu-

holen, sondern ihr daselbst lassen konnte, bis ihr, der Mutter des Kindes, etwa die eigene anderweite Unterbringung desselben aufgenöthigt worden sein würde, entschieden unrichtig und es läßt sich [...] erkennen, daß die Lindig mit großer Leichtfertigkeit die Tödtung ihres dritten Kindes geplant und dieselbe in einer grausamen Weise ausgeführt hat.

Bei solcher klaren Sachlage wird es schwer, sich dennoch, in Übereinstimmung mit dem Ersten Staatsanwalt zu Gera, welcher in der Schwurgerichts-Verhandlung die Anklage vertrat, dahin zu entscheiden, daß hohes Ministerium Seiner Hoheit dem regierenden Herzog empfehlen möge, von dem Höchsten Begnadigungs-Rechte Gebrauch zu machen. Es dürften nämlich dafür nicht nur die von jenem hervorgehobenen Momente: die Nachwirkung einer üblen Erziehung und Jugend Verlebung [...] und die, namentlich durch Vorenthaltung ihrer Kleider und resp. Legitimations-Papiere verstärkte, Bedrängniß der Thäterin, sondern auch weiter eine gewisse Annäherung der That an den milder bedrohten Kindes-Mord des § 217 des St.G.B. wegen des geringen Alters des Kindes, namentlich in den Augen des Publikums, und vielleicht noch die Erwägung sprechen, daß auf Seiten der Verurtheilten doch insofern einige Verstandes-Schwäche anzunehmen sein möchte, als ihr sonst wohl die Einsicht nicht hätte entgehen können, die Entfernung des Kindes könnte nicht wohl ohne Entdeckung und deren Folgen bleiben.

Im Falle Höchster Begnadigung aber eine zeitige Zuchthausstrafe, statt (vorerst) einer lebenslänglichen, zu bestimmen, erscheint nicht angemessen und auch nicht gebräuchlich.«

Nach Vorlage des Gutachtens und der Anhörung der Meinung der Beamten des Ministeriums begnadigte der damals 54jährige Herzog Ernst I. von Sachsen-Altenburg Alwine Lindig am 28. Oktober 1880 zu einer lebenslangen Zuchthausstrafe.

Alwine »Lina« Lindig hatte ein brutales Verbrechen an ihrem eigenen »Fleisch und Blut« ausgeführt. Um der Frau eine späte Gerechtigkeit widerfahren zu lassen, kann nicht unbeachtet bleiben, daß sie nach der Geburt unter einer schweren Wochendepression litt und deshalb in das Genesungshaus in Roda, eine Heil- und Pflegestätte für Geisteskranke, eingeliefert worden war.

Frank Esche

FRIEDERIKE UND WILHELMINE HECKER –
DER ELLERSLEBENER HOLZAXTMORD

SACHSEN-WEIMAR-EISENACH (1880)

Ihr Blick war bei der Urteilsverkündung zunächst starr auf den Präsidenten des Geraer Gerichtshofes, Oberlandesgerichtsrat Schwarz, gerichtet. Entsetzen konnte der Gerichtsreporter der *Geraer Zeitung* am Abend des 6. Oktober 1880 bei der soeben zum Tode verurteilten 45jährigen Frau nicht feststellen.

Dieser Moment wurde jäh unterbrochen, denn die Tochter warf sich der Mutter weinend an die Brust. Der Präsident unterbrach die nun folgende Urteilsbegründung nicht. Seine monotonen Sätze nahmen die Angeklagten und die Prozeßbeobachter sowieso kaum noch wahr.

Drei Stunden zuvor, gegen 15.00 Uhr, hatte der Erste Staatsanwalt Dr. Hagen mit der Verlesung der Anklage den Grund für die Gerichtsverhandlung benannt. Wie so oft in den letzten Jahren lag mit dem heutigen Fall Verwandtenmord zur Aburteilung vor.

Die Verhandlung vor dem Schwurgericht, so berichteten zeitgenössische Zeitungen an den folgenden Tagen, »entrollte ein Familiendrama von ganz besonders düsteren Szenen«.

Auf der Anklagebank erschien Frau Hanne Friederike Hecker und deren 19jährige Tochter Louise Wilhelmine Hecker aus dem etwa 400 Seelen zählenden Ort Ellersleben im Justizamtsbezirk Buttstädt des Großherzogtums Sachsen-Weimar-Eisenach. Nach übereinstimmenden Berichten handelte es sich bei der jungen Frau, um ein »[...] überaus hübsches weibliches Geschöpf mit sanften Gesichtszügen«.

Während die mit dem 56jährigen Gutsbesitzer Friedrich Hecker 22 Jahre lang verheiratete Mutter Hanne Friederike angeklagt war, ihren Mann ermordet zu haben, wurde der Tochter Beihilfe zu dem Verbrechen zur Last gelegt.

Die mit vier Kindern gesegnete Ehe verlief zunächst harmonisch und glücklich für das Paar. Seit etwa 1872 aber war der Ehemann immer mehr dem Trunke und »liederlicher Frauengesellschaft« verfallen.

Durch stete Trunkenheit und sein gefahrdrohendes Wesen richtete er nicht nur den Familienfrieden zugrunde, sondern auch die Wirtschaft.

Im Frühjahr 1879 mußte daher die Verwaltung des Gutes der Ehefrau zugeschrieben werden, um einen drohenden Bankrott abzuwenden. Der dauernd trunkene Friedrich Hecker, der sich an der Arbeit im Haus und auf dem Feld fast nicht beteiligte, beschimpfte und bedrohte seine Familie fortwährend in grober Weise. Nicht selten mußte sich Tochter Wilhelmine den körperlichen Annäherungsversuchen des Vaters durch Flucht entziehen.

Das Verhältnis wurde für die Familie, namentlich für Frau Hecker und deren Tochter, immer unerträglicher. Wie sehr sich die Frauen in immerwährender Gefahr fühlten, bestätigten Zeugen, denen nicht entgangen war, daß sich die Bedrohten über mehrere Wochen hinweg des Nachts nicht zu entkleiden wagten und in einem verschlossenen Raum des Gutes verbargen. Der Trinker peinigte die Frauen besonders, wenn er wußte, daß die Ehefrau gerade Geld eingenommen hatte. Dann bedrohte er sie mit Schmähungen und einem Messer.

Dem Vorhaben, den Mann, durch dessen Leben und Treiben die Wirtschaft immer mehr in Verfall geriet, in irgend einer Weise unschädlich zu machen und dadurch den Familienfrieden wiederherzustellen, traten Friederike und Wilhelmine am 5. Mai 1880 näher. Die Ehefrau teilte ihrer Tochter das Vorhaben mit, daß sie den Vater erschlagen wolle und sie gemeinsam dann die Leiche beseitigen müßten. Nur so könne man dem Wirtschaftsniedergang und den ewigen Quälereien ein Ende bereiten. Die junge Frau sagte der Mutter diese Hilfe zu.

Nachmittags fünf Uhr kam die Tat zur Ausführung. Die Mutter schlich sich an das Bett des schlafenden Betrunkenen und versetzte ihm, während die Tochter an der Tür Wache hielt, mit einer Holzaxt zwei wuchtige Schläge auf den Kopf. Gutachter stellten später zweifelsfrei fest, daß der erste Hieb den Schlafenden vollständig betäubte, der zweite den sofortigen Tod herbeiführte.

Mutter und Tochter schlossen nun das Schlafgemach ab und gingen zur Arbeit aufs Feld. Eine Stunde später kehrten die Frauen ins Haus zurück und bedeckten das Gesicht des Toten mit einem Tuch, um den schrecklichen Anblick den eigenen Augen zu entziehen.

In der folgenden Nacht ließen Mutter und Tochter den Leichnam in die hinter dem Garten fließende nach tagelangem Regenguß reichlich Wasser führende Lossa gleiten. Am Tag wurde der Entleibte von Bauern entdeckt und an Land gezogen.

Allein die Mutter sorgte nach der Tat für die Beseitigung aller Spuren der Mordtat. Noch am Tag der Leichenauffindung ging sie zum Ortsbürgermeister, mit dem sie befreundet war, und gestand die Ermordung des Ehemannes. Sie bat ihn, er möge als verschwiegener und verständnisvoller Mann niemandem davon berichten.

Obwohl der Mann als oberste Polizeiperson des Ortes auch die ersten Untersuchungen in dem Fall zu leiten hatte, behielt er das Geständnis der beklagenswerten Frau zunächst neun Tage für sich, bis die Verhaftung von Mutter und Tochter Hecker auf Grund des wachsenden Ermittlungsdrucks erfolgte.

Da Friederike und Wilhelmine in vollem Umfang gestanden und somit zur schnellen Aufklärung des Falles beitrugen, kam es nach nur fünf Monaten zur Geraer Schwurgerichtsverhandlung, in der beide ihre Schilderungen zur Tat wiederholten. Unter den Zeugen befanden sich auch die älteste, 22jährige Tochter der angeklagten Mutter, der ältere Sohn und die Schwester des Ermordeten, die von ihrem Recht auf Aussageverweigerung Gebrauch machten.

Die Verteidiger Müller aus Gera und der Weimarer Rechtsanwalt Dr. Böttcher bekundeten, daß sich Mutter und Tochter in Ellersleben des besten Rufes erfreuten und niemals Anlaß zur Klage gegeben hatten. Des weiteren müsse unbedingt beachtet werden, in welche mißliche Lage der Hecker durch seine Trunksucht die Angeklagten gebracht habe, infolgedessen größte Gefahr für die bedrohte Familie und das Gut bestand.

Die Geschworenen sprachen bei klarer Sachlage das »Schuldig«, sowohl gegen Hanne Friederike Hecker als auch Louise Wilhelmine Hecker aus.

Auf Antrag des Ersten Staatsanwaltes Dr. Hagen wurde die Mutter wegen Mordes mit Vorsatz und Überlegung zum Tode und die Tochter auf Beihilfe zum Mord und Fortschaffung der Leiche zum Zwecke der Verheimlichung der Tat nach vorheriger Übereinkunft zu fünf Jahren Zuchthaus verurteilt.

Die Staatsanwaltschaft bekundete, daß zwar für Beihilfe zum Mord die niedrigste Strafe bei drei Jahren Zuchthaus läge, im vorliegenden Fall sei jedoch kein Grund zu erkennen, auf dieses niedrigere Strafmaß herunterzugehen. Schließlich habe die junge Frau keinerlei Versuch unternommen, die Mutter von der grauenhaften Tat zurückzuhalten. Darüber hinaus wurden der Mutter die bürgerlichen Ehrenrechte auf immer und der Tochter auf die Dauer von fünf Jahren aberkannt.

Da die Prozeßakten zu dem oben geschilderten Fall als verschollen gelten, ist nicht bekannt, ob das Verfahren revidiert wurde oder es zu einer Begnadigung der zum Tode verurteilten Hanne Friederike Hecker kam.

Frank Esche

Rosine Büchner, Wilhelm Paschold und Johanne Pröschold – Der Gräfenthaler Doppelmord

Sachsen-Meiningen (1880–1887)

Am frühen Morgen des 12. November 1880 entstand Feuerlärm in Gräfenthal. Der Brand war im Parterre eines Gebäudes ausgebrochen, das von drei verschiedenen Parteien bewohnt wurde. Der Rauch des Feuers stieg aus der Wohnung der 72jährigen Witwe Elisabeth Wilhelmine Dorothea Gläser, die dort mit ihrer geistig behinderten 48jährigen Tochter Christiane Wilhelmine Henriette lebte.

Als die Gräfenthaler Feuerwehr mit Löscharbeiten in der Wohnung der Gläsers beginnen wollte, stand sie vor mehrfach verschlossenen Türen. Dies mußte nach den späteren Gerichtsaussagen des Gräfenthaler Schlossermeisters Heinrich Häßner das Vordringen der Feuerwehr zum Brandherd erheblich erschweren. Durch Aufsprengen der Türen und Einschlagen einer Fachwerkwand gelangte der Feuerwehrtrupp trotz der massiven Sperren ins Innere der Wohnung und fand in der Schlafkammer der beiden Frauen den Herd des Feuers.

Dorothea und Henriette Gläser konnten zunächst nirgends gesehen werden. Erst beim Wegräumen von brennendem Stroh und Reisigholz fanden die Männer die auf Reisigholz gebettete Leiche der 1,43 Meter kleinen, schon betagten Tagelöhnerin. Obwohl das Feuer schon deutliche Spuren auf ihrem Körper hinterlassen hatte, wies der sichtbar eingeschlagene Schädel auf ein Verbrechen hin. Nur wenige Minuten später fanden die Feuerwehrleute, ebenfalls unter brennendem Reisig versteckt, die tote Tochter mit weggeschlagenem Unterkiefer.

Die amtliche Leichenaufhebung nahm der sofort herbeigerufene Herzogliche Physikus Dr. Kühner aus Gräfenthal vor. Er stellte am 12. November 1880, zwölf Uhr, fest, daß der Tod der ihm bekannten, einst mit dem 1844 verstorbenen Schuhmachermeister Johann Heinrich August Gläser verheirateten Dorothea, und deren Tochter durch Mord oder Totschlag erfolgt sein mußte.

Sofort fiel der Mordverdacht auf die Mitbewohner der Gläsers, die Hausbesitzerin Rosine Büchner, deren unehelichen Sohn Wilhelm Paschold und die Untermieterin Johanne Pröschold. Noch am Tag des Verbrechens wurden vom Herzoglichen Amtsgericht in Gräfenthal Haftbefehle gegen die zwei Frauen und den jungen Mann erlassen.

Die Voruntersuchung zu dem Gräfenthaler Doppelmord sollte sich monatelang hinziehen, da die Aussagen der Beschuldigten widersprüchlich waren, die Untersuchung lediglich auf Indizien beruhte und es keinen Tatzeugen zu geben schien. Den Untersuchungsbeamten wollte es nicht gelingen, die mutmaßlichen Täter zu überführen und zum Geständnis zu bewegen, obwohl mit der überhöhten Feuerversicherungssumme des Büchnerschen Hauses ein Tatmotiv auf der Hand lag.

Schließlich gab es den Durchbruch in der Morduntersuchung Gläser. Überraschend meldete sich am 31. Oktober 1881 im Gräfenthaler Amtsgericht eine junge Tatzeugin. Reichlich fünf Wochen später – 13 Monate nach der Bluttat – wurde den Angeklagten der Prozeß gemacht.

Für die Verhandlung vor dem Geraer Schwurgericht waren drei Tage, von Donnerstag, dem 8. bis Sonnabend, dem 10. Dezember 1881, anberaumt worden. Damit sollte der Prozeß, bei dem 58 Zeugen und zwei Sachverständige zu hören waren, für die damalige Zeit ungewöhnlich lange dauern.

Vor dem Schwurgericht unter Vorsitz des Oberlandesgerichtsrates Schwarz und den beisitzenden Richtern Landgerichtsrat Hercher und Landrichter Goering hatten sich wegen Mordes und vorsätzlicher Brandstiftung zwei Frauen und ein Mann zu verantworten.

Auf der Anklagebank saßen die Gräfenthaler Mitbewohner der ermordeten Gläsers, die verwitwete Johanne Rosine Elisabeth Büchner, geborene Tittelbach, ihr Sohn, der unehelich geborene Schuhmacher Johann Nikolaus Wilhelm Paschold, und die ledige Johanne Auguste Dorothea Pröschold.

Gerichtsreporter gaben in ihren Presseberichten kurze Charakteristiken der Angeklagten ab. Danach war Rosine Büchner in zweiter Ehe mit dem Gerichtsvollziehergehilfen Büchner verheiratet, der schon ein paar Jahre vor der Tat gestorben war. Nach dem unehelich geborenen Wilhelm Paschold gebar sie noch drei Kinder. Die kleine, hagere fast 49jährige Frau war zwar noch nie bestraft worden, machte jedoch auf die Berichterstatter im ganzen den Eindruck der Verkommenheit. Sie sei trotz aller Bemühungen des Präsidenten nicht zum lauten Sprechen zu bewegen gewesen, während ihr von der Bewohnerschaft Gräfenthals das Zeugnis erteilt wurde, daß sie recht laut zu sprechen vermochte. Außerdem galt die Frau

Gräfenthal, Postkarte um 1950.

im allgemeinen Urteil als ziemlich arbeitsscheuer, zanksüchtiger, lügnerischer und zu Verleumdungen sowie zur Heuchelei geneigter Mensch. Das Verhalten dieses Weibes vor Gericht bestätigte vollständig deren Neigung zur Heuchelei. Sie suchte sich durch ihr leises Sprechen und ihr Benehmen als sanftmütig hinzustellen, während ihr diese Gemütseigenschaft sonst sehr fern gelegen habe.

Der zweite, 21jährige Angeklagte Wilhelm Paschold hatte auch noch keinen Eintrag im Strafregister. Er übte den Beruf des Schuhmachers aus, war als solcher bereits auf eigene Rechnung in Gräfenthal tätig und wohnte bei der Mutter.

Die dritte angeklagte Person war Johanne Pröschold. Die 50jährige Frau schien ein ziemlich bewegtes Leben hinter sich zu haben. Die Mutter von vier unehelichen Kindern, von denen das älteste 22, das jüngste sieben Jahre alt war, mußte schon vielfach in Untersuchung gezogen werden, einmal sogar wegen Brandstiftung. Die Pröschold war eine äußerst robuste und wohlgenährte Frau, der man die 50 Jahre nicht ansah. Im Verhör sprach sie sehr laut und vernehmlich und zeigte durchweg ein couragiertes, energisches Wesen.

Nach der Verlesung der Anklageschrift begann die Vernehmung der Beschuldigten. Witwe Büchner hinterließ auf die Geschworenen von Anfang an einen äußerst ungünstigen Eindruck. Sie leugnete mit kaum hörbarer Stimme alles, was ihr vorgehalten wurde, und beschuldigte die Mitangeklagte Pröschold, die Tat allein begangen zu haben.

Johanne Pröschold antwortete auf alle Fragen laut, gewandt und fließend. Auch sie stellte entschieden jede Schuld in Abrede und sprach die Vermutung aus, daß nur die Büchner und ihr Sohn die Tat vollbracht haben konnten. Durch ihr selbstsicheres Auftreten schien sie in dieser Situation nicht wenige Geschworene und einen Teil der Prozeßbeobachter von ihrer Unschuld zu überzeugen.

Wilhelm Paschold legte während der Voruntersuchung am 5. und 7. Mai 1881 ein umfassendes Geständnis ab. Bei seiner Vernehmung vor dem Schwurgericht am 8. Dezember leugnete er jedoch die Tatbeteiligung. Selbst dem Untersuchungsrichter gegenüber, der als Zeuge vorgeladen war, behauptete Paschold, das damalige Vernehmungsprotokoll enthielte nicht seine Worte und er wisse nicht, wie seine Unterschrift unter die Zeilen gekommen sei.

Während der Zeugenvernehmungen sowie der Sachverständigenaussagen von Dr. Mauer aus Saalfeld und Dr. Kühner aus Gräfenthal vornehmlich am 9. Dezember 1881 verdichtete sich der dringende Tatverdacht, vor allem gegen die Hauptangeklagte Witwe Büchner. Einhellig bekundeten die Aussagenden, daß sie der Büchner die Tat zutrauten, weil sie »… ein unfriedfertiges, träges und sehr zum Lügen geneigtes Weib sei«.

Bei allen diesen Vorwürfen saß die Angeklagte anscheinend apathisch auf der Anklagebank. Die Zeugen berichteten dagegen, daß sie früher gegenüber Gräfenthaler Einwohnern entsetzliche Drohungen ausgestoßen hat.

Am letzten Tag der dreitägigen Verhandlung geschah für die Angeklagten, die Geschworenen und Prozeßbeobachter das Unerwartete.

Die Mitangeklagte Johanne Pröschold hatte bisher den Eindruck erweckt, daß sie an der Tat nicht beteiligt war. Ihre bis dahin günstige Position erlitt allerdings einen plötzlichen und vernichtenden Schlag und zwar durch die Zeugenaussage ihres eigenen Kindes. Die kleine siebenjährige Marie Pröschold hinterließ durch ihr Erscheinen als einzige Belastungszeugin gegen die Mutter, denn alle anderen Beweise beruhten lediglich auf Indizien, einen tiefen Eindruck auf alle Anwesenden. Das Kind trug mit lauter Stimme jene Zeugenaussage vor, die es am 31. Oktober 1881 vor dem Herzoglichen Amtsgericht in Gräfenthal vorgetragen hatte und wie sie vom Amtsrichter Heil mit der Bemerkung niedergeschrieben worden war: »Ohne Unterschrift, da Zeugin nicht schreiben kann.«

Marie wurde im Schwurgerichtssaal vor ihrer Vernehmung mit dem ihr zustehenden Recht der Zeugnisverweigerung belehrt. Sie erklärte, daß sie alles freiwillig sagen würde, was sie wisse, da ihre *»Mutter die Leute tot gemacht«* habe.

Marie, die seit der Verhaftung ihrer Mutter bei dem Gräfenthaler Tafelmacher Gustav Börner in Pflege war, sagte vor Gericht im einzelnen aus: *»Am Abend vorher, ehe es bei uns gebrannt hat, am Donnerstag, kam die Rosine Büchner mit dem Schuster, ihrem Sohn zu uns in unsere Stube. Sie aßen erst Suppe und tranken auch Schnaps, den der Schuster geholt hatte. Die Büchner brachte eine Axt mit und meine Mutter hatte auch eine, die Axt der Büchner war etwas größer, welche sie beide in der Stube neben die Kammerthür hin lehnten.*

Als die zwei eine Weile bei uns waren, mußte ich mich raus in die Kammer in mein Bett legen. Ich schlief aber nicht gleich ein, sondern hörte, wie sie in der Stube sagten nun wollten sie die Gläsers Weiber todt machen. Sie gingen hierauf auch alle drei aus unserer Stube hinaus, hinüber zu der Gläser, ich habe deren Stubenthür aufmachen hören. Nach einer Weile stand ich wieder auf, ging herein in die Stube an die Stubenthür [...] Da habe ich gehört, wie sie drüben in der Gläserischen Stube gehackt haben, habe auch ›auf‹ rufen hören. Nachdem ich mich wieder eine Zeit lang niedergelegt hatte, bin ich später nochmals aufgestanden und auch einmal hinaus in den Hausplatz getreten. Da habe ich in der Gläserischen Stube wieder gehört, daß sie gehackt haben. Nach einer Weile bin ich dann wieder in meine Kammer gegangen und habe mich abermals niedergelegt.

Nach einiger Zeit kam dann meine Mutter wieder herein in unsere Stube, ich lag da im Bett, die Kammerthüre stand aber auf, sodaß ich herein in die Stube sehen konnte. Da sah ich daß meine Mutter blutige Hände hatte, welche sie in den Handbecken abwusch. Auch die Schürze war blutig, diese hat sie auch gewaschen, dann heruntergethan und an den Ofen gehängt. Etwas später kam auch die Büchner wieder von oben herunter und auch der Schuster. Die Büchner hatte auch Blut an ihren Händen an den Backen, an der Schürze und hinten auf dem Rücken, auch meine Mutter war an den Backen blutig und auf dem Rücken, aber nicht so sehr. Die Büchner hat sich, als meine Mutter fertig war auch in dem Waschbecken die Hände und das Gesicht und die Schürze gewaschen, dann ist sie wieder in ihre Stube hinauf gegangen, hat einen anderen Rock angezogen und kam später mit ihrem mit Blut befleckten Rock wieder herunter ... An dem Schuster habe ich kein Blut gesehen, die beiden Äxte haben sie nicht wieder mit herunter zu uns gebracht ... Nachdem sich meine Mutter und die Büchner gewaschen hatten, bin ich wieder eingeschlafen und habe geschlafen bis gegen Morgen, wo mich meine Mutter geweckt hat, da war viel Rauch in unserer Stube und im ganzen Haus.

Als die drei drüben in der Gläser'schen Stube waren und gehackt haben, habe ich aber keine Schreie gehört, nur auf, auf! Hat es gerufen, wie ich schon angegeben habe.

Als wir noch im Armenhaus gewohnt haben, hat meine Mutter einmal zu mir und zu meinem Bruder Fritz gesagt, wir wollten zu der Büchner ziehen, es würde am Ende Feuer, da wollte sie der Gläsern dann einen ›Trasch‹ geben. Mein Bruder Fritz wird wohl nichts sagen, weil der meiner Mutter gut ist, er wird aber auch nichts wissen, da er an jenem Abend bis gegen 12 Uhr bei der Haubold oben gewesen ist.«

Die Tat war, wie sich aus alledem entnehmen ließ, am Donnerstagabend zwischen sieben und neun Uhr verübt worden. Die Brandstiftung erfolgte Freitag früh gegen vier Uhr.

Vor der Vernehmung von Marie war Johanne Pröschold aus dem Saal geführt worden, damit eine Beeinflussung der Kleinen während der Zeugenaussage weder durch Blicke noch durch Zurufe erfolgen konnte.

Nach Rückführung der Pröschold in den Gerichtssaal konfrontierte der Vorsitzende sie mit der Aussage des Kindes. Leichenblaß und am ganzen Körper zitternd, vernahm sie Wort für Wort der für sie so verhängnisvollen Zeugenaussage. Von da ab schien die zu Beginn der Gerichtsverhandlung so couragierte Frau gebrochen zu sein und durch die nachfolgenden Zeugenaussagen, die die Aussagen des Kindes erhärteten, sank sie immer mehr in sich zusammen.

Am 10. Dezember, vormittags elf Uhr, begann das Plädoyer des Rudolstädter Staatsanwaltes Nohr. In seinem knapp zweistündigen Vortrag begründete er die Schuld aller drei Angeklagten auf Grund der gehörten Zeugenaussagen und forderte für den heimtückischen und so brutal ausgeführten Gräfenthaler Doppelmord die Todesstrafe für die drei Tatbeteiligten. Außerdem hätten die Angeklagten am frühen Morgen des 12. November 1880, und zwar gemeinschaftlich, ein gegen Feuergefahr hoch versichertes Gebäude, welches zur Wohnung von Menschen diente, nämlich das in Gräfenthal gelegene Wohnhaus der Mitangeklagten verwitweten Büchner, vorsätzlich und in betrügerischer Absicht in Brand gesetzt. So sollte die überhöhte Versicherungssumme eingestrichen und wegen jahrelanger heftiger Streitigkeiten die beiden Gläsers gleich mitbeseitigt werden.

Die nachgewiesenen Taten wogen so schwer, daß die Verteidiger der beiden Frauen, die Rechtsanwälte Müller und Dr. Busch aus Gera, auf das Wort verzichteten. Der Verteidiger des Wilhelm Paschold, Rechtsanwalt Sturm aus Gera, forderte für seinen Mandanten strafmildernde Umstände, da dieser bei der Brandstiftung nicht in dem Grade wie die beiden Frauen beteiligt gewesen sei. Die Schuldsprechung des Schusters wegen Mordes überließ er gleichfalls den Geschworenen.

Darauf fragte der Vorsitzende Oberlandesgerichtsrat Schwarz die Angeklagten, ob sie selbst noch etwas zur Verteidigung anzuführen hätten. Johanne Pröschold erklärte, sie sei an der Tat nicht beteiligt gewesen und damit unschuldig. Die Mitangeklagten Rosine Büchner und Wilhelm Paschold erklärten nichts.

Die Geschworenen sprachen nach einstündiger Beratung über alle drei Angeklagten das »Schuldig« aus.

Der Gerichtshof erkannte in Übereinstimmung mit der Staatsanwaltschaft für alle drei wegen der Morde die Todesstrafe und bezüglich der Brandstiftung gegen die Frauen auf je zehn Jahre, gegen Wilhelm Paschold auf acht Jahre, Entziehung der bürgerlichen Ehrenrechte und Tragung der Kosten durch alle drei Verurteilte.

In der schriftlichen Begründung des Urteils hieß es, das Gericht sehe es als erwiesen an, daß die Verurteilten am 12. November 1880 in dem Hause der verwitweten Büchner zu Gräfenthal, und zwar vorsätzlich die Dorothea, verwitwete Gläser, von Gräfenthal und deren Tochter, die unverheiratete Henriette Gläser, daselbst getötet und jede dieser Tötungen mit Überlegung ausgeführt hatten. Jeder der Angeklagten habe nach §§ 211 und 47 des Strafgesetzbuches für jeden dieser beiden Morde die Todesstrafe verdient. Auch seien jedem der Angeklagten nach § 32 des Strafgesetzbuches für jedes dieser Verbrechen die bürgerlichen Ehrenrechte zu entziehen.

Knapp zwei Wochen nach dem Prozeß erreichte das Gericht am 22. Dezember 1881 eine skandalöse Nachricht. Während der Schwurgerichtsver-

Im Namen des Fürsten!

In der Strafsache

gegen

I. die Johanne Rosine Elisabeth *verwittwete* Büchner
geb. Paschold zu Großenstein,

II. den Schuhmacher Johann Nicolaus Wilhelm
Paschold zu Großenstein,

III. die ledige Johanne Auguste Dorothea Pröschold zu Großenstein,

wegen Mord und vorsätzlicher Brandstiftung,
~~gemeinschaftlich~~

hat das ~~Fürstliche~~ Schwurgericht zu Gera

in seiner Sitzung vom 10. ten December 1891, an welcher Theil genommen haben:

1. Oberlandesgerichtsrath Schwarz, als Vorsitzender,
2. Landgerichtsrath Hercher,
3. Landrichter Goering,

als Richter,

Staatsanwalt Nohr,

als Beamter der Staatsanwaltschaft,

Aktuar Steinecke,

als Gerichtsschreiber,

für Recht erkannt :

Es sind die Angeklagten und zwar

1. Johanne Rosine Elisabeth verwittwete ...

*Aus dem Originalurteil des Schwurgerichts gegen
die Angeklagten Büchner, Paschold und Pröschold.*

... Leibner geb. ...schold zu Groß...hal,

2, Schuhmacher Johann Rudolf und
  Wilhelm Paschold daselbst
            und
3, die ledige Johanne Auguste ...
   verehl. Pröschold daselbst,
und zwar jedes von ihnen wegen
Mordes gemäß §§ 211. 74. und 32
des Strafgesetzbuchs mit
        dem Tode
und Verlust der bürgerlichen
Ehrenrechte und wegen vorsätzlicher, an einem gegen ...,
... versicherten, zur Wohnung von Menschen bienenden
Gebäude ... ... ihnen ab-
 sichtlich ... Grund von § 306. verglichen mit § 265. und auch
Grund von §§ 74. sowie 73. des
Strafgesetzbuchs
1, der ... Büchner
            und
2, die Johanne Pröschold

handlung waren die Witwe Büchner und deren Sohn, der Mitangeklagte Wilhelm Paschold, eine Zeitlang zusammen in einem Vernehmungslokal im Ratskeller Gera untergebracht. Dabei fanden die beiden Angeklagten anscheinend ausreichend Gelegenheit zu gegenseitigen Absprachen.

Am selben Tag ließ sich Rosine Büchner dem Geraer Ersten Staatsanwalt Dr. Hagen vorführen und behauptete, die Tat ganz allein begangen zu haben. Dabei blieb sie, obwohl ihr der Staatsanwalt vorhielt, daß die neuerlichen Angaben im Widerspruch zu den Aussagen ihres Sohnes und der Pröschold sowie der Pröscholdschen Tochter, welche Augenzeugin der Mordtat gewesen sei, stehen würden.

Auch sonst, so ließ er die Mörderin wissen, sei es höchst unwahrscheinlich, daß sie die Tat allein ausgeführt habe. Beide Ereignisse führten nicht zur Wiederaufnahme der Untersuchung des Geschehens vom 12. November 1880.

Nachdem die Todesurteile rechtskräftig geworden waren, führte man auch die beiden Verurteilten Paschold und Pröschold Ende Dezember 1881 nochmals dem Ersten Staatsanwalt Dr. Hagen vor. Er teilte den Delinquenten mit, daß die Untersuchungs- und Prozeßakten wegen einer eventuellen Begnadigung dem Herzog von Sachsen-Meiningen vorgelegt würden. Der Jurist fragte die schon für den Abtransport in die Haftanstalten vorbereiteten Häftlinge, ob sie noch etwas anzubringen hätten, und ermahnte sie eindringlich, jetzt die volle Wahrheit zu sagen.

Die am 23. Dezember 1881 vorgeladene Johanne Pröschold versuchte ihre Unschuld zu beweisen und führte aus, sie könne bei Gott im Himmel ihre Unschuld versichern: *»Ich habe nichts gegen die Gläsern gehabt. Ich habe in den Jahren 1879 und 1880 kein böses Wort mit ihr gewechselt.«*

Auf Befragen, welche Erklärung es für die Aussage ihrer Tochter Marie gäbe, sagte Johanne Pröschold, sie glaube, daß die Büchner den Doppelmord alleine ausgeführt und ihr Sohn Beihilfe dazu geleistet habe. Ob dieser bei der Anzündung der Leichen dabei war, wisse sie nicht. Die Aussage des Kindes hätten die Leute diesem *»eingelernt«*, zu viele ihrer Feinde hätten daran Interesse. Das Hacken, welches Marie gehört haben wollte, sei jedenfalls das Holzhacken gewesen, welches die Pröschold am Donnerstag früh, ehe sie nach Wallendorf ging, auch vernommen habe. Ihrer Tochter hätte die Pröschold damals gesagt, weil diese aufstehen wollte: *»Was willst Du denn schon auf, Du willst doch auch nur essen.«*

Sie habe das gesagt, weil an jenem Morgen kein Brot im Haus auf Vorrat war. Henriette Schurzfeld, die das Kind in den ersten Tagen nach ihrer Verhaftung »unter den Händen« hatte, flößte dem Kind jedenfalls die Aussage ein.

»Die Schurzfeld ist mir nämlich sehr feindlich gesinnt«, meinte Johanne Pröschold, »was sich schon daraus ergibt, daß als wir verhaftet wurden, die Schurzfeld, welche auf der Straße stand zu mir sagte: ›Dir ist's recht, Du Schöne!‹«

Wilhelm Paschold erklärte am 27. Dezember 1881: »Ich habe nichts zu sagen. Die Gläsers wurden von mir nicht mit umgebracht und ich weiß auch nicht, wer es getan hat und wann es geschehen ist.«

Daraufhin ersparte ihm Dr. Hagen nicht die Frage, wie er zu dem am 5. und 7. Mai 1881 vor dem Untersuchungsrichter in Rudolstadt abgelegten Geständnis gekommen sei.

Wilhelm Paschold antwortete: »Ich habe dies gesagt, weil ich geglaubt habe, daß dann meine Entlassung aus der Haft erfolgen würde.«

Allen anderen Fragen setzte Paschold beharrliches Schweigen entgegen.

Am 16. Januar 1882 teilte das Herzogliche Staatsministerium, Abteilung Justiz, dem Ersten Staatsanwalt Dr. Hagen mit: »Seine Hoheit der Herzog haben in der Strafsache gegen die Witwe Johanne Rosine Elisabeth Büchner von Gräfenthal und Genossen wegen Mordes und Brandstiftung, auf unterthänigsten Vortrag die gnädigste Entschließung gefasst die [...] wegen Mordes ausgesprochenen Todesstrafen für jeden der drei Genannten in lebenslängliche Zuchthausstrafe zu verwandeln. Der Herr Oberstaatsanwalt wolle hiernach das Weitere verfügen.«

Die Begnadigung durch Herzog Georg II. von Sachsen-Meiningen (regierte von 1866 bis 1914) wurde dem Monarchen nach nochmaliger Prüfung der widersprüchlichen und verwirrenden Aussagen der Angeklagten und einiger Zeugen vom Staatsministerium nahegelegt. Die Justizbeamten waren offensichtlich auch im Zweifel, ob die Aussagen der zur Tatzeit sechsjährigen Marie Pröschold prozeßentscheidend wirken sollten.

Am 2. Februar 1882 forderte der Offizialanwalt der Johanne Pröschold, Rechtsanwalt Dr. Busch, wegen Rosine Büchners Aussage vom 22. Dezember 1881 und der Bewertung der Aussage der minderjährigen Marie Pröschold im Schwurgerichtsverfahren die Wiederaufnahme der Untersuchung im Fall des Gräfenthaler Doppelmordes.

Während die Entscheidung darüber noch in der Schwebe hing, ließ sich Wilhelm Paschold noch am Tag seiner Einlieferung in das Zuchthaus Untermaßfeld, am 6. Februar 1882, dem Ersten Staatanwalt Dr. Hagen in Gera vorführen und gab an, er wolle jetzt die Wahrheit sagen.

Danach seien die Gläsers in der Nacht vom Donnerstag zum Freitag, und zwar des Morgens gegen zwei Uhr, von ihm, seiner Mutter, der Pröschold und seinem Oheim, dem Schieferbruchaufseher August Paschold in Gräfenthal erschlagen worden. Der Letztgenannte habe der alten Gläser mit einer großen Axt den ersten Schlag versetzt, so daß sie gleich in der Stube zusammenstürzte, nachdem sie auf die Aufforderung der Pröschold, sie solle aufmachen, es sei Feuer, die Tür geöffnet habe. Er habe dann mit dem Hammer seines Stiefvaters der alten Gläser einen gewaltigen Schlag über das Auge versetzt. Die Mutter habe mit der Laterne, welche sie anfangs unter der Schürze verborgen hielt, geleuchtet. Als August Paschold der alten Gläser den ersten Schlag versetzte, schrie die Gläser: »*Wilhelm hilf mir!*«

Sodann hätten seine Mutter und die Pröschold die Tochter der Gläser im Bett in der Kammer, wo sie schlief, erschlagen. Die Mutter habe mit der kleinen Axt zugeschlagen und die Pröschold einen Hammer genommen. Seine Mutter und die Pröschold zündeten sodann das Feuer an. Der Oheim habe die Wäsche von der Gläser, namentlich auch Handtücher und Geld aus ihrer Lade mit fortgenommen. Er habe gleich nachdem die alte Gläser erschlagen worden war, in deren Kleidern nach den Schlüsseln gesucht. Wilhelm Paschold betonte abschließend, er sei vom Oheim zur Teilnahme an dem Mord überredet worden.

Darauf begann sofort die Untersuchung gegen August Paschold mit dessen Vernehmung und weiteren Zeugenbefragungen. Aus der im Thüringischen Staatsarchiv Rudolstadt im Bestand »*Schwarzburgische Staatsanwaltschaft beim Landgericht Rudolstadt*« verwahrten »Untersuchungsakte den Schieferbruchaufseher August Paschold zu Gräfenthal und Genossen wegen Mordes bzw. Begünstigung, 1882« geht hervor, daß der am 20. März 1882 in Gräfenthal wegen Mordverdachts und Fluchtgefahr in Haft genommene Arbeiter die ihm vorgeworfene Tatbeteiligung vehement leugnete und den Untersuchungen mit Ruhe entgegensah.

Zugleich durchsuchten Beamte des Herzoglichen Amtsgerichts Gräfenthal das Pascholdsche Haus nach in der Mordnacht den Gläsers gestohlenen Sachen. Die Suche nach Beweismitteln verlief völlig resultatlos, sowohl bei dem Ehepaar Paschold als auch in den Häusern seiner im schwarz-burg-rudolstädtischen Geiersthal wohnenden Töchter.

In den folgenden Wochen konnte August Paschold keine Mitschuld an der Ermordung der Gläsers nachgewiesen werden. So mußte dem Schie-ferbruchaufseher am 8. April 1882 das Gefängnistor geöffnet werden. Zu einer Wiederaufnahme des Verfahrens wegen des Mordes an den Gläser-schen Frauen kam es nicht.

Nur ein kleiner Nachtrag zu dem Gräfenthaler Doppelmord vom 12. No-vember 1880 sei angemerkt. Am 8. Mai 1882 schrieb August Paschold an den »Gnädigen Herzog und Landesvater« in Meiningen. In seiner Korre-spondenz berichtete er von drei Wochen Verdienstausfall infolge der Haft und der auf Grund von Schmach und Kränkung erlittenen mehrwöchigen Krankheit mit weiterem Verdienstausfall. Da der Aufseher über kein Ver-mögen verfügte, aber Frau und Kinder zu ernähren habe, bat er: *»Ew. Hoheit mögen in Gnaden geruhen, mir aus irgendeiner Kasse eine ent-sprechende Entschädigung gnädigst anweisen zu lassen. In tiefster Un-terthänigkeit und großer Ehrfurcht ersterbe ich als Ew. Hoheit unterthä-nigster Diener August Paschold.«*

Am 20. Juni 1882 teilte ihm das Herzogliche Staatsministerium, Ab-teilung Justiz, aus Meiningen mit, daß ein Rechtsanspruch auf Entschä-digung wegen der erlittenen Untersuchungshaft nicht bestehe. Es haben aber Seine Hoheit der Herzog in Berücksichtigung der gedrückten Lage des August Paschold die gnädigste Entschließung gefaßt, »aus höchst ih-rer Schatulle« ihm eine Unterstützung von 60 Mark zugehen zu lassen, deren Zahlung demnächst erfolgen werde.

Über die verurteilten Personen und deren weiteres Schicksal geben die von den Justizbeamten penibel geführten Akten noch folgende Auskünf-te: Die am 14. Februar 1833 in Gräfenthal geborene, zu einer lebenslan-gen Zuchthausstrafe begnadigte Rosine Büchner ist evangelisch, hat vier Kinder im Alter von acht bis 22 Jahren, besitzt ein Wohnhaus, ist bisher unbestraft, sie ist die Witwe des Gerichtsvollziehergehilfen und Maurers August Büchner. Beschreibung: Körpergröße 1,53 Meter, dunkle Haa-re, graue Augen, Gesichtsfarbe blaß, Einlieferung zur Verbüßung in das Zuchthaus Hassenberg (Ankunft am 27. Januar 1882). Rosine Büchner verstarb am 25. Dezember 1883. Sie war bis zuletzt zu keinem Geständnis zu bewegen, sondern hat bis zum letzten Augenblick ihre Unschuld beteu-ert. Die Büchner wurde von ihren drei Söhnen beerbt. Dieselben sind von der Stadt Gräfenthal untergebracht und zwar: Louis in der Lehre bei einem Klempner in Mellrichstadt (Landgerichtsbezirk Schweinfurt), Robert in Gräfenthal bei einem Schuhmacher und Ernst, noch schulpflichtig, in Pflege bei einem Schuhmacher in Meiningen.

Der zu einer lebenslangen Zuchthausstrafe begnadigte unverheiratete Johann Nicolaus Wilhelm Paschold, Schuhmacher, geboren am 4. April 1859 in Gräfenthal, ist evangelisch und nicht ganz ohne Vermögen. Beschreibung: 1,63 Meter, dunkle Haare, Augen blau, Gesichtsfarbe blaß. Wilhelm Paschold war nie Soldat. Der Verurteilte wurde am 6. Februar 1882 in das Zuchthaus Untermaßfeld eingeliefert. Er starb ein Jahr später am 3. Februar 1883, mittags 12 Uhr, infolge von Brustfellentzündung und Magendarmkatarrh.

Die ebenfalls im Gräfenthaler Doppelmordprozeß zum Tode verurteilte und zu lebenslanger Zuchthausstrafe begnadigte Johanne Auguste Dorothea Pröschold, Tagelöhnerin, 50 Jahre alt, in Gräfenthal geboren, ist evangelisch und hat kein Vermögen. Sie hat folgende Vorstrafen: 1856 wegen Körperverletzung mit sieben Tagen Arrest, wegen Diebstahls 1860 von ein paar Socken mit sechs Tagen Haft, mit Geldstrafe und vier Tagen Handarbeitstrafe wegen Beleidigung 1871, wegen gleichen Vergehens mit Geld und drei Tagen Gefängnis 1873, wegen Sachbeschädigung mit Geld und zwei Tagen 1877 sowie wegen Unterschlagung von Brennholz 1879 mit Geld und fünf Tagen. Beschreibung: 1,58 Meter, dunkle Haare, blaugraue Augen, Gesichtsfarbe blaß. Einlieferung ins Zuchthaus Hassenberg am 27. Januar 1882. Die Pröschold verstarb gegen 1.30 Uhr am 16. November 1887 an Tuberkulose.

Frank Esche

Amandus Loth, Marie Peter, Henriette Zorn – Der Obersynderstedter Schwiegersohnmord

Sachsen-Weimar-Eisenach (1885)

Die Mordnacht vom 24. zum 25. Januar 1885 war sehr finster in Thüringen und nur äußerst schwach durch den frisch gefallenen Schnee erhellt. Dem Ersten Staatsanwalt Siefert war klar, daß es in den zwei angesetzten Verhandlungstagen schwerfallen würde, das Verbrechen restlos aufzuklären und Licht in das Dunkel der Tat zu bringen.

Der für den 2. und 3. Oktober 1885 in Gera angesetzte Schwurgerichtsprozeß bildete die »Cause célèbre« der seit dem 21. September laufenden Gerichtsperiode.

Der als Gerichtssaal dienende Rathaussaal war deshalb sowohl in den unteren Zuhörerräumen als auch auf den oberen Galerien bis auf den letzten Platz von Gerichtsreportern und Schaulustigen besetzt. Auf dem Podium des Gerichtshofes hatten sich hohe Gäste eingefunden.

Allein durch die Anwesenheit des reußischen Staatsministers in Gera von Beulwitz, des Jenaer Oberlandesgerichtspräsidenten Dr. Brüger und des großherzoglichen Regierungsrates Rothe aus Sachsen-Weimar-Eisenach hob sich der Prozeß aus der Reihe zahlreicher Mordverfahren jener Zeit hervor. Gespannt wartete das Publikum auf die Eröffnung des Schwurgerichts durch den Präsidenten des Gerichtshofes, den Geheimen Justizrat Oberlandesgerichtsrat Schwarz, dem Landgerichtsrat Zopf und Landrichter Seifarth als Richter beisaßen.

Auf der Anklagebank hatten die bis dahin nicht Vorbestraften, der Dienstknecht Karl Amandus Loth, 29 Jahre alt, die verehelichte Johanne Marie Peter, 45 Jahre, und deren 19jährige Tochter Henriette, verwitwete Zorn, Platz genommen.

Der Heimatort Obersynderstedt der Angeklagten lag im Amtsgerichtsbezirk Blankenhain des Großherzogtums Sachsen-Weimar-Eisenach.

Der Erste Staatsanwalt Siefert, als Beamter der Staatsanwaltschaft, begann zunächst mit der Verlesung der Anklageschrift im sogenannten Schwiegersohnmord, dem brutalen Mord an dem Gutsbesitzer Konstantin Zorn. Dessen geschichtlicher Verlauf mußte sich nach gutachterlichen Aussagen der Sachverständigen so zugetragen haben:

In der Nacht vom 24. zum 25. Januar 1885 wurde der Obersynderstedter Gutsbesitzer in seinem Schlafzimmer mittels einer Schußwaffe ermordet. Die Gutachten der Sachverständigen wiesen nach, daß die Täter Konstantin Zorn mit drei Schüssen niedergestreckt hatten.

Der erste traf ihn, als er noch schlafend im Bett lag. Zorn hatte offensichtlich im Schlaf die rechte Hand auf der linken Schulter ruhen. Die Sachverständigen schlossen dies aus dem Umstand, daß das Geschoß dem Schlafenden die rechte Hand zerschmetterte und gleichzeitig einen Streifschuß an der linken Schulter verursachte. Die Handwurzel war samt Gelenkmuskeln völlig zerschossen. Infolgedessen registrierten die Sachverständigen die nach hinten übergeklappte Hand und einen blutig emporstehenden Armstumpf.

Der überfallene Konstantin Zorn muß bei Erhalt des Schusses aus dem Bett gesprungen sein und sofort danach den zweiten Schuß empfangen haben. Dieser drang, wie die »Selektion« des Entleibten ergab, in die linke Schulterhöhle ein, durchschlug die Lunge des Opfers, zerriß die Umhüllung des Herzens und bahnte sich dann den Weg durch die rechte Lunge.

An der Wandtapete wurden bei näherer Untersuchung außer den durch die Schüsse direkt verursachten Blutspritzern auch Blutspuren entdeckt, die mit Sicherheit von Zorn beim Niederstürzen mit dem Handstummel an der Wand verursacht wurden. Auf den Dielen befanden sich neben einer Blutlache deutliche Spuren, die darauf deuteten, daß Zorn dort mit entblößten Füßen im eigenen Blute ausgeglitten und niedergefallen war.

Ob der zweite Schuß auf den Gutsbesitzer abgegeben wurde, als er noch aufrecht stand oder erst dann, als der Überfallene schon am Boden lag, konnte von den Sachverständigen nicht mit Bestimmtheit ermittelt werden. Nach dem Verlauf des Schusses, so betonten die Gelehrten, nahmen sie aber eher das letztere an. Als sicher galt jedoch, daß dieser zweite Schuß absolut tödlich und das Leben Zorns wohl nach ein paar Sekunden schon erloschen war. Im Todeskampf hatte sich der Verwundete noch auf den Rücken gewendet.

Diese Bewegungen veranlaßten offensichtlich den Mörder, noch einen dritten Schuß auf den Sterbenden oder vielleicht bereits Gestorbenen abzufeuern. Die Kugel ging von vorn mitten durch die Brust, traf aber das Herz, welches durch den zweiten Treffer aus seiner Lage gedrängt worden war, nicht. Für die Umstände des Todes des Konstantin Zorn hatte dieser Schuß aber insofern Bedeutung, als er ihn sich niemals selbst hätte zufügen können. Folglich war ein Selbstmord des Gutsbesitzers auszuschließen.

Der Leichnam war, dies wurde durch das ärztliche Gutachten gleichfalls festgestellt, von dem Mörder dann auf die Seite gewendet und in eine Lage gebracht worden, die den Schluß zulassen konnte, Zorn habe sich selbst erschossen. Die Tatwaffe, das Doppelgewehr, hatte der Täter wohl in gleicher Absicht in das Bett des Konstantin Zorn gelegt. Spuren eines Kampfes ließen sich im Schlafzimmer nicht feststellen. Die Bettdecke, die Zorn beim Verlassen des Bettes zurückgeworfen hatte, lag auf den Dielen, zum Teil in der Blutlache. Am Überzug fand sich die Spur einer blutigen Hand. Die Sachverständigen nahmen an, daß diese Spur vom Mörder herrührte, der seine beim Wenden des Toten mit Blut befleckte Hand dort abgewischt hatte. Auf dem Fußboden des angrenzenden Zimmers fanden sich noch weitere Blutspuren, die von kleinen mit Strümpfen bekleideten Füßen, vermutlich einer Frau, herrührten.

Die Anklage bezichtigte aufgrund der Gutachten und weiterer in der Voruntersuchung gesammelter Erkenntnisse den Dienstknecht Amandus Loth, den Mord an dem Gutsbesitzer Zorn ausgeführt zu haben. Marie Peter beschuldigte der Erste Staatsanwalt Siefert der Anstiftung zur Tat und Beihilfe durch Leuchten bei der Tatausführung. Die Witwe des Ermordeten, Henriette Zorn, klagte Siefert an, durch Verabredung und Mitwissen an der Tat beteiligt gewesen zu sein, obgleich sie in der Mordnacht außer Haus war.

Gleich zu Beginn ihrer Vernehmungen stellten alle drei Angeklagten jede Schuld in Abrede.

Der Beschuldigte Karl Amandus Loth wurde 1856 in Blankenhain geboren, später dort erzogen und konfirmiert. Nach der Schule ging der kräftige Mann als Knecht in Dienste und blieb in solcher Dienststellung bis zum Januar 1885. 14mal wechselte Loth während seiner 15jährigen Knechtzeit den Dienstherrn. Zuletzt trat er Ostern 1883 in den Dienst des Obersynderstedter Gutsbesitzers Konstantin Zorn.

Die Mitangeklagte Marie, verehelichte Peter, kam 1840 in Mechelroda bei Magdala zur Welt. Nach ihrer Konfirmation zog sie aus dem Elternhaus fort und trat als Magd in Dienste. In dieser Stellung verbrachte die Frau zehn Jahre und heiratete dann den Landwirt Peter in Obersynderstedt. Diesem gebar sie im Jahre 1866 die Tochter Henriette. Maries Ehegatte Peter besaß ursprünglich ein Bauerngut in genanntem Ort, das er nach der

Verheiratung der Tochter Henriette mit Konstantin Zorn im Jahre 1882 an den Schwiegersohn abtrat. Mit Frau Marie blieb er aber im Gut wohnen. Das Areal hatte einen Wert von etwa 42.000 Mark. Konstantin Zorn war ökonomisch gesehen eine gute Partie, besaß er doch dreiviertel eines weiteren, etwa 40.000 Mark wertvollen Gutes.

Die mitangeklagte verheiratete Henriette Zorn, geborene Peter, war zur Tatzeit erst 19 Jahre alt und zählte noch nicht volle 16 Jahre, als sie 1882 an den damals 22 Jahre alten Konstantin Zorn verheiratet wurde. Die jugendliche Witwe des in der Nacht vom 24. zum 25. Januar 1885 ermordeten Mannes beschrieben Prozeßbeobachter als hübsche Persönlichkeit mit »regelmäßigen, nicht unschönen Gesichtszügen«.

Über den Ermordeten Konstantin Zorn berichtete die *Geraer Zeitung* in ihrem Beitrag über den Gerichtsprozeß folgendes: Der Genannte habe, als ihm in der angeführten Nacht das Leben genommen wurde, im 26. Lebensjahr gestanden. Er sei als eine angenehme, gutmütige Persönlichkeit bezeichnet worden, der als lebhafter Gesellschafter galt und überall gern gesehen war. Daß irgendwo eine feindliche Gesinnung gegen ihn bestanden habe, war »nirgends angedeutet«. In München habe er drei Jahre lang im Militär gedient, sich dann der Landwirtschaft zugewandt und nach seiner Verheiratung das Gut seines Schwiegervaters in Obersynderstedt übernommen, das er seitdem verwaltete.

Des weiteren wurde der Leserschaft des Blattes mitgeteilt, daß die Ehe von Henriette und Konstantin Zorn anfangs eine sehr glückliche gewesen sei. Dies sollte sich jedoch einige Zeit nach dem Dienstantritt des Angeklagten Loth bei dem Ermordeten geändert haben. Die Peter und Henriette Zorn kannten Amandus Loth schon länger, denn er stand vorher in deren Diensten. Aus diesem Grunde entwickelte sich anfangs zwischen dem Knecht und seinem Herrn, nicht ganz ohne Zutun von Marie und Henriette, rasch ein vertrauensvolles Verhältnis.

Beim Verhör im Gerichtssaal versicherte der Angeklagte Loth wiederholt, auf welch »freundlichem Fuße« er mit seinem Dienstherrn gestanden habe, und betonte, es sei kein Verhältnis von Knecht und Herr gewesen, sondern sie hätten wie Brüder zusammengestanden und gelebt sowie *»sich anvertraut, was gegenseitig am Herzen gelegen«*. Bald sprachen sie sich auch mit »du« an.

Darauf hielt der Vorsitzende dem Angeklagten vor, daß dieses freundschaftliche Verhältnis zwischen ihm und dem Dienstherrn doch nicht immer ein so ungetrübtes gewesen sei, im Gegenteil, denn es kam öfter auch zu recht heftigen und tätlichen Auftritten zwischen Loth und dem Gutsbesitzer Zorn, wie in der Voruntersuchung von verschiedenen Zeugen bestätigt wurde.

Loth, der während der Vernehmung immer wieder nervös seinen kleinen Schnurrbart über dem leicht geöffneten Mund zum Kinnbart strich, gab kleinere Zerwürfnisse zu, die sich schnell wieder ausgeglichen hätten. Im übrigen sei er sogar mit seinem Herrn auf dessen Veranlassung zur Jagd gegangen und habe auf Wunsch des Konstantin Zorn mit der jungen Frau Zorn Dorffeste besucht, weil ihr Ehemann selbst keine Lust zum Tanzen hatte. Immer wieder stellte der Dienstknecht jegliche Schuld am Verbrechen in Abrede.

Nach fünfstündigem Verhör des Angeklagten Loth vernahmen die Richter die Mitangeklagten Marie Peter und Henriette Zorn, 37 vorgeladene Zeugen sowie vier Sachverständige.

Die Zeugenaussagen bestätigten, daß das eheliche Verhältnis zwischen Konstantin Zorn und seiner jungen Frau bis zum Zeitpunkt des Auftauchens des Dienstknechtes Loth im Haus liebevoll und freundschaftlich gewesen war.

Dann, so verkündete die Presse, sei es nach und nach getrübt worden, so daß von der ursprünglichen Zufriedenheit nichts übrigblieb.

Durch die Zeugenvernehmung wurde nicht nur dies, sondern auch die Tatsache bestätigt, daß das Verhältnis, in welches der Dienstknecht Loth zu der jungen Frau Henriette Zorn und deren Mutter, Marie Peter, trat, allgemeines Ärgernis fand. Zwischen Frau Zorn und dem Knecht entwickelte sich bald ein intimes Verhältnis und die Zornschen Eheleute wurden derart voneinander entfremdet, daß Frau Zorn im Jahre 1883 das Zusammenleben mit ihrem Mann ganz aufgab und zu ihrer Mutter zog, die mit ihrem alten Mann im Parterregeschoß des Zornschen Hauses wohnte.

1884 verbrachte Zorns Frau mit Loth zwei Tage auf der Kirchweih in Kiliansroda. Die öffentliche Meinung beschuldigte von nun an die beiden des Ehebruchs. All das veranlaßte Konstantin Zorn öfter zu sagen, er habe das Leben satt, er wolle sich erschießen.

Die Schwiegermutter Zorns führte nach und nach die Herrschaft sowohl im Haus als auch über den Schwiegersohn sowie den eigenen altersschwachen Mann aus. Beide waren zu schwach und zu gutmütig, um ihre Autorität zu wahren. Schließlich kam es so weit, daß Konstantin als Hausherr von der Schwiegermutter, die sich die Finanzverwaltung des Gutes angeeignet hatte, auf ein knappes Taschengeld gesetzt wurde. Während Konstantin im Haus und in der Wirtschaft als Null galt, spielte der von Henriette Zorn und auch Marie Peter begehrte attraktive Dienstknecht Loth den Herrn und erhielt in seiner Rolle von den beiden Frauen Unterstützung. Amandus eignete sich nach und nach im Gut die Herrschaft so an, daß Zorn gar nichts mehr sagen durfte.

Später wagte er es sogar, seinen Dienstherrn tätlich anzugreifen. Loth hatte den Gutsbesitzer in den vorangegangenen Monaten schon mehrmals zu Boden geworfen. Am Tag vor dem Mord eskalierte das nunmehr stark getrübte Verhältnis zwischen Amandus Loth und seinem Dienstherrn. Der zufällig hinzugekommene Stiefvater des Konstantin Zorn wurde Zeuge, wie der Knecht auf den Gutsbesitzer einschlug, und versuchte den Loth von seinem Opfer zu trennen. Bei dieser Gelegenheit packte der Dienstknecht auch den Stiefvater Zorns an der Brust und würgte ihn. Der nun herbeigeeilten Mutter des Konstantin Zorn drohte er lautstark mit Erschießen.

Zorn kündigte dem Knecht nach diesem Vorfall den Dienst und forderte ihn zum sofortigen Verlassen des Hofes auf. Hierauf zog sich der cholerische Loth zunächst in den Pferdestall des Areals zurück, wohin ihm Marie Peter und Henriette flugs folgten und ihn inständig baten, Konstantin Zorn wieder die Hand zu reichen. Loth unternahm auch den Versuch, es zur Versöhnung mit Zorn kommen zu lassen, doch der lehnte das Ansinnen mit den Worten ab: »*Du hast mich angegriffen, wie ein Mörder!*«

Die beiden Frauen ließen den Knecht jedoch nicht fortgehen und dieser setzte seinem Herrn entgegen: »*Du hast mir gar nicht zu kündigen, denn nicht Du, sondern Deine Schwiegermutter, die Frau Peter, hat mich gemietet!*«

Konstantin Zorn verbrachte den späten Nachmittag und frühen Abend nicht im Gut, sondern hielt sich bis gegen 20 Uhr im Gasthof auf. Bevor er die Zechstelle verließ, äußerte er noch:

»*Ob ich nur gehe? Der Knecht geht nicht, die Weiber lassen ihn nicht fort!*«

Und in Ahnung des Kommenden fügte der Gutsbesitzer noch hinzu: »*Na, der Tod will seine Ursache haben!*«

Mit diesen Worten verließ der Todeskandidat jene Stätte, in der er in den letzten Monaten so oft Trost für die Untreue seiner jungen Frau

Gera, Markt mit Rathaus.

gesucht hatte. Die Aufforderung seiner Stiefeltern, die Nacht in ihrem Hause zu verbringen, lehnte Zorn mit der Bemerkung ab: *»Ich gehe nach Hause und der Knecht muß morgen fort. Nötigenfalls hole ich den Gendarmen.«*

Die im dritten Monat von Amandus Loth schwangere Henriette Zorn verließ sofort nach der Heimkunft ihres Mannes das Haus und verbrachte, was sie sonst nie getan hatte, die Nacht bei einer Nachbarin. Dort äußerte die erregt wirkende junge Frau nach Aussage ihrer damaligen Gastgeberin: *»Wenn nur nichts passiert, der Konstantin wird uns doch die Schande nicht antun und sich erschießen.«*

Zorn selbst verhielt sich nach seiner Rückkehr ins Gutsgebäude ruhig, streckte seinen Körper auf dem Wohnzimmersofa aus und ging gegen 23 Uhr schlafen.

Nachdem der Mord an Konstantin Zorn vollbracht worden war, eilten Loth und Marie Peter noch in der Nacht des 25. Januar 1885 zum Ortsbürgermeister Obersynderstedts und veranlaßten ihn, sofort mit ihnen zu kommen, denn es wären soeben Schüsse in der Kammer des Konstantin gehört worden und es sei nicht klar, was dort geschehen sein möge. Der Bürgermeister fand den Ermordeten am Boden, in einer Blutlache zwei Schritt vom Bett entfernt liegen.

Die Angeklagten sagten im Gerichtsverhör dem Ermordeten nach, daß er sehr viel im Wirtshaus verkehrt habe und oft betrunken gewesen sei. Die Zeugen gaben dagegen nur an: *»[...] daß er wohl etwas leichtlebig, sonst aber arbeitsam, brav und gutmütig gewesen sei.«*

Der Hang zur Trunkenheit fand somit keine weitere Bestätigung durch Zeugen.

Die junge Witwe hatte, befragt nach der häufigen Trunkenheit ihres Mannes, ausgesagt, daß dieser ihr in diesem Zustand einmal mit Erschießen gedroht habe. Auch der Knecht sprach vom Erschießen, mit dem Zorn sich selbst und andere bedroht habe.

Vor allem aber hatte die Schwiegermutter Peter, so bestätigten mehrere Zeugen, sehr häufig in der Öffentlichkeit von dem angeblichen Vorhaben des jungen Gutsbesitzers gesprochen, sich selbst zu erschießen.

Sie hätte ihren Berichten, daß der Konstantin sich erschießen wolle oder *»sich wohl einmal erschießen werde«*, immer sehr drastische Bemerkungen hinzugegeben, wie zum Beispiel: *»Wenn er sich nur erschösse, ich würde ihm gern das Gewehr in die Hand geben und abdrücken helfen.«*

Ein andermal versicherte Marie Peter einer Nachbarin: »*Es würde mir lieber sein, wenn der Loth mein Schwiegersohn wäre, mit dem bin ich viel mehr zufrieden, als mit dem Konstantin.*«

Die Frage, ob Konstantin sich oder andere Menschen wirklich erschießen wollte, wurde von den Verteidigern der Angeklagten immer wieder aufgegriffen und zahlreiche Zeugen gezielt danach befragt. Zwar habe Konstantin Zorn wiederholt Lebensüberdruß geäußert und artikuliert, er wolle sich erschießen, aber niemand traute ihm einen Selbstmord zu.

Die Zeugenvernehmungen endeten erst am 3. Oktober 1885 gegen 22.30 Uhr. Das Gericht vertagte sich daher auf den folgenden Morgen.

Der dritte Verhandlungstag, inzwischen sprengte der Prozeß den vom Gericht vorgesehenen Zeitrahmen von zwei Tagen, begann am 4. Oktober 1885, 11.30 Uhr vormittags im wiederum bis auf den letzten Platz gefüllten Geraer Rathaussaal mit den Plädoyers des Staatsanwalts und der Verteidigung.

Staatsanwalt Siefert wies zunächst auf die Unmöglichkeit hin, im vorliegenden Falle einen Selbstmord anzunehmen. Wegen der durch die Sachverständigen zweifellos mit Gewißheit dargelegten Begründung, daß Konstantin Zorn einem Mord durch fremde Hand zum Opfer gefallen sei, gelangte Siefert zu der Annahme: Nur Amandus Loth konnte in der finsteren Nacht vom 24. zum 25. Januar 1885 das grausige Verbrechen verübt haben.

In seinen eineinhalbstündigen Ausführungen schloß der Staatsanwalt alle vorhandenen Verdachtsmomente ein, die er in langer Reihe aneinanderfügte und empfahl schließlich den Geschworenen, das »Schuldig« auszusprechen. Ebenso betonte der Anklagevertreter die Beweismittel für die Schuld der Schwiegermutter Marie Peter, die er als Anstifterin des ganzen Mordplanes bloßstellte. Obwohl die Ehefrau des Opfers Henriette Zorn am Mord selbst nachweislich nicht persönlich beteiligt und wegen ihrer Schwangerschaft dafür auch nicht zu gebrauchen war, gelte sie doch als am Vorsatz der Tat Beteiligte.

Der Verteidiger des Angeklagten Loth, Rechtsanwalt Müller aus Gera, sprach zunächst über das Negative der Beweismittel, welches darin bestehe, daß in der Voruntersuchung und während der Gerichtsverhandlung nicht die Möglichkeit des Mordes durch eine andere Person erachtet wurde. Zur Unterstützung dieser Auffassung führte der Jurist verschiedene Umstände der Tat an, nach denen ebensogut ein Fremder das Verbrechen begangen haben könnte. Er schloß mit den Worten an die Geschworenen: *»Ich habe es für meine Pflicht gehalten, alle Momente hervorzuheben, welche dafür sprechen, daß Loth der Mörder des Konstantin Zorn nicht sein kann. Gehen Sie ohne Haß und ohne Voreingenommenheit an den Spruch Ihres Urteils. Ihrem Ermessen gebe ich diesen Spruch anheim!«*

Marie Peters Verteidiger, der in Weimar ansässige Rechtsanwalt Stapff, trat die Widerlegung aller der von der Staatsanwaltschaft gegen seine Mandantin hervorgebrachten Belastungsmomente an, stellte die Beteiligung der Peter an der Tat in Abrede und erklärte, daß er den Schuldbeweis seiner Klientin auch selbst durch die Indizien als nicht erbracht ansehe.

Der Geraer Verteidiger Rechtsanwalt Schönemann führte zunächst an, daß die Ergebnisse der vorangegangenen zweitägigen Verhandlung nicht zu dem Schuldbeweis seiner Mandantin Henriette Zorn geführt hätten. In seiner emotionalen Rede sprach sich der Strafverteidiger für die volle Freisprechung seiner Klientin aus. Überdies habe Henriette zur Zeit der Tat ihr Lebensalter von 18 Jahren um weniger als einen Monat überschritten gehabt, bis zu welchem das Gesetz nur ganz milde Strafmaße erkenne. Auch sei zu bedenken, daß dieselbe lediglich unter dem strengen Einfluß der Mutter und ohne eigenen Willen gestanden habe. Im Falle, daß die Geschworenen sich nicht für die volle Freisprechung entscheiden, sondern annehmen würden, Henriette Zorn habe von der Verabredung gewußt, ersuchte der Verteidiger, dann wenigstens nur die Schuldfrage in der unterlassenen rechtzeitigen Anzeige zu sehen.

Die zwölf Geschworenen bejahten nach eineinhalbstündiger Beratung gegen Loth die Schuldfrage des vorsätzlichen Mordes, während sie die Gemeinschaftlichkeit mit den beiden Mitangeklagten verneinten und die Frauen somit von der Anklage des Mordes ausschlossen. Weiter sahen sie es als erwiesen an, daß die verehelichte Marie Peter Beihilfe zum Mord geleistet hatte. Die verwitwete Henriette Zorn habe unterlassen, die vorsätzliche Tat rechtzeitig anzuzeigen, und sich damit schuldig gemacht.

Der Strafantrag der Staatsanwaltschaft lautete aufgrund dieses Spruches: gegen den Dienstknecht Karl Amandus Loth auf Todesstrafe, gegen die Marie Peter auf zehn Jahre Zuchthaus und zehn Jahre Ehrverlust und gegen Henriette Zorn auf vier Jahre Gefängnis und fünf Jahre Ehrenstrafe.

Der Gerichtshof erkannte in Übereinstimmung nach diesem Antrag, mit Ausnahme der Ehrenstrafe gegen Henriette Zorn, die in Wegfall kam.

Die Tragung der Kosten wurde allen dreien unter, wie es hieß, »solidarischer Verpflichtung« auferlegt. Die Verhandlung schloß abends nach 21 Uhr.

Prozeßbeobachter konstatierten nach dem Prozeß: Alle bisherigen Verhöre, Befragungen und Aussagen hätten keinen direkten Beweis für die Schuld der Angeklagten erbracht. Die Anklage beruhte lediglich auf Indizien. Durch die Zeugenverhöre und Sachverständigengutachten wurden diese verdachterregenden Umstände, von denen auf die Wahrheit in der Mordnacht geschlußfolgert werden konnte, zum Beweismittel.

Nach Meinung des Reporters der *Geraer Zeitung* seien die Indizien durch die Aussagen so verschärft worden, daß deren Wucht sie nahezu als Beweise charakterisierten. Dadurch ergebe sich, daß Konstantin Zorn nur durch fremde Hand gemordet worden sein konnte. Und es lenkten sich alle Verdachtsmomente so direkt gegen den Angeklagten Loth, daß eine andere Annahme nicht mehr übrigbliebe.

Über den Eindruck, den die Verhandlungen und das Schlußurteil auf die Angeklagten machten, sei noch erwähnt, daß während der Verhandlungen sich alle drei anscheinend ruhig verhielten. Nur als der 70jährige alte Vater der Henriette Zorn als Zeuge vortrat, begann diese heftig zu weinen. Nach Verkündung des Urteils und der Anordnung durch den Präsidenten des Gerichtshofes, daß dem Loth nunmehr Fesseln anzulegen seien, rief dieser in sichtlicher Erregung aus, daß er unschuldig sei.

Da die Gerichtsakten zum Schwiegersohnmord Zorn als verschollen gelten, ist nicht bekannt, ob es zum dargelegten Fall einen Revisionsprozeß gab oder die Todesstrafe des Amandus Loth auf dem Wege der Begnadigung in eine lebenslange Zuchthausstrafe umgewandelt wurde.

Frank Esche

*Aktendeckel der Schwarzburgischen Staatsanwaltschaft beim
Landgericht Rudolstadt wider die ledige Handarbeiterin
Karoline Auguste Möller zu Sitzendorf wegen Kindesmords.*

Karoline Möller – Kindestötung aus Verzweiflung

Schwarzburg-Rudolstadt (1885–1888)

Anfang Oktober 1884 kam es wiederholt zwischen der unverehelichten 18jährigen Karoline Möller und dem Soldaten Herwart Mäder zum Beischlaf. Fast auf den Tag genau ein Jahr später stand die junge Frau vor den Schranken des Geraer Schwurgerichts. Am 5. Oktober 1885 hatte sich vor den Geschworenen Karoline Auguste Möller wegen Kindestötung zu verantworten.

Es erschien, teilte ein Journalist der *Schwarzburg-Rudolstädtischen Landeszeitung* seiner Leserschaft mit, »ein 19jähriges Mädchen als Kindesmörderin auf der Anklagebank, die Fabrikarbeiterin Karoline Auguste Möller aus Sitzendorf bei Schwarzburg; sie bietet das ausgeprägte Bild des Schmerzes und der Reue und ist, wie in der Voruntersuchung so auch heute, offen alles dessen geständig, was sie vorgenommen hat«.

Immer wieder brach die junge Frau bei der Befragung durch den Richter in Tränen aus und wirkte vom Schmerz völlig aufgelöst. Bereitwillig beantwortete sie alle Fragen, ohne zu zögern.

Demnach hatte sich zwischen der Angeklagten und dem Soldaten Herwart Mäder im Oktober 1884 zur Kirchweih in Sitzendorf ein Liebesverhältnis entwickelt. Die Liebe zu dem Militärurlauber, der seinen Dienst in der bei Koblenz gelegenen Kaserne Ehrenbreitstein zu verrichten hatte, blieb nicht folgenlos.

Am 16. Juni 1885 gebar Karoline ein gesundes Kind männlichen Geschlechts, das acht Tage später am Waldrand auf einer Wiese unweit der Schwarzburg–Allendorfer Straße gefunden wurde.

Einen Tag später, am 25. Juni 1885, erstattete der Schwarzburger Fußgendarm Held Anzeige gegen Karoline Möller, nachdem ihm mehrere Sitzendorfer Bäuerinnen berichtet hatten, daß die Fabrikarbeiterin schwanger gewesen und jetzt wohl entbunden, aber immer nur ohne Kind zu sehen sei.

Die junge Frau wurde sofort in die Königseer Fronfeste gebracht und dort inhaftiert. Hier legte sie, ohne zu leugnen, folgendes Geständnis ab: *»Ich habe am 16. Juni ein Kind männlichen Geschlechts ohne jede Beihilfe geboren und getötet.«*

Am 3. Juli erfolgte ihre Überstellung in das für solche schweren Verbrechen zuständige schwarzburgische Landgerichtsgefängnis Rudolstadt, in dem Karoline dem Untersuchungsrichter zur Sache angab, sie habe mit dem Fabrikarbeiter Herwart Mäder aus Sitzendorf ein Verhältnis gehabt und mit ihm während der Tage der Kirchweih in Sitzendorf Anfang Oktober 1884 mehrmals den Beischlaf vollzogen. Um Weihnachten vorigen Jahres, als ihre Regel zum wiederholten Male ausblieb, war sie überzeugt, schwanger geworden zu sein. Ihre Mutter bemerkte die Schwangerschaft und sagte kurz vor Pfingsten zur Tochter: *»Du wirst schon sehen, was Du gemacht hast, Du bist so jung und arm.«*

Sie wohnte damals mit ihrem 14jährigen Bruder Edmund Möller in einem Zimmer bei der Mutter und zwar zur Miete bei des Vaters Schwester, der gleichnamigen ledigen Karoline Möller. Bei letzterer wohnten noch deren fünf unehelichen Kinder im Alter zwischen fünf und 26 Jahren. Alles war bedrückend beengt. Es herrschte dort bitterste Armut und Hunger. Am 16. Juni nachmittags befand sich die Angeklagte ganz allein im Haus. Alle übrigen Hausbewohner waren auf dem Feld zum Kartoffelhacken. Zwischen zwei und drei Uhr spürte sie Schmerzen im Leib. Die Schmerzen wiederholten sich und wurden heftiger, so daß die junge Frau nicht im Zweifel war, daß ihre Niederkunft bevorstehe. In Sitzendorf wohnte zwar eine Hebamme, aber sie wurde von ihr nicht gerufen.

Gegen drei Uhr, während sie auf ihrem Bett saß, sei ein Kind männlichen Geschlechts von ihr abgegangen. Es lebte, habe geatmet und war warm. Die Finger hatte es zu einer Faust geballt und fuchtelte mit den Armen herum, hatte sich aber wenig mit den Beinen bewegt. Geschrien habe das Kind nicht.

Während sie etwa eine Viertelstunde neben ihm lag, dachte Karoline daran, daß sie, wenn sie für ihr Kind sorgen müsse, der armen, arbeitslosen und kranken Mutter *»nichts mehr verdienen«* könne. Beim Gedanken an die große Armut wurde ihr bewußt, daß auch keine Unterstützung vom Geliebten Herwart Mäder oder sonstige Hoffnung für die Zukunft zu erwarten war.

In ihrer Verzweiflung entschloß sie sich daher, das Kind umzubringen. Karoline Möller nahm ihre alte blaugedruckte Schürze, die in einer Ecke der Schlafkammer lag, und riß davon die noch daran befindlichen neuen Bänder ab. Die Schürzenbänder legte sie nun dem Kind um den Hals und schnürte dieselben zweimal fest zu, so wie wenn ein Knoten gebunden

Sitzendorf, Postkarte um 1935.

werde. Nach dem zweiten Zuschnüren bewegte sich das Kind nicht mehr, so daß sie es für tot hielt. Die Entbundene nahm dann einen in der Kammer schon seit längerer Zeit bei den Lumpen liegenden alten Kartoffelsack, wickelte das Kind, ohne das Schürzenband vom Hals gelockert zu haben, in den Sack und legte es so in eine nicht zugestellte Ecke der Kammer. Anschließend kamen Kleider von ihr auf die Leiche.

Der Mutter erzählte sie von den Vorgängen in der Schlafkammer nichts. Diese habe auch nicht nach dem Verbleib der Frucht gefragt.

Die Blutflecken, die bei der Geburt des Kindes vor dem Bett auf dem Fußboden entstanden waren, wusch Karoline gleich, nachdem sie das Kind umgebracht hatte, weg. Am anderen Morgen, dem 17. Juni, stand die junge Frau um 5.30 Uhr auf, legte den Sack mit der Leiche in einen Tragekorb, den sie mit einem wollenen Tuch bedeckte, verließ die Wohnung und legte das tote Kind unter einen Busch am Waldrand. Nach drei Tagen suchte sie diesen Ort wieder auf, besah das Kind und weinte. Nach abermals drei Tagen wiederholte sich der Besuch. Diesmal legte sie aber das Kind neben den Busch auf die Wiese am Waldrand, damit es gefunden und beerdigt werden konnte.

Am 11. August 1885 wurde Karoline Möller angeklagt, ihr Kind gleich nach der Geburt vorsätzlich getötet und damit ein Verbrechen gegen § 217 des Strafgesetzbuches, Tötung des unehelichen Kindes, begangen zu haben. Aufgrund der klaren Sachlage, lud das Gericht für seine Verhandlung zum Fall der Kindestötung am 5. Oktober 1885, dem Tag der Gerichtsverhandlung, nur wenige Zeugen und einen Gutachter.

Während der Vernehmung der Angeklagten herrschte im gefüllten Schwurgerichtssaal eine beklemmende Stille. Zweifelsohne erweckte Karoline Möller trotz des von ihr begangenen Verbrechens das aufrichtige Mitleid des Publikums, und zwar durch den eigenen, unzweifelhaft reumütig dargelegten Schmerz.

Dann wurden die Zeugen vernommen. Sie bestätigten, was schon hinreichend bekannt war. Für den Prozeß von Interesse erwies sich lediglich die Aussage des 37jährigen Gutachters Dr. Hermann Ludwig Theodor Reinhold Sorge, der die »vollständige Lebensfähigkeit« des Neugeborenen und dessen Tod infolge von Strangulation bestätigte.

In seinem Plädoyer forderte der Erste Staatsanwalt Kirchner, als Beamter der Staatsanwaltschaft, fünf Jahre Gefängnis und drei Jahre Ehrverlust für die Angeklagte.

**Oeffentliche Sitzung
des gemeinschaftlichen Schwurgerichts.**

Gera, den 5ten Oktober 1885

In der Straffache

gegen

*die Haußarbeiterin Froo,
eine Auguste Möller
von Pößneck*

wegen *Kindesmordt*

waren erschienen:

Gegenwärtig:

1. *Oberlandesgerichtsrath Hofjustizrath
Schwarz*
   als Vorsitzender,
2. *Landgerichtsrath Zapf*
3. *Landrichter Leifarth*
   als beisitzende Richter,

als Angeklagte: *Fr. pp. Möller*

1. *Kaufmann Paul v. Hagen in Gera*
2. *Rechtsanwalt Waldemar Schiffman
   in Altenburg*
3. *Kaufmann Anton Gölitz
   in Greiz*
4. *Mühlenbes. August Keul in
   Bauernschla*
5. *Landrichter Fr. Fr. Lemke
   in Gera*
6. *Gerber Friedr. Aug. Weiß in
   Gera*
7. *Landesmann Wilh. Rosenbusch
   in Greiz*
8. *Bankdirektor Wilh. Schlömilch
   in Gera*
9. *Müller Ludwig Leo in Gera*
10. *Kaufmann Hermann Prößhold
    in Gräfenthal*
11. *Kaufmann Franz Kahlenberg
    in Oldisleben*
12. *Buchhändler Oskar Albin Nagel
    in Gera*
    als Geschworene,

als Vertheidiger: *Rechtsanwalt
Grasser*

_____

_____

als Ergänzungsgeschworene,

der Erste Staatsanwalt Kirchner
als Beamter der Staatsanwaltschaft.

Gerichtsschreiber Niedler
als Gerichtsschreiber.

Die Geschworenenbank ist gemäß Anlage I
gebildet.

Es wurden die Zeugen — und der
Sachverständige — aufgerufen.

Es meldeten sich:

1, *Bezirksphysikus Dr. med.
Sorge in Königsee*,
2, *Büchner Karl Gräben-
stein in Schwarzburg*
3, *Feldgeschfür Albin Frey
in Königsee.*

---

*Erste Seite des Originalprotokolls der öffentlichen Sitzung
des gemeinschaftlichen Schwurgerichts vom 5. Oktober 1885.*

Als Beweismittel dienten ihm:
I. Das Geständnis der Angeklagten
II. Das Zeugnis und Gutachten des Bezirksphysikus Dr. med. Sorge aus Königsee
III. Ein blaugestreifter Kartoffelsack und
IV. zwei zum Schnüren gebrauchte Bänder.

Nach dem Ersten Staatsanwalt gab Karolines Verteidiger sein Plädoyer ab.

Aus der bewiesenen Offenheit und Reue der Angeklagten sowie aus den Gefühlsbewegungen, so führte Rechtsanwalt Großer aus Rudolstadt aus, sollte Anlaß zur Erkennung von mildernden Umständen genommen werden. Die Verteidigung befand die von der Staatsanwaltschaft geforderte gesetzliche Höchststrafe als viel zu hart, weil der vorliegende Fall bei Bewertung aller Tatumstände nicht dazu angetan sei.

Bei der Wertung der Schuldfrage sollte gesehen werden, in welchen erbärmlich ärmlichen Verhältnissen die Familie lebte, und es müsse beachtet werden, daß sowohl die Mutter als auch der kleine Bruder der Möller von der Handarbeit der Angeklagten ernährt werden mußten. Mutter Möller und ihre beiden Kinder seien so arm, daß sie in der zu ebener Erde gelegenen Schlafkammer selbst im tiefsten Winter abwechselnd im einzigen Bett und auf den mit alten Kleidern bedeckten Dielen schliefen. Daneben gab es nur ein weiteres Möbelstück im Zimmer, eine Kommode.

Anschließend forderte er die Geschworenen eindringlich auf, nach ihrem Gewissen zu entscheiden und mildernde Umstände zu gewähren.

Die Geschworenen bejahten, erfaßt von tiefem Mitleid für die Angeklagte, mildernde Umstände. Der Gerichtshof, bestehend aus dem Vorsitzenden Oberlandesgerichtsrat Geheimer Justizrat Schwarz, Landgerichtsrat Zopf und Landrichter Seifarth als Richter, erkannte danach auf drei Jahre Gefängnis und Tragung der Kosten durch die Verurteilte.

In der Begründung des Urteils wurde eingangs die Tatsache der vorsätzlichen Kindestötung gleich nach der Geburt des Kindes festgestellt. Bei der Festsetzung der Strafhöhe auf drei Jahre wurde zwar erwogen, daß die Angeklagte bei Verübung des Verbrechens mit Überlegung zu Werke gegangen war, aber auch mildernd in Betracht gezogen, daß sie in sehr großer Bedürftigkeit lebte, offensichtlich ernstlich tiefe Reue empfand und ein offenes Bekenntnis ihrer Schuld bekundete.

Die Verantwortung des Kindesvaters und der Gesellschaft für die Unterstützung der schwangeren Karoline Möller wurde weder im Gerichtssaal noch in den zeitgenössischen Pressebeiträgen reflektiert.

Noch am selben Tag, dem 5. Oktober, verzichtete Karoline Möller auf das Rechtsmittel der Revision und trat ihre Strafe zunächst im Landgerichtsgefängnis Gera an. Kurze Zeit danach, am 23. Oktober 1885, überführten Gerichtsbeamte Karoline Auguste Möller in die Königlich-Sächsische Frauenstrafanstalt Schloß Voigtsberg.

Eine Akte der Schwarzburgischen Staatsanwaltschaft des Landgerichts Rudolstadt enthält folgende persönliche Angaben über Karoline Möller, die der sächsischen Gefängnisleitung mitgeteilt wurden: Der Vater ist der bereits verstorbene August Möller, die Mutter die Witwe Henriette, geb. Franke. Die zu drei Jahren Gefängnis verurteilte Karoline wurde am 16. September 1866 in Sitzendorf, Landgerichtsbezirk Rudolstadt, geboren und ist evangelisch, vermögenslos, nicht vorbestraft, Leumund tadellos, Körperlänge: 1,69 Meter, Haar dunkelbraun, schwarze Augenbrauen, Augen: braun, gesunde Gesichtsfarbe, Gestalt: schlank und kräftig. An Bekleidung dabei: ein grünes Kleid mit blauer Einfassung, eine grüne Jacke, ein Watterock, eine blau-rot-weiß gedruckte leinene Schürze, ein weißleinenes Hemd, ein gelbbraunes Kopftuch, ein paar rote wollene Strümpfe, ein Paar Stiefeletten, ein weißes Halstuch und ein Paar gelbe Ohrringe.

Die Akte endet mit der Notiz eines Gerichtsbeamten: »Entlassung erfolgte am 4. Oktober 1888.« Karoline Möller kam damit nicht in den Genuß eines Straferlasses.

Frank Esche

PAULINE RICHTER – DIE SCHREIE AUS DER HAUSWAND

SCHWARZBURG-RUDOLSTADT (1886–1889)

Am 11. Dezember 1886, wie gewöhnlich neun Uhr morgens, eröffnete der Geheime Justizrat Schwarz die öffentliche Sitzung des Schwurgerichts Gera. Dem Vorsitzenden des Gerichts waren Landgerichtsrat Hildebrandt und Landrichter Wendler zur Seite gestellt. Auf der Geschworenenbank saßen Gutsbesitzer, Kaufleute und Landwirte. Die zwölf Männer hatte über die Schuld der wegen Kindestötung angeklagten ledigen Dienstmagd Pauline Wilhelmine Therese Richter zu befinden.

Die am 8. April 1845 in Volkstedt geborene Angeklagte war Staatsbürgerin des Fürstentums Schwarzburg-Rudolstadt. Pauline Richter wuchs in Volkstedt auf und erlebte hier ihre Konfirmation. Seit ihrer Jugend bis zu ihrer Verhaftung Anfang September 1886 arbeitete sie als Dienstmagd im Volkstedter Gasthof des Hermann Thümmel. Die Angeklagte, die ein Vierteljahrhundert im selben Dienst stand, hatte ihren Geburtsort niemals verlassen.

Vor 14 Jahren schenkte Pauline einem Knaben das Leben. Ihr Dienstherr, der schon damals verheiratete Hermann Thümmel, hatte die attraktive Frau verführt und geschwängert. Das uneheliche, bei der Schwester Paulines aufwachsende Kind unterstützte der Gasthofbesitzer finanziell.

Seitdem hatte es zwischen dem Dienstherrn und der Magd, wie beide bei der späteren Vernehmung bekräftigten, keinen außerehelichen geschlechtlichen Verkehr mehr gegeben.

An einem Vormittag im Dezember 1885 jedoch kam es erneut zum Beischlaf. Die körperliche Begegnung blieb nicht ohne Folgen.

Schon im Januar 1886 wurde sich Pauline über ihren Zustand klar. Ihre Regel blieb in diesem Monat aus und in den folgenden Monaten nahm ihr Körperumfang zu. Nach Thümmels Angaben teilte ihm die 41jährige erst acht bis 14 Tage vor der Geburt ihre Schwangerschaft mit. Er sagte damals zu Pauline Richter: »*Hab keine Sorgen, Du kannst wiederkommen. Es wird für Dich und das Kind gesorgt werden.*«

Am 1. September 1886 empfand die Dienstmagd, die keinerlei Vorbereitungen für ihre Niederkunft getroffen hatte, den ganzen Tag ziehende Schmerzen im Unterleib. Pauline verrichtete jedoch ihre gewöhnliche Arbeit. Als gegen Abend die Schmerzen heftiger wurden, begab sie sich in die im ersten Stock gelegene sogenannte blaue Stube und nahm auf dem dort stehenden Sofa Platz.

Sie wußte nun, daß ihre Entbindung unmittelbar bevorstand, und faßte den Entschluß, das zu gebärene Kind zu töten.

Nachdem sie in der Voruntersuchung zuerst geleugnet hatte, gestand die Beschuldigte später und wiederholte in der Hauptverhandlung, sie habe nicht zwei uneheliche Kinder gewollt. Zur Ausführung ihres Vorhabens habe sie nun die blaue Stube verlassen, ging im Dunkeln nach dem in der Nähe in demselben Stock gelegenen Abtritt und setzte sich dort auf die Abtrittsöffnung. Dort wartete Pauline Richter mit dem Ziel, daß das Kind in Folge der Wehen aus ihrem Leib heraustreten möge, in den Abtritt fallen und so umkommen werde.

Nach kaum einer Viertelstunde sei dies eingetreten. Das Kind kam zuerst mit dem Kopf, hat sofort geschrien und brüllte auch dann noch, nachdem es bereits gefallen war. Das Schreien dauerte viele lange Minuten. Die zuerst laute Stimme wurde allmählich schwächer, bis sie verstummte. Obwohl ihr, als sie das Kind schreien hörte, die Tat leid tat, habe sie doch nichts getan, um es zu retten, insbesondere nicht in den Abtritt hinuntergegriffen. Danach begab sich die Richter wieder in die sogenannte blaue Stube und ruhte einige Minuten. Schließlich verließ sie das Haus in Richtung Brunnen, um etwas Wasser zu holen.

Verschiedene Zeuginnen berichteten dem Gericht, daß sie das erst laute, dann immer schwächer werdende Weinen des Kindes etwa 15 Minuten lang gehört hätten, ohne richtig wahrnehmen zu können, von wo es eigentlich herrührte. Es hörte sich so an, und dies kam den Zeuginnen absurd vor, als kämen die Schreie aus der Hauswand.

Die Angeklagte selbst hatte bei ihrem Heraustreten aus dem Haus, um aus dem Brunnen davor Wasser zu holen, die Frauen durch die Angabe beruhigt, es werde wohl ein kleiner Hund irgendwo eingesperrt sein, wie dies öfter geschehe. Eine der Frauen habe ihre Bedenken mit den Worten geäußert: »*Das ist kein Hund gewesen, das sind Klagetöne eines Menschen gewesen!*«

Als dann die Schreie nicht mehr zu hören waren, forschten die Frauen nicht weiter nach der Ursache der Laute.

Bevor jedoch Pauline Richter mit dem soeben vom Brunnen geholten Wasser die Blutspuren beseitigen konnte, hatten Bedienstete des Gast-

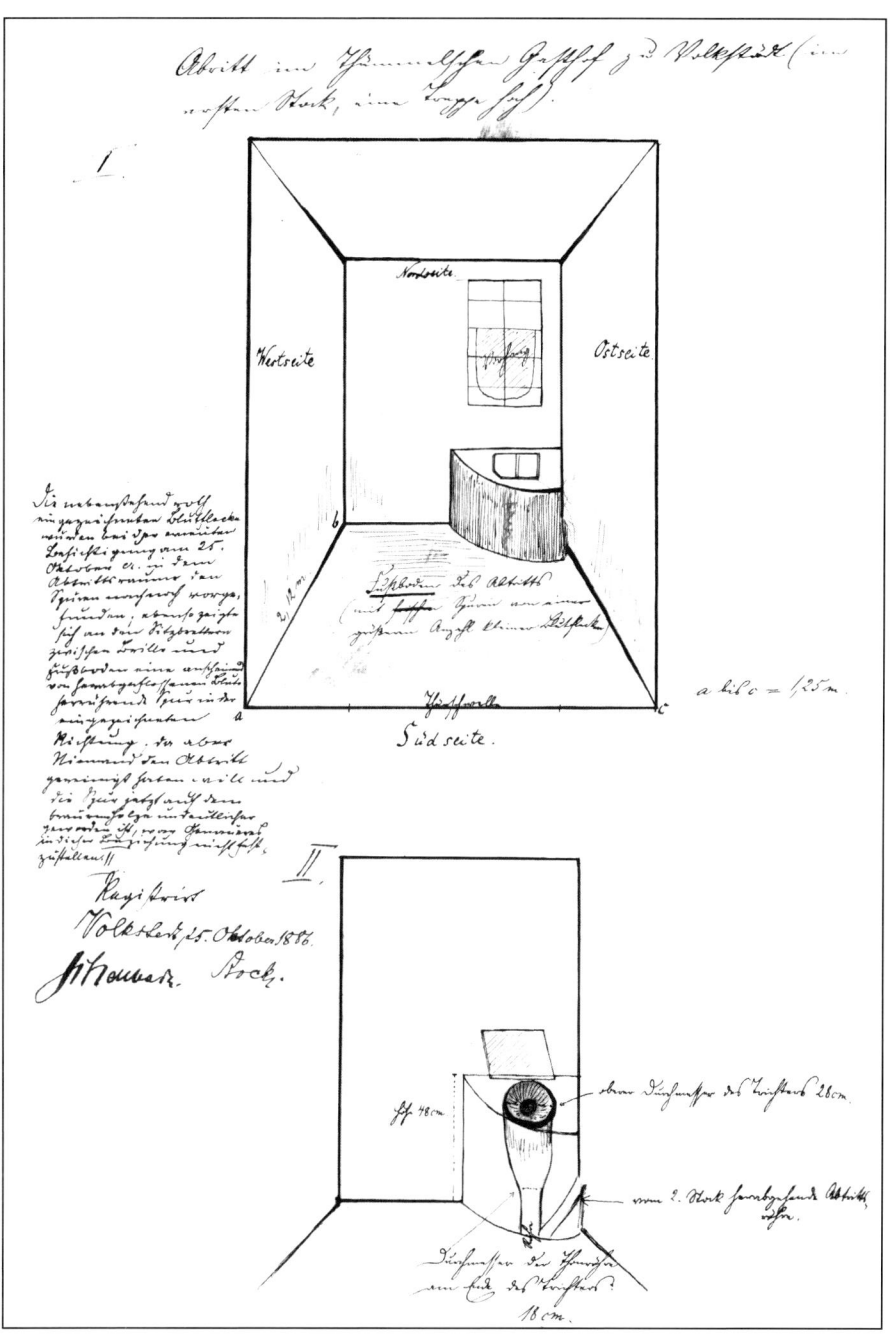

Skizze aus der staatsanwaltschaftlichen Originaluntersuchungsakte von der Toilette im Thümmelschen Gasthof zu Volkstedt mit Spuren Blutflecken, die bei der Geburt des Kindes verursacht wurden.

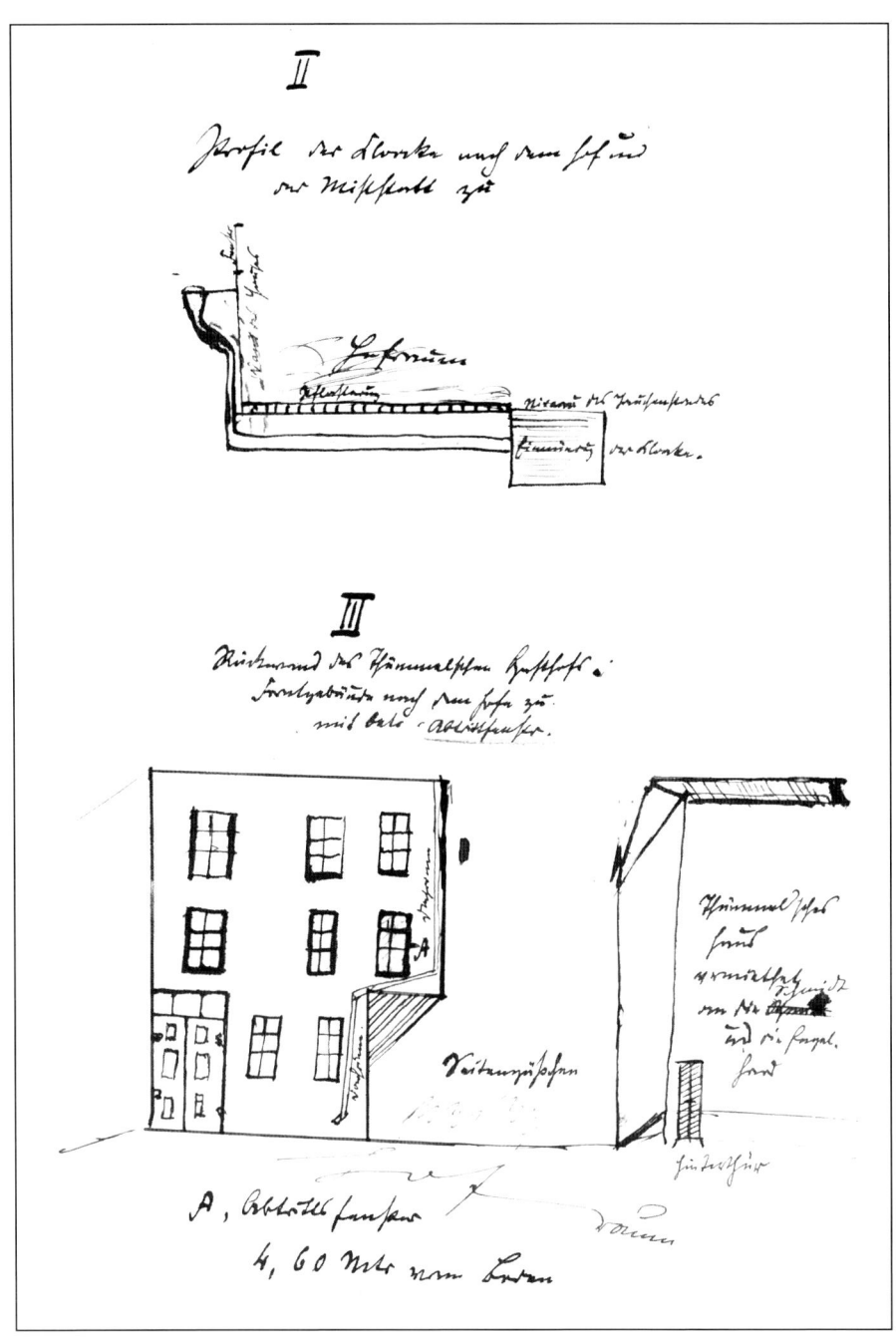

*Skizze aus der staatsanwaltschaftlichen Originaluntersuchungsakte
vom Profil der Jauchegrube (Kloake) und der Rückwand des Thümmelschen
Gasthofes mit dem Verlauf des Absturzes von dem Neugeborenen.*

hofes bereits die Flecken sowohl in der Toilette als auch in der blauen Stube entdeckt. Alsbald wurden die Behörden von dem »Vorfall« informiert, die dann das Toilettenrohr durchspülen ließen und die Kinderleiche in der Jauchengrube des Hauses fanden. Kurz darauf ließ der zuständige Untersuchungsrichter Pauline verhaften und ins Rudolstädter Gerichtsgefängnis bringen.

Die langanhaltenden Töne in der Hauswand wurden vom vorgeladenen Experten, dem Geheimen Medizinalrat Dr. Clemens, nach Auswertung aller Untersuchungsergebnisse so interpretiert, daß das Neugeborene wirklich in dem langen Rohr von der Toilette bis zur Jauchengrube durch Ersticken seinen Tod gefunden hatte und nicht etwa durch Erdrosseln oder sonstige Gewalteinwirkung. Der Tod durch Erdrosseln oder sonstige direkte Gewalteinwirkung hätte, so der Mediziner, nicht eine Viertelstunde, sondern höchstens eine Minute in Anspruch genommen.

Nach einem zweiten, durch den praktischen Arzt Dr. med. Rudolf Daniel Biedermann aus Rudolstadt erstellten Gutachten sei die Möglichkeit, daß die Richter während des Sitzens auf dem Abtritt geboren und das Kind seinen Tod durch das Hinabstürzen in das Abtrittsrohr gefunden habe, nicht zu bestreiten. Die Annahme dagegen, daß eine sogenannte Sturzgeburt erfolgte, das Kind also, während die Richter auf der Toilette saß, plötzlich und für die Richter unerwartet aus ihrem Geschlechtsteil herausgefallen wäre, sei ausgeschlossen, weil sonst das von verschiedenen Personen wahrgenommene Schreien des Kindes über einen Zeitraum von zehn bis 15 Minuten nicht hätte stattfinden können.

Nach der Beschaffenheit des Abtrittrohrs nämlich, hob der Gutachter hervor, müßte das Kind sofort viereinhalb Meter tief bis an die Stelle, wo das Rohr unter der Pflasterung des Hofraums sich nach der Miststatt umbiegt, herabgestürzt und gestorben sein. Die Schreie stammten also überwiegend aus der Geburtsphase des Kindes, die Pauline auf der Toilette sitzend verbrachte.

Unter all den Umständen, stellte der Erste Staatsanwalt Dr. Lorey in seinem Plädoyer nach Beendigung der Zeugenvernehmungen fest, stehe außer Zweifel, daß hier gleich nach der Geburt mit der vorsätzlichen Tötung des Kindes ein Verbrechen nach § 217 des Strafgesetzbuches stattgefunden habe.

Als Beweismittel führte der Anklagevertreter das Geständnis der Angeklagten, die Gutachter- und Zeugenaussagen sowie die Protokolle der

Leichenschau, der Lokalbesichtigung und die hierbei angefertigten Handzeichnungen an.

Pauline Richters Verteidiger Rechtsanwalt Voß aus Gera forderte in seinem Plädoyer die Geschworenen auf, mildernde Umstände anzunehmen. Während die Staatsanwaltschaft mit allem Nachdruck einer solchen Annahme widersprochen hatte und es als geradezu beklagenswert bezeichnete, wenn im vorliegenden Falle mildernde Umstände angenommen würden, machte Voß für seine Mandantin geltend, daß diese nicht vorbestraft sei. Schließlich hätten ihr sowohl der Gastwirt Hermann Thümmel als auch dessen Gattin Auguste Thümmel sowie andere Zeugen ein untadeliges Verhaltenszeugnis ausgestellt.

Die Geschworenen sprachen Pauline Richter schuldig und verneinten mildernde Umstände. Der Gerichtshof folgte dem Strafantrag der Staatsanwaltschaft und verurteilte die Angeklagte wegen Kindestötung auf Grund der §§ 217 und 32 des Strafgesetzbuches zu sechs Jahren Zuchthaus, Verlust der bürgerlichen Ehrenrechte für zehn Jahre und Tragung der Kosten des Verfahrens.

Die *Schwarzburg-Rudolstädtische Landeszeitung* resümierte den Prozeß am folgenden Tag mit den Worten: »Diesmal hat sie sich leider nicht so ruhig in ihr Schicksal gefunden, wie in jenem ersten Falle, sondern schon vorher den Entschluß zu dem Kindesmord gefaßt. Es ist das um so schwerer zu erklären, als alle die Beweggründe, wie sie in hundert anderen Fällen obwalten mögen, hier nicht vorhanden waren, wo der Angeklagten jede Unterstützung zugesagt war, wo sie die Ueberzeugung haben durfte, daß sie auch nach dem zweiten Falle in dem alten Dienste würde bleiben können. Es läßt sich nur das eine Motiv, das der Scham, annehmen, obgleich auch das bei den obwaltenden Verhältnissen nicht Stich halten will. Der Tod des kleinen Wesens hat unter Umständen stattgefunden, welche das Gefühl besonders tief berühren. Die Mutter hat nach dem Ergebnis der Verhandlung, nicht selbst Hand an dasselbe gelegt, vielmehr ist das Neugeborene in dem sehr langen Schlot eines Aborts erstickt. Verschiedene Zeuginnen haben das erst laute, dann immer schwächer und leiser werdende Weinen des Kindes gegen 15 Minuten lang gehört, ohne recht wahrnehmen zu können, von woher es eigentlich komme [...] Die Angeklagte zeigte während der Verhandlung eine immer tiefere Gebrochenheit u. machte am Schlusse derselben den Eindruck einer sechzigjährigen Frau.«

Am 20. Januar 1887 trat Pauline Richter ihre Strafe in der Königlichen Strafanstalt Delitzsch an. Dort wurde der voraussichtliche Entlassungstermin auf den 11. Dezember 1892 15.15 Uhr datiert.

Wegen guter Führung begnadigte Fürst Georg von Schwarzburg-Rudolstadt (regierte von 1869 bis 1890) die Richter im November 1889. Sie verließ die Königliche Strafanstalt Delitzsch am 23. November 6.27 Uhr in Richtung Volkstedt.

Frank Esche

Lydia Beyer – Das Wasser musste es richten

Schwarzburg-Rudolstadt (1888–1891)

Nachdem alle Zeugen über die Bedeutung des Eides und die strafrechtlichen Folgen des Meineides belehrt worden waren, wurden sie mit der Bitte, sich für die Aussage bereit zu halten, zunächst aus dem Schwurgerichtssaal gewiesen. Im gegenseitigen Einverständnis von Verteidigung und Staatsanwaltschaft durfte der Sachverständige Physikus Dr. med. Sorge aus Königsee von Anfang an dem Prozeß gegen die am 4. Mai 1868 geborene Lydia Ida Adelheid Beyer aus dem schwarzburg-rudolstädtischen Meuselbach bei Königsee wegen Kindesmord beiwohnen.

Die öffentliche Sitzung des gemeinschaftlichen Schwurgerichts war wenige Minuten zuvor im Geraer Rathaussaal am 5. Dezember 1888, neun Uhr vormittags, vom Vorsitzenden, dem Oberlandesgerichtsrat und Geheimen Justizrat Schwarz eröffnet worden.

Was war geschehen? Warum hatte sich die 1,50 Meter kleine, schwarzhaarige 20jährige Fabrikarbeiterin vor dem Schwurgericht zu verantworten?

1886 lernte Lydia Beyer in Barigau den noch im Jünglingsalter stehenden Schmiedegesellen Friedrich Hoffmann kennen, dessen Vater im Ort eine Schmiede besaß. Der häufige Umgang der jungen Leute blieb nicht ohne Folgen. Lydia Beyer fühlte sich Mutter werden und mußte nun nach Meuselbach ins Elternhaus zurückkehren, um die Niederkunft ihres außerehelichen Kindes abzuwarten.

Am 2. September 1887, elf Uhr, erblickte der kleine Ernst Edwin Otto unter Mithilfe der Hebamme Johanna Jahn das Licht der Welt. Schon einige Tage später ging Lydia wieder tagelöhnen. Da der Verdienst aber nur ein sehr niedriger war, nämlich 40 bis 50 Pfennige pro Tag, fiel sie ihren Angehörigen finanziell zur Last. Täglich bekam sie kränkende Worte zu hören, vor allem von ihrem Stiefvater, dem Holzarbeiter August Kiesewetter. Deshalb begab sie sich zeitweise in das Haus ihrer zukünftigen Schwiegereltern und weilte dort monatelang.

Eine besonders freundliche Aufnahme scheint sie aber auch in Barigau nicht gefunden zu haben, denn Frau Hoffmann, die Mutter des Kindesvaters, wollte von einer Heirat zwischen den beiden nichts wissen. So mußte Lydia auch hier vielmals herbe Worte hinnehmen. Die Beleidigungen und

Königsee, Markt mit Sparkasse und alter Apotheke. Postkarte um 1950.

Schikanen gegenüber der fast mittellosen jungen Mutter wurden immer heftiger, als klar wurde, daß sich Lydia abermals in guter Hoffnung befand. Zu allem Unglück berief das Militär ihren Geliebten Friedrich Hoffmann ein und beraubte sie damit ihrer einzigen Stütze.

Dessen Vater, der Schmiedemeister August Hoffmann, war, wie die Angeklagte dem Gericht beteuerte «... *ebenfalls garstig gegen mich gewesen und hat ständig Spektakel gemacht. Wenn er etwas im Kopfe hatte, hat er mich eine Hure genannt und mir das Essen vorgeworfen*».

Da für die junge Mutter die Lebenssituation bei den Eltern ihres Geliebten immer unerträglicher wurde, wandte sie sich wieder nach Meuselbach. Am Morgen des 8. Oktober 1888 um fünf Uhr habe ihr Stiefvater, so Lydia Beyer während ihrer Aussage, wieder »spektakelt« und sei auf ihr Anerbieten, das Kind zu Hause zu lassen und in die Lohmühle in Arbeit zu gehen, nicht eingegangen. Da nun der Winter vor der Tür stand und sie weder Kartoffeln noch Geld hatte, überlegte die Frau, mit dem Kind fortzugehen. Wohin, wußte sie noch nicht. Mit Rücksicht auf ihre hilflose Lage ergriff sie die Verzweiflung. Nachdem Lydia ihre alten Klamotten angezogen und das Kind sonntäglich angekleidet hatte, sagte sie: »*Jetzt gehen wir fort mein Kind!*« und habe mit dem Wort »*adieu*« um sechs Uhr morgens das Haus des Stiefvaters verlassen. Auf dem Wege von Meuselbach nach Mellenbach kam ihr der furchtbare Gedanke, mit dem Kind ins Wasser zu gehen.

In Mellenbach lief sie über die Brücke der Schwarza ein Stückchen die Straße nach Glasbach hinunter und kam über die Wiese ans Wasser. Unterhalb der Thiemeschen Schneidemühle befand sich das Kranichswehr, und dort, so wußte sie, war das Wasser tief. Etwa 20 Schritte unterhalb der Mühle ging sie ins Wasser. Als sie noch im Wasser stand, sei ihr das Wasser bis an die Hüften gegangen.

Als sich Lydia Beyer schließlich hingesetzt hatte, reichte ihr das Wasser bis an den Hals. Mund und Augen des Kindes waren noch frei. Sie habe nun das Kind nochmals fest in ihr Tuch eingewickelt und an die Brust gedrückt und sich dann hingelegt. Dann sei sie besinnungslos geworden und hätte anschließend keine Erinnerung mehr, wie sie aus dem Wasser gezogen wurde.

Auf eindringlichen Vorhalt des Vorsitzenden, ob sie nicht die Absicht gehabt habe, nur ihr Kind, dagegen sich selbst nicht zu töten, gab die Angeklagte an, sie habe mit sterben und ihr Kind nicht allein fortlassen wollen. Deshalb sei sie auch über dem Wehr ins Wasser gegangen, wo es tief gewesen sei. Wie lange sie im Wasser lag, sei ihr nicht bekannt. Das Kind war bereits tot, als sie noch bei Verstand war, und da hatte sie noch die Absicht, sich zu töten.

Was sie anfänglich in der Voruntersuchung dem Untersuchungsrichter aussagte, sei unwahr. Sie wäre nicht, wie damals versichert, von einem unbekannten Mann ins Wasser geworfen worden. Sie habe nur gedacht, es sei besser, dies zu behaupten, da sie nun einmal überlebt hatte, wenn sie den Hergang so angäbe.

Nachdem die Angeklagte gehört worden war, befragte der Vorsitzende den Sachverständigen Dr. Hermann Ludwig Theodor Sorge zur Tat. Der 40jährige praktische Arzt und Physikus aus Königsee wies nach, daß der Tod des 13monatigen Kindes der Angeklagten durch Erstickung infolge Eindringens von Wassermassen in dessen Körper eingetreten sei.

Die Zeugenvernehmung, mit der die Beweisaufnahme endete, ergab, daß Lydia Beyer, ihr Kind noch im Arm haltend, aufgefunden wurde. Dabei waren sowohl ihr Kopf als auch das Gesicht nicht vom Wasser berührt worden, denn das feuchte Naß ging der Angeklagten nur bis zu den Hüften.

Die ersten Worte der jungen Mutter bei ihrer Entdeckung waren: »*Ach, mein Kind!*«

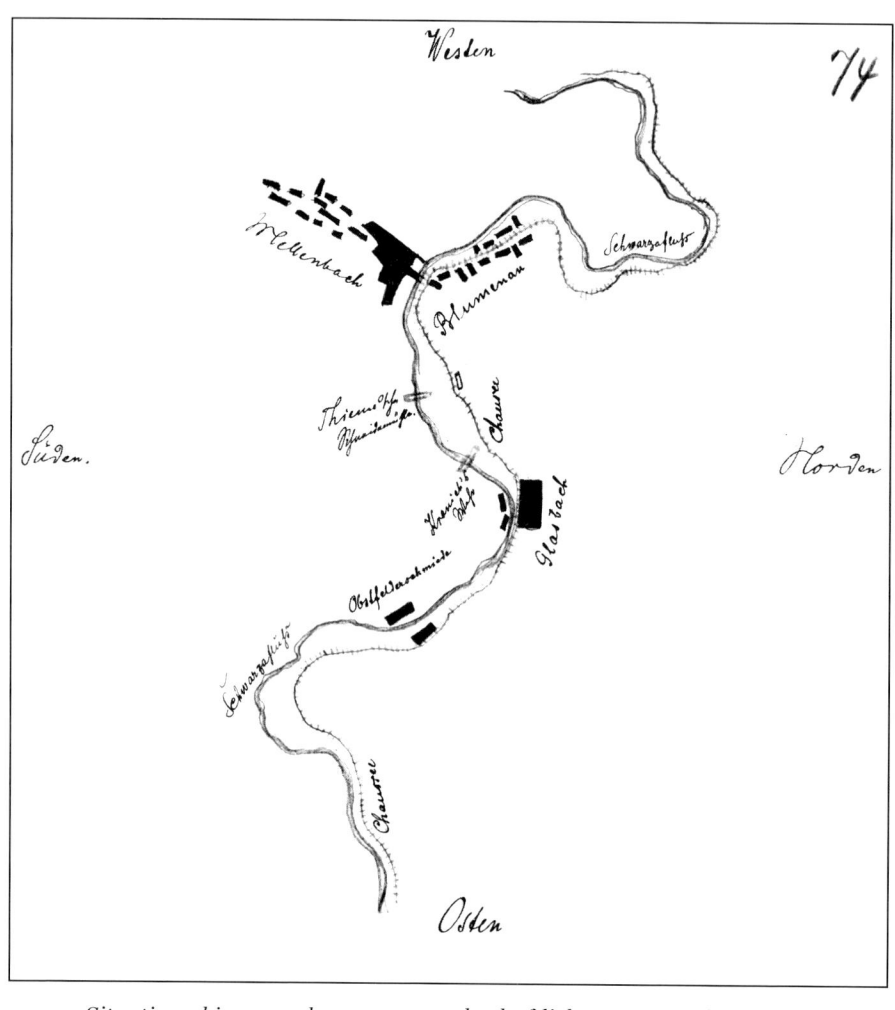

*Situationsskizze aus der staatsanwaltschaftlichen Untersuchungsakte
mit der Umgebung des Tatgeschehens.*

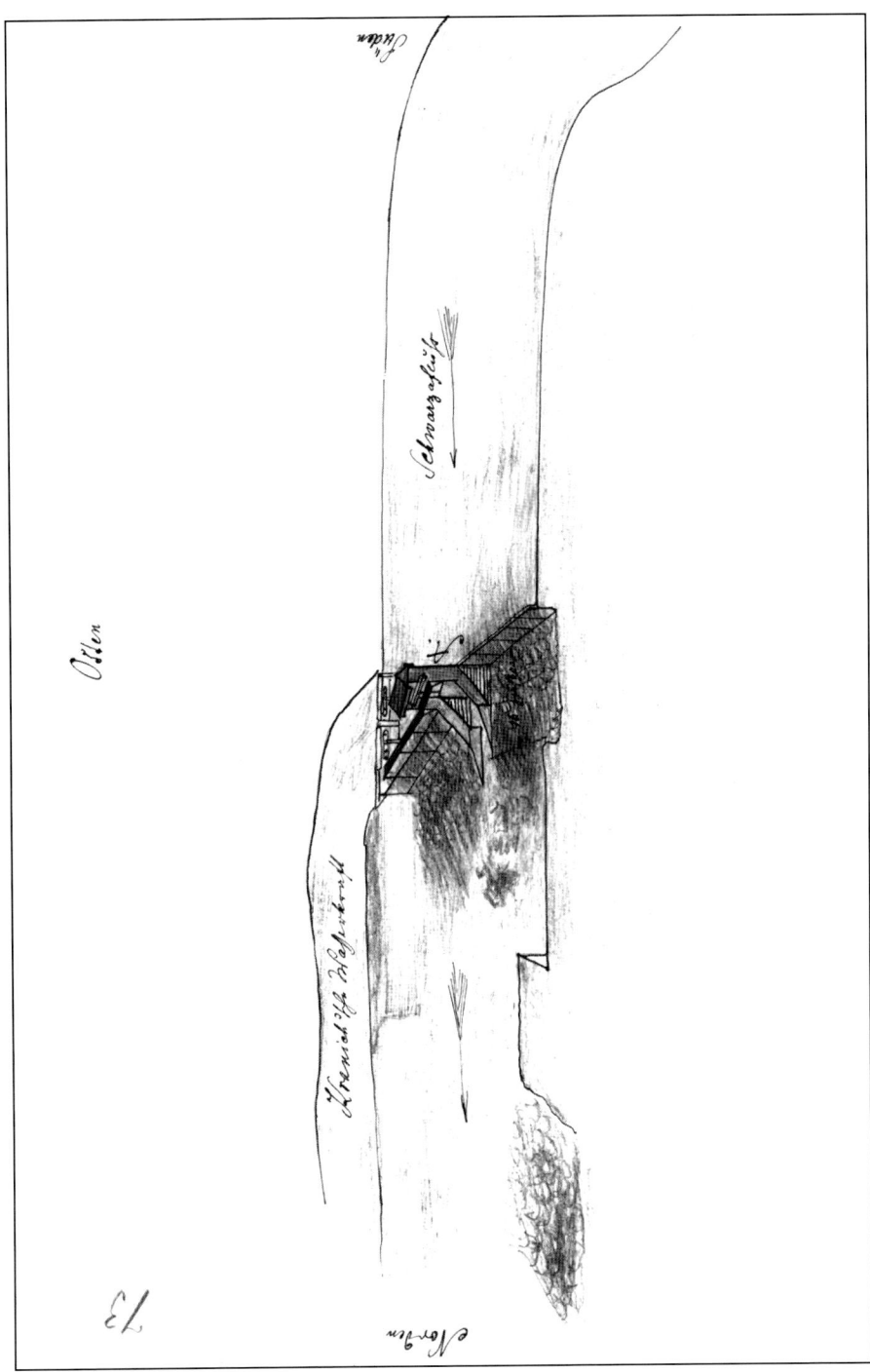

Das Wehr in der Schwarza, dem Ort der Kindestötung.

Von ihren Rettern befragt, wie sie in diese Situation gekommen sei, erzählte sie, ein Mann hätte sich zu ihr gesellt und sie gebeten, mit nach Lichtenhain zu gehen. Und als beide die Brücke passieren wollte, habe er sie und das Kind in die Schwarza geworfen.

Diese »Erzählung«, so betonte der Erste Staatsanwalt Kirchner in seinem Abschlußplädoyer, zeuge davon, daß die Angeklagte zwar die Absicht gehabt habe, ihr Kind zu töten, nicht aber sich selber. Im weiteren Verlauf seiner Ausführungen versuchte Kirchner den Nachweis anzutreten, daß der Schuldbeweis des Mordes erbracht sei. Wenn jedoch die Geschworenen bei der Schuldfrage Mord nicht bejahen sollten, dann aber das Verbrechen des Totschlags unter Ausschluß von mildernden Umständen.

Lydia Beyers Verteidiger, der Rudolstädter Rechtsanwalt Klinghammer, führte aus, daß die Verteidigung eine Bejahung der Frage auf Mord für fernliegend halte, bat aber auch, die auf Totschlag zu verneinen, da sich die Selbstmörderin im Augenblick der Tat in unzurechnungsfähigem Zustand befunden habe. Unter allen Umständen aber dürften der Bedauernswerten mildernde Umstände zugute kommen.

Die zwölf aus Rittergutsbesitzern, Militär, Unternehmern sowie Kaufleuten bestehenden Geschworenen stellten fest, daß die Angeklagte am 8. Oktober 1888 vorsätzlich einen Menschen, ihr am 2. September 1887 geborenes Kind männlichen Geschlechts, getötet, aber die Tötung nicht mit Überlegung ausgeführt habe und daß mildernde Umstände vorhanden seien.

Daraufhin verurteilte der Gerichtshof Lydia Beyer aus Meuselbach wegen Totschlags unter Annahme mildernder Umstände auf Grund der §§ 212, 213 und 32 des Strafgesetzbuches zu fünf Jahren Gefängnis, den Verlust der bürgerlichen Ehrenrechte auf die Dauer von fünf Jahren sowie zur Tragung der Kosten des Strafverfahrens. In Erwägung, daß die verbrecherische Tat sehr nahe an Mord streifte, hatte sich der Gerichtshof somit dafür entschieden, das höchste gesetzliche Strafmaß bei Totschlag von fünf Jahren Gefängnis wider die Angeklagte festzusetzen.

Nach Verlesung der Urteilsgründe wurde die Verurteilte über ihren Strafantritt belehrt. Lydia Beyer gab keine Erklärung ab, worauf ihre Rückführung in das Gefängnis kurz nach zwei Uhr nachmittags angeordnet wurde. Noch am 5. Dezember 1888 unterwarf sich Lydia dem Urteil des Schwurgerichts und verzichtete auf das Rechtsmittel der Revision.

Am 22. Dezember 1888 schrieb Lydia Beyer an die Staatsanwaltschaft Gera, sie sei in der 23. Woche schwanger und bitte daher um Hafturlaub.

Dieser wurde der werdenden Mutter für ein Jahr gewährt. Nachdem sie diese Zeit im thüringischen Meuselbach verbracht hatte, ging die junge Mutter mit dem Kind Anfang Januar 1890 zur Verbüßung ihrer Strafe ins Landgerichtsgefängnis Weimar. Am 17. Februar 1890 wurde ihr das Kind genommen und Frau Amalie Schmalz aus Weimar zur »Ziehe« übergeben. Drei Tage später überführten Gerichtsbeamte Lydia Beyer in die sächsische Königliche Gefängnisanstalt Voigtsberg.

Mitte Oktober 1891 begnadigte Fürst Günther Viktor von Schwarzburg-Rudolstadt (regierte von 1890 bis 1918) Lydia und bat die Gefängnisverwaltung in einem Schreiben um deren Entlassung, die am 19. Oktober 1891 erfolgte. Ob und wann Lydia Beyer ihr Kind zurückbekam, ist ungewiß.

Frank Esche

Emma Seifert, Bruno Tänzler und Johannes Niedermeier – Der Mord an dem Grubenarbeiter Seifert

Sachsen-Altenburg (1902)

Ein Telefonanruf des Gemeindevorstehers aus dem Dorf Starkenberg brachte den Stein ins Rollen. Starkenberg – das war damals ein Dorf[26] von 250 Einwohnern im thüringischen Herzogtum Sachsen-Altenburg, sechs Kilometer von der Kohlenstadt Meuselwitz gelegen, und damit am Rande des sich damals von Weißenfels über Zeitz bis nach Meuselwitz erstreckenden Braunkohlengebietes, das erst in den siebziger Jahren des 19. Jahrhunderts erschlossen worden war. Gegenüber dem Dorf, und von diesem lediglich durch einen baumbestandenen Wiesengrund getrennt, lag das Rittergut Kostitz, ein recht großer Komplex von alten Gebäuden mit einem Herrenhaus, das schon damals nur noch zu landwirtschaftlichen Zwecken genutzt wurde.

Am Morgen des 20. Februar 1902 wurde der zuständigen Gendarmerie in Meuselwitz telefonisch gemeldet, daß man hinter dem Rittergut den Grubenarbeiter Bernhard Seifert ermordet aufgefunden hatte. Sofort machten sich einige Gendarmen auf den Weg und sicherten die Fundstelle der Leiche. Seifert lag unweit der Nordostecke des Rittergutes auf dem gefrorenen Gutsfahrweg mit dem Gesicht nach unten. Um das Gesicht hatte sich eine große Blutlache gebildet. Bekleidet war er mit seinem braunen Mantel, Hosen und hohen Stiefeln. Über seiner rechten Schulter befand sich noch seine Ledertasche mit Frühstück und einer kleinen Flasche Branntwein. Allerdings war seine Mütze durch den Sturz vom Haupt gefallen. Wenige Schritte von dem Toten entfernt lag ein vernickelter Revolver mit weißem Griff. Wie sich später herausstellte, war die Waffe mit sechs Kugelpatronen geladen gewesen, von denen drei abgeschossen waren.

Der 54 Jahre alte Grubenarbeiter Seifert lebte in einem kleinen Häuschen unweit des Südeinganges des Rittergutes. Er pflegte jeden Morgen in der Frühe, gegen 5.30 Uhr, sein Haus zu verlassen und den Fußmarsch zum »Eugenschacht« zwischen Altpoderschau und dem Rittergut anzu-

---

[26] Starkenberg besaß im Mittelalter sogar eine Burg, auf der die Herren und Burggrafen von Starkenberg residierten. Das Geschlecht erlosch Mitte des 15. Jahrhunderts.

treten. Dabei benutzte er den sogenannten Gutsfahrweg, der außen um das Gut an seiner Ostseite und dann ein Stück an der Nordseite entlangführte und da wieder in den Weg mündete, auf dem man vom Rittergut nach Posa und vorher rechts abgehend zum Schacht gelangen konnte.

Von der Gendarmerie benachrichtigt, begaben sich noch am selben Vormittag der Untersuchungsrichter des zuständigen Landgerichts in der zehn Kilometer entfernten Landeshauptstadt Altenburg und der Erste Staatsanwalt zum Rittergut Kostitz und nahmen die Ermittlungen auf. Sie inspizierten die Leiche und den Tatort, die von den Gendarmen bewacht wurden.

Es stellte sich nun die Frage: Wer hatte ein Interesse, den als ausgesprochen fleißig und friedfertig bekannten, allenfalls gelegentlich dem Trunk ergebenen Grubenarbeiter ums Leben zu bringen? Bei der Befragung der Arbeiter auf dem Rittergut sowie der Bewohner von Starkenberg gab der Handarbeiter Augustin an, er sei ganz in der Frühe zur Arbeit nach dem Nachbarort Posa gegangen, als er unweit des Nordtores des Rittergutes etwa 80 bis 90 Schritte hinter sich einen Schuß gehört habe und stehengeblieben sei. Da es dunkel und neblig war, konnte er nichts sehen. Doch vernahm er laute Schritte, so als ob jemand hin- und her renne. Auch habe er den Grubenarbeiter Seifert rufen gehört: *»Ei, ei, Richard, Richard!«*

Kurz darauf fielen zwei weitere Schüsse. Deutlich habe er den Fall eines menschlichen Körpers vernommen und dann Schritte, die sich rasch entfernten, anscheinend dem Nordtor zu. Augustin sei daraufhin wie versteinert gewesen und habe atemlos in die sich nun ausbreitende Stille gehorcht. Kurz darauf aber sei der Sohn des Grubenarbeiters erschienen. Der 20jährige Richard Seifert, der ebenfalls im »Eugenschacht« beschäftigt war, pflegte seinem Vater einige Minuten später zu folgen und ihn dann unterwegs einzuholen. Er habe Augustin einen »guten Morgen« entboten. Befragt, ob er denn nicht seinen Vater gesehen habe, er habe doch nach ihm gerufen, verneinte der junge Seifert dies. Darauf gingen die beiden gemeinsam zu der Stelle, von der die Schüsse gekommen waren, und hätten die Leiche des Grubenarbeiters auf dem Erdboden liegen sehen. Der Sohn habe seinen Vater noch geschüttelt und sei dann losgelaufen, um vom Rittergut eine Laterne zu holen.

Als sein Vater als Leiche gefunden wurde, habe sich der junge Seifert völlig gleichgültig benommen. Der Untersuchungsrichter erfuhr, daß es

162

zwischen dem Vater und dem Sohn immer wieder Zerwürfnisse gab. Der Sohn soll ihm immer wieder gedroht haben. Der Vater hatte nämlich erst kürzlich seine Frau wegen Ehebruchs und Diebstahls aus dem Hause gejagt, und es war allgemein bekannt, daß der Sohn zu seiner Mutter hielt.

Lag hier also ein Vatermord vor? Weitere Arbeiter wurden über die Lebensverhältnisse des ermordeten Grubenarbeiters befragt. Viele Bewohner von Starkenberg und der umliegenden Dörfer bezeichneten einen gewissen Johann Niedermeier, einen aus dem Königreich Bayern stammenden Knecht, als den Täter.[27] Niedermeier hatte früher im Hause Seiferts gewohnt und mit der Ehefrau ein ehebrecherisches Verhältnis unterhalten, welches er wahrscheinlich noch immer unterhielt. Ihm sei alles zuzutrauen. »Schwindelmeier« habe ihn der Ermordete genannt. Übrigens sei der Bayer seit geraumer Zeit arbeitslos und halte sich in der »Eselsschenke« auf, einer kleinen Gastwirtschaft im nahe gelegenen Neupoderschau.

Schon am Vormittag begaben sich die Meuselwitzer Gendarmen nach Neupoderschau und nahmen Niedermeier, einen etwa 30 Jahre, wenig vertrauenswürdig aussehenden kräftigen Mann, dessen Augen etwas Katzenartiges hatten, fest. Gefesselt wurde er zum Tatort gebracht und mit der dort immer noch liegenden Leiche konfrontiert. Sobald ihn die Bewohner bemerkten, stießen sie laut Verwünschungen gegen ihn aus.

Der Verdächtige wurde am Tatort verhört. Er gab an, er habe mit dem Mord nichts zu tun, denn zur Tatzeit sei er im »Esel« gewesen. Niedermeier war aber nicht der einzige Verdächtige. Ein Polizeibeamter aus Meuselwitz nannte auch einen gewissen Bruno Tänzler, einen 20jährigen Maurer aus Jonaswalde, der als möglicher Täter in Frage käme. Tänzler war ein Bekannter des festgenommenen Bayern. Innerhalb kurzer Zeit ermittelten die Gendarmen, daß Niedermeier und Tänzler tatsächlich im »Esel« geschlafen hatten, als die Tat begangen wurde. Somit schieden sie als Verdächtige aus.

Unterdessen veranlaßte die Staatsanwaltschaft, daß der Tote in sein Haus getragen wurde. Dort fand am nächsten Morgen die gerichtliche Leichenöffnung statt. Als Todesursache wurde ein Projektil festgestellt, das den Schädel von hinten nach vorn durchbohrt hatte und sich noch

---

[27] »Volkes Stimme« wußte in so manchen Mordfällen schon lange vor den Behörden, wer der Täter war. Polizei und Justiz erbrachten lediglich die Beweise, um eine Verurteilung herbeizuführen.

breit gedrückt in der Hirnmasse befand. Dieses Projektil paßte zu dem gefundenen Revolver. Der Tod war allem Anschein nach auf der Stelle eingetreten.

Unter großer Anteilnahme der Bewohner von Kostitz und Starkenberg wurde Bernhard Seifert am darauffolgenden Sonntag beerdigt.

Wenn nun aber Niedermeier und Tänzler ein Alibi hatten, konnte nur der eigene Sohn der Täter sein. Daher wurde Richard Seifert noch am Abend des 20. Februar verhaftet und zur Untersuchung nach Altenburg gebracht. Auch seine Mutter, die 46 Jahre alte Emma Seifert, wurde am selben Tag in Meuselwitz verhaftet. Man verdächtigte sie, ihren Sohn zur Begehung der Tat angestiftet zu haben.

Emma Seifert, Mutter von elf Kindern, erfreute sich keines guten Rufes, wie die befragten Zeugen aussagten. Obschon in etwas reiferem Alter, konnte sie von Männern nicht genug bekommen. Immer wieder ließ sie sich mit Jüngeren ein und beging regelmäßig Ehebruch. Zuletzt war der bayerische Handarbeiter Niedermeier ihr Liebhaber. Ihr Mann schien es zwar zu ahnen, doch erlaubte seine Gutmütigkeit keinen Streit.

Da sich Emma wie eine liederliche Dirne herumtrieb und immer wieder Schulden machte, nahm sie einmal ihrem Mann ein Sparkassenbuch über 800 Mark weg, die der Grubenarbeiter durch fleißige Arbeit angesammelt hatte. Sie verbrauchte das Geld für sich selbst und einen ihrer Liebhaber. Ein anderes Mal stahl sie ihrem Mann 80 Mark in bar. Gegen Bernhard benahm sie sich mit äußerster Gehässigkeit. *»Hoffentlich verschüttet es ihn einmal in der Grube«*, soll sie gesagt haben. Oder: *»Wenn ich nur wüßte, wie ich den Schweinigel aus dem Wege bringen könnte!«*

Einige Zeugen wollten wissen, daß Seifert sich habe scheiden lassen wollen, weil er von dem Treiben seiner Frau genug hatte. Doch habe er dies immer wieder aufgeschoben.

Im Februar 1901 zog der Knecht Niedermeier als Untermieter in das Haus der Seiferts. Er hatte seinerseits seine Frau, nachdem er das von ihr in die Ehe gebrachte Geld verjubelt hatte, verlassen. Schon sehr bald fühlten sich der Untermieter und die Hausherrin zueinander hingezogen und gaben sich, während der Mann brav seine gefährliche Arbeit in der Grube verrichtete, ihren Ausschweifungen hin.

Richard stritt zwar jede Beteiligung an der Ermordung seines Vaters ab, doch schienen alle Indizien für seine Täterschaft zu sprechen. Er hatte sich mit seinem Vater entzweit und er wurde zur Tatzeit an der Mordstelle gesehen. Im Gegensatz dazu befand man die Alibis von Niedermeier und Tänzler nach einer erneuten Überprüfung für stichhaltig. Und von einem anderen Gut in der Gegend, bei dem die Seifert kurz vor dem Mord als Kinderfrau gedient hatte, kam die Nachricht, daß dort ein junger Mann aufgetaucht sei und nach seiner Mutter gefragt habe. Er habe gesagt, er habe sich mit seinem Vater überworfen, weil dieser seine Mutter schlecht behandle. Er halte nun zur Mutter und habe erst am Vortag den »Alten« tätlich angegriffen. Außerdem wolle er bald das Haus übernehmen.

Seifert stritt vehement ab, dieser junge Mann gewesen zu sein. Als man nachforschte, stellte sich heraus, daß der Mann nur Bruno Tänzler gewesen sein konnte, jener junge Mann, der wegen seines Alibis bislang unbehelligt geblieben war und dem inhaftierten Seifert sehr ähnlich sah. Sollte Tänzler etwa versucht haben, den Verdacht gegen den jungen Seifert zu verstärken?

In der letzten Wohnung der Ehefrau Seifert in Meuselwitz fand man eine Postkarte an sie mit dem Poststempel vom 16. Februar 1902, die mit »Bruno Tänzler« unterzeichnet war. Sie lautete: »Ich komme heute nicht, sondern erst Montag. Bleibe so lange, bis wir kommen, und mache alles in Ordnung.« Niedermeier räumte nun freimütig ein, diese Karte geschrieben und mit der Unterschrift seines Bekannten Tänzler versehen zu haben. Eine Begründung dafür gab er nicht.

Am 2. März ließ Frau Seifert den Untersuchungsrichter zu sich bitten und sagte ihm, sie habe einen gewissen Verdacht auf Tänzler. Sie halte ihn für den Täter. Fünf Tage später wurden sowohl Niedermeier als auch Tänzler verhaftet und in das Landgerichtsgefängnis in Altenburg eingeliefert, wo bereits Mutter und Sohn Seifert einsaßen. Trotz langer Verhöre leugneten sie jede Tatbeteiligung ab. Vor allem hatte man noch nicht klären können, woher die gefundene Tatwaffe stammte.

Erst Ende März konnte die Herkunft des Revolvers geklärt werden. Eine Firma in Mehlis hatte ihn an einen Händler in Ronneburg geschickt. Dieser Händler sagte nun mit Bestimmtheit, daß die Käufer Niedermeier und Tänzler waren. Bei einer Gegenüberstellung erkannte er die beiden eindeutig.

Es wurde nun eng um die beiden Männer. Am 17. April ließ sich Tänzler nochmals dem Untersuchungsrichter vorführen und sagte: *»Ich will nun die Wahrheit sagen.«* Er erzählte dem Richter, wie er auf Anstiften der Ehefrau Seifert und Niedermeiers den alten Seifert erschossen habe.

Mit diesem Geständnis konfrontiert, bequemten sich die beiden anderen ebenfalls zu einer Aussage, doch wichen ihre Angaben in einigen Punkten von denen Tänzlers ab.

Noch am selben Tag wurde Richard Seifert in Freiheit gesetzt. Seine Unschuld war nunmehr erwiesen. Bald darauf erhob der Erste Staatsanwalt Anklage gegen Tänzler wegen Mordes und gegen Niedermeier und seine Geliebte, die Frau des Opfers, wegen Anstiftung zum Mord. Außerdem erging gegen die Frau Anklage wegen versuchten Mordes an ihrem Ehemann und gegen Niedermeier wegen Beihilfe dazu, weil beide schon zuvor versucht hatten, Seifert durch andere Methoden ums Leben zu bringen.

Am 3. Juli 1902 begann vor dem Schwurgericht am Landgericht in Gera, also in dem Altenburg benachbarten Fürstentum Reuß jüngere Linie, der Prozeß unter dem Vorsitz des Oberlandesgerichtsrats Börngen aus Jena.[28] Drei Tage waren für die Verhandlung vorgesehen. Geladen waren 75 Zeugen und Sachverständige.

Aus der Sicht des Anklagevertreters, des Ersten Staatsanwalts Dr. Goepel aus Altenburg, stellten sich die Beweggründe der Tat und der Mord selbst folgendermaßen dar:

Die Angeklagte Emma Seifert hatte im Jahre 1877 den Dienstknecht Bernhard Seifert geheiratet und darauf elf Kinder geboren, von denen nur der anfangs verdächtigte Richard, zugleich das älteste, von ihrem Mann stammte. 1882 kaufte sich das Paar in Kostitz ein kleines Haus. Um die Jahrhundertwende hatten sich die beiden jedoch schon auseinandergelebt. In der Zwischenzeit ließ sich die Frau mit anderen Männern ein, wobei stets sie es war, die die ersten Annäherungsversuche unternahm, während der Ehemann sich immer mehr dem Trunke ergab. Im alkoholisierten Zustand pflegte er dann seine Frau zu mißhandeln, so daß diese immer häufiger an Scheidung dachte.

Im Februar 1901 nahmen die Seiferts den bayerischen Knecht Niedermeier bei sich auf. Innerhalb weniger Wochen begann die Ehefrau Seifert ein ehebrecherisches Verhältnis mit dem Untermieter. Als Seifert erfuhr, daß seine Frau das Sparbuch entwendet und das Geld abgehoben hatte, drohte er ihr mit Scheidung. Den Sparbetrag übergab die Seifert ihrem

---

[28] Im Rahmen der gemeinschaftlichen Gerichtsbarkeit war das Schwurgericht in Gera sowohl für die beiden reußischen Staaten als auch für Sachsen-Altenburg zuständig.

Geliebten Niedermeier, der sich davon drei Fahrräder kaufte. Er spielte gern den feinen Herrn. Damit nicht genug: Niedermeier veranlaßte seine Geliebte, auch die Sparbeträge des Sohnes Richard und der Tochter Anna abzuheben. Schließlich gelang es Seifert, seiner Frau die Schlüsselgewalt absprechen zu lassen.

Bald darauf kam es zum völligen Bruch zwischen den Eheleuten: Bernhard setzte am 13. Januar 1902 sowohl seine Frau als auch ihren Liebhaber vor die Tür. Beide quartierten sich zunächst im »Esel« ein, dann bezogen sie ein kleines Logis in Meuselwitz. Die Seifert zog in der Folgezeit mehrmals um, verdingte sich als Kinderfrau in Spora, verbrachte einige Tage bei ihrem Bruder in Altenburg und quartierte sich schließlich in einem Gasthaus in Meuselwitz ein. Dabei wurde sie tatkräftig von Niedermeier und seinem Bekannten Tänzler, der sich den beiden angeschlossen hatte, unterstützt. Als ihnen das Geld ausging, faßten sie den Plan, nachts Seiferts Wohnung auszuräumen. Doch schien dieser das Vorhaben zu ahnen: Er ließ sich von der Nachtschicht befreien und bewachte des Nachts sein Hab und Gut. Um ein Ehescheidungsverfahren anzustrengen, versuchte die Ehefrau, ein Armutsattest zu erlangen. Doch wurde ihr dies nicht ausgestellt.

Bereits im Spätherbst 1901 hatten die Seifert und Niedermeier den Entschluß gefaßt, Seifert durch Mord aus dem Wege zu räumen, denn sie empfanden ihn als sehr störend für ihr Liebesverhältnis. Zunächst sollte er mit einem Strick erdrosselt und dann aufgehängt werden, um die Tat als Selbstmord zu verschleiern. Es folgten mehrere Vergiftungsversuche. Einmal schabte die Seifert ihrem Mann Schwefel auf das Butterbrot, ein andermal goß sie den abgekochten Saft einer Giftpflanze in den Schnaps, dann wieder vermischte sie seinen Kaffee mit Chromkali[29]. Beide Flüssigkeiten hatte ihr Niedermeier verschafft. Doch wie durch ein Wunder konnten all diese Vergiftungsversuche ihm nicht viel anhaben. Er erkrankte lediglich leicht.

Ein anderes Verfahren mußte her. Daher zogen die Seifert und Niedermeier Bruno Tänzler, der sich ihnen gegenüber zunehmend gefügig zeigte, ins Vertrauen und bearbeiteten ihn so lange, bis er sich bereit erklärte, den Ehemann Seifert durch Erschießen zu ermorden. Als zusätz-

---

[29] Kaliumchromat. Zählt nicht zu den starken Giften, obwohl es auch zum Selbstmord und zur Abtreibung genutzt wurde.

lichen Anreiz versprachen sie ihm freie Logis, freies Essen und Trinken und obendrein noch etwas Bargeld. Der 20 Jahre alte Maurer konnte das Angebot nicht ablehnen, zumal, wie ihm Niedermeier versicherte, ihm die Tat nicht nachgewiesen werden könne, wenn er nur kein Geständnis ablege. Mehrere Tage lang besprachen die drei die Einzelheiten der zu verübenden Mordtat. Am 17. Februar kaufte sich Tänzler in Begleitung Niedermeiers in Ronneburg einen Revolver, dann fuhren beide Männer nach Spora zu Frau Seifert. Sie beklagte sich, daß sie kein Geld mehr habe und wohl bald obdachlos sein werde. Zugleich beschimpfte sie Tänzler und Niedermeier als feige Memmen, denen der Mut fehle, ihren Ehemann umzubringen.

Am Abend vor der Tat hielten sich die beiden Männer in der »Esels-schenke« von Kostitz auf, wo sie ein Zimmer hatten, und sprachen dem Alkohol zu. Wie immer mußte Tänzler die Zeche bezahlen. Niedermeier ging früh schlafen. Am Morgen des 20. Februar gegen 4.30 Uhr weckte er Tänzler und befahl ihm, er müsse jetzt den alten Seifert erschießen. Er lud den Revolver mit sechs Patronen. Noch leistete Tänzler Widerstand, sagte, er könne es einfach nicht tun. Doch nahm Niedermeier nun eine drohende Haltung ein, er müsse es tun, die Verantwortung trügen sowieso er und die Seifert. Schließlich gab Tänzler nach. Er wollte nicht als feige Memme gelten. Er nahm die Waffe an sich, verließ heimlich die Schenke und begab sich im Schutze von Dunkelheit und Nebel an die für die Bege-hung der Tat vorgesehene Stelle, das Gehölz neben dem Gutsfahrweg.

Als er dort eintraf, hörte er schon Seifert auf seinem Weg zur Früh-schicht im Schacht nahen. Es war kalt und neblig, die Sicht betrug nur wenige Meter. Kaum war der Bergmann vorbeigegangen, trat Tänzler in einer Entfernung von etwa zehn Schritten hinter ihn und feuerte aus sei-nem Revolver einen Schuß auf ihn ab. Dieser verfehlte sein Ziel. Wohl im Glauben, der eigene Sohn schieße da auf ihn, da dieser ihm auf dem Weg zur Arbeit zu folgen pflegte, drehte sich Seifert um, ging einige Schritte in die Richtung, aus der der Schuß gekommen war, und rief die Worte aus, wie sie der Zeuge Augustin vernommen haben wollte. Dann krachte ein zweiter Schuß. Auch der traf das Ziel nicht. Schließlich legte Tänz-ler erneut an. Diesmal fand die Kugel ihr Ziel. In den Hinterkopf getrof-fen, brach Seifert zusammen und verschied innerhalb weniger Sekunden. Rasch lief der Mörder, nachdem er die Mordwaffe weggeworfen hatte, zur Schenke zurück, die er wieder durch ein von Niedermeier geöffnetes Fenster betrat. Niemand sah ihn gehen und zurückkommen. Das Alibi schien perfekt.

Als am 23. Februar das Mordopfer zu Grabe getragen wurde, erwachte Tänzler das Gewissen. Er begann leise zu weinen. Niedermeier meinte daraufhin zu ihm, es wäre besser, beide hängten sich auf, denn die Witwe würde sie eines Tages doch in die Sache hineinziehen. Ihm war der Gedanke gekommen, den lästigen Mitwisser und Täter aus der Welt zu räumen. Tatsächlich begaben sich Tänzler und Niedermeier in den Wald. Dort reichte letzterer dem Jüngeren einen Strick, mit dem er sich aufhängen sollte. Da aber Niedermeier keinerlei Anstalten machte, seinerseits seinem Leben ein Ende zu bereiten, unterließ auch Tänzler es, Hand an sich zu legen. Dann besprachen sie, wie sie den Rittergutsbesitzer erschießen und berauben könnten. Doch auch dieser Plan wurde schließlich verworfen.

Als erster Angeklagter wurde Bruno Tänzler zur Person verhört. 1882 in Jonaswalde bei Ronneburg geboren, erlernte er das Maurerhandwerk und galt als rechtschaffener Mensch, bis er die Bekanntschaft des Handarbeiters Niedermeier machte. Dieser begann sogleich, den jungen unerfahrenen Mann auszunutzen, ja, er verstand es sogar, sich dessen Ersparnisse anzueignen. Als Tänzler sagte, er wolle sich eine gutbezahlte Arbeit suchen, meinte Niedermeier, es gebe einen leichteren Weg, an Geld zu kommen. Man könne den »alten Seifert« umbringen und sein Geld sowie sein Haus, Pferd und Wagen an sich bringen. Seine Frau habe nichts dagegen. Es war klar, daß Niedermeier so etwas wie eine dämonische Macht über Tänzler ausübte, ihn zu seinem willenlosen Werkzeug machte. Tänzler war bereits Vater eines Kindes, das ihm eine erst 17 Jahre alte Schneiderin am 5. Juni, also fünf Wochen vor dem Prozeß, geboren hatte.

Zu dem Mord selbst befragt, gab Tänzler an, Seifert habe, als der dritte Schuß krachte und sein Ziel fand, die Arme hochgeworfen und sei dann zusammengesunken. Darauf sei er schnell davongerannt, geradewegs auf die »Eselsschenke« zu, dabei Gefahr laufend, anderen Früharbeitern zu begegnen. Zwar habe er einen falschen Bart dabeigehabt, doch wegen der Dunkelheit und des Nebels davon abgesehen, ihn anzulegen.

Ob er den Mord mit Überlegung begangen habe, könne er nicht sagen. Er wollte aber von Frau Seifert und Niedermeier dazu angestiftet worden sein. Dies bestritten die beiden Mitangeklagten mit Nachdruck

Der Angeklagte Niedermeier wurde 1868 geboren. 1888 war er in die USA ausgewandert, kehrte aber acht Jahre später nach Deutschland zurück, wo er als landwirtschaftlicher Arbeiter tätig war. Nachdem er 1898 geheiratet hatte, verjubelte er innerhalb weniger Wochen das Vermögen seiner Frau und ließ sie dann im Stich, als sie sich die Gicht zuzog. In den folgenden Monaten machte er immer wieder Bekanntschaft mit jungen Mädchen, brachte deren Ersparnisse an sich und machte sich dann aus dem Staube. Im Jahre 1899 wandte er sich nach Sachsen-Altenburg und verdingte sich als Grubenarbeiter. Dort unterhielt er mehrere Liebesverhältnisse mit ahnungslosen Opfern. Zwei von ihnen wurden schwanger und brachten im November 1899 beziehungsweise im Juni 1900 jeweils ein uneheliches Kind zur Welt. Niedermeier versprach, die Kindesmütter zu heiraten, doch dann erfuhren die Behörden, daß er bereits verheiratet war.

Auch die Angeklagte Seifert schilderte ihren bisherigen Lebenslauf. Sie war im November 1855 in Ehrenberg, einem kleinen Dorf bei Altenburg, als Tochter einer Arbeiterfamilie geboren und hatte zunächst als landwirtschaftliche Dienstmagd gearbeitet. Als sie dann im November 1877 ihren Ehemann heiratete, nahm das Unglück seinen Lauf.

Mit ihrer Vernehmung schloß am frühen Abend der erste Sitzungstag.

Der zweite Verhandlungstag begann mit einem Eklat. Kaum hatten die Angeklagten auf ihrer Bank Platz genommen, stand Niedermeier auf und teilte dem Gericht mit, er habe just an jenem Morgen beim Kaffeetrinken einen epileptischen Anfall bekommen, der ihn besinnungslos gemacht habe. Dabei habe er sich auch in die Zunge gebissen. So jedenfalls wurde er von seinem Gefängniswärter am Boden liegend in seiner Zelle aufgefunden. Die Sitzung wurde kurzfristig unterbrochen. Eine augenblicklich angeordnete ärztliche Untersuchung ergab, daß der Angeklagte lediglich simulierte. Niedermeier hatte am Vorabend zufällig gehört, daß sich Epileptiker oftmals in die Zunge beißen. Er hoffte dadurch, als unzurechnungsfähig eingestuft zu werden. Als er nun enttarnt wurde, versicherte er, daß er bereits in den USA derartige Anfälle gehabt habe. Das steigerte die Heiterkeit im Zuhörerraum ungemein.

Dann begann die Vernehmung der Zeugen. Anscheinend hatte die Tat auf den Angeklagten Tänzler zunächst keinen sonderlichen Eindruck gemacht, denn am Tage danach hatte er bei seiner Freundin genächtigt und sich dabei ganz normal benommen. Niedermeier wurde als hinterlistig und verschlagen beschrieben. Mehrere vor allem weibliche Zeugen, nicht nur aus Thüringen, sondern auch aus seiner bayerischen Heimat, marschierten auf, um dem Gericht mitzuteilen, wie sehr er sie ausgenutzt und ausgenommen hatte.

An der Angeklagten Seifert ließen die Zeugen kein gutes Haar. Immer wieder habe sie sich mit anderen Männern eingelassen, aber ständig über ihren Ehemann geschimpft. Ein Geizkragen sei er, ein Schweinigel, sie habe ihn satt. Mehrere Zeugen fragte sie, welches das stärkste Gift sei und wo man es herbekomme. Freimütig erzählte sie dann, daß sie ihren Mann damit vergiften wolle. Als man sie darauf hinwies, daß dies sie den Kopf kosten könne, antwortete sie: »*Das macht man doch nicht, daß es jemand sieht.*« Mehrere Male äußerte sie nach Zeugenaussagen die Hoffnung, daß Bernhard in der Grube verschüttet würde, dann wäre sie ihn endlich los. Sogar eine ihrer Töchter sagte gegen die eigene Mutter aus. Diese habe von ihr eines Tages verlangt, »Leichenwasser«[30] zu besorgen. Sie wolle es dem Vater in den Schnaps tun, damit er stürbe.

Dem Ermordeten jedoch stellten die Zeugen, vornehmlich aus der Verwandtschaft, einen einwandfreien Leumund aus. Er wurde als fleißig, ordnungsliebend und sparsam geschildert. Und wenn er mal dem Alkohol zusprach, dann nur aus Verärgerung über sein tristes Familienleben, das ihm sowohl Frau als auch Sohn zur Hölle machten.

Gegen 23 Uhr wurde die Sitzung auf den nächsten Vormittag vertagt. Am nächsten und vorletzten Verhandlungstag, dem 5. Juli, erkundigte sich gleich zu Beginn der Präsident bei Niedermeier, ob er die vergangene Nacht gut geschlafen oder ob er wieder epileptische Anfälle gehabt habe. Ja, er habe gut geschlafen. Vermutlich, weil er wußte, daß er die ganze Nacht über beobachtet wurde. Dann setzte das Gericht die Zeugenvernehmung fort.

Ein Dorfbewohner sagte aus, er habe am Vorabend der Tat die Seifert und Niedermeier in der Nähe des späteren Tatortes gesehen. Sie hätten sich rasch entfernt, als sie den Zeugen erkannten. Ein anderer Zeuge hatte sich sogleich in die »Eselsschenke« begeben, als die Tat bekannt wurde, denn er hatte sogleich Niedermeier im Verdacht. Dieser habe gegen sieben Uhr ruhig in der Gaststube gesessen und sein Frühstück verzehrt, während Tänzler noch im Bett gelegen habe. Der Wirt der »Eselsschenke« wollte gehört haben, wie Tänzler an jenem Morgen Niedermeier des Mordes be-

---

[30] Im abgehenden Wasser von Leichen finden sich u. a. sogenannte Fäulnisgifte, die tatsächlich giftig sind.

zichtigt habe: »*Niedermeier, du hast jetzt den Seifert erschossen.*« Worauf der andere geantwortet haben soll: »*Halte die Fresse, sonst haue ich dir eine rein!*« Dann habe Tänzler trotz des frühen Morgens mehrere Glas Bier getrunken. Das Gericht erfuhr auch, daß der Wirt sich sehr vor Niedermeier gefürchtet und es nicht gewagt habe, für die Übernachtungen Geld zu nehmen.

Nach einer kurzen Mittagspause begannen die Plädoyers. Staatsanwalt Goepel begründete in längeren Ausführungen die Anklage. Dann richtete er folgende Fragen an die Geschworenen:

1. Ist die Angeklagte Seifert schuldig, in der Zeit vom August 1901 bis zum Januar 1902 in Kostitz den Entschluß, vorsätzlich einen Menschen, ihren Ehemann Bernhard Seifert, zu töten, durch vorsätzliche und mit Überlegung ausgeführte Handlungen betätigt zu haben, welche einen Anfang der Ausführung dieses beabsichtigten, aber nicht zur Vollendung gekommenen Verbrechens enthalten?

1a. Im Falle der Verneinung der Frage 1: Liegen die Merkmale des § 229 StGB (Beibringen von Gift) vor?

2. Ist Niedermeier schuldig, durch Rat und Tat zu 1. wissentlich Hilfe geleistet zu haben?

2a. Oder zur Beibringung von Gift im Sinne der Frage 1a.?

3. Ist der Angeklagte Tänzler schuldig, am 20. Februar 1902 in Kostitz vorsätzlich einen Menschen, den Grubenarbeiter Bernhard Seifert, getötet und diese Tötung mit Überlegung ausgeführt zu haben?

4. Ist die Angeklagte Seifert schuldig, in der Zeit vor dem 20. Februar 1902 früh 5½ Uhr in Kostitz und anderwärts – allein oder in gemeinschaftlicher Ausführung mit einem andern, mit dem Angeklagten Niedermeier – einen andern, den Angeklagten Tänzler, zu der von demselben begangenen, nach dem Spruche zur Frage 3 vorliegenden strafbaren Handlung durch Geschenke oder durch Versprechen oder durch andere Mittel vorsätzlich bestimmt zu haben?

5. Ist Niedermeier in gleichem Sinne der Anstiftung schuldig?

Darauf stellte der Staatsanwalt die seiner Meinung nach eindeutigen Ergebnisse der Beweisaufnahme dar und beantragte die Bejahung der auf Mord und Mordversuch gerichteten Schuldfragen.

Tänzlers Verteidiger führte aus, es handele sich hier lediglich um einen Totschlag, da er sich dem übermächtigen Einfluß Niedermeiers nicht habe entziehen können. Für Niedermeier plädierte dessen Verteidiger ebenfalls auf Totschlag, während der Verteidiger der Seifert beantragte, nur Beibringung von Gift anzunehmen, nicht aber den Mordversuch.

Nachdem der Präsident den Geschworenen die Rechtsbelehrung erteilt hatte, zogen sich diese zur Beratung zurück.

Wenig später verkündete der Obmann in der lautlosen Stille des Schwurgerichtssaales den Wahrspruch: Tänzler sei des Mordes, die Seifert der Anstiftung zum Mord und des versuchten Giftmordes und Niedermeier ebenfalls der Anstiftung zum Mord und Beihilfe zum Giftmord schuldig. Darauf beantragte der Staatsanwalt gegen alle drei die Todesstrafe. Die Seifert richtete sich nun auf und sagte zu dem Präsidenten, als sie um ein letztes Wort gebeten wurde: *»Ich bin der Strafe nicht bedürftig.«*

Gegen 20.45 Uhr verkündete der Präsident die Todesurteile gegen alle drei Angeklagten. Kaum hatte man sie ins Gerichtsgefängnis zurückgeführt, wurden sie in Ketten gelegt und strengstens bewacht.

Alle drei Verurteilten verzichteten auf ein Rechtsmittel. Jedoch richteten die beiden Männer ein Gnadengesuch an den Landesherrn, Herzog Ernst I. von Sachsen-Altenburg (regierte von 1853 bis 1908), der bereits seit einem halben Jahrhundert in diesem kleinen thüringischen Herzogtum herrschte und in dieser Zeit lediglich drei Todesurteile bestätigt hatte. Die Seifert aber lehnte es ab, um Gnade zu bitten: Sie sei sowieso unschuldig am Tode ihres Ehemannes. Der Herzog entschied nach reiflicher Überlegung, von seinem Begnadigungsrecht keinen Gebrauch zu machen. Das Urteil war somit vollstreckbar.

Als sie die höchstlandesherrliche Entschließung erfuhr, setzte die Altenburger Staatsanwaltschaft den Termin für die Vollstreckung fest. Am 25. August 1902 unterrichtete man die drei Verurteilten, daß ihnen noch drei Tage verblieben, sich auf ihren Tod vorzubereiten.

Am frühen Morgen des 28. August 1902 wurden die Urteile in einem Hof des Landgerichtsgefängnisses in Altenburg vollstreckt. Die *Altenburger Landeszeitung* unterrichtete ihre Leserschaft am nächsten Tag über die dreifache Hinrichtung: »In der Frühe des heutigen Tages wurde die

Hinrichtung der drei Urheber des Kostitzer Mordes, der 1855 in Ehrenberg geborenen Witwe Emma Seifert, des 1882 in Jonaswalde geborenen Maurers Bruno Tänzler und des 1868 in Thürnthenning geborenen Handarbeiters Johannes Niedermeier in dem hierzu bestimmten hinteren Hofe des hiesigen Landgerichts durch den Scharfrichter Engelhardt aus Magdeburg vollzogen. Die Hinrichtung der drei Verbrecher fand statt vor einer Anzahl geladener Zeugen: Mitglieder des Offizierkorps, des Stadtrats, des Stadtverordneten-Kollegiums, sowie aus den Reihen der Bürgerschaft. Zutritt zum Landgerichtsgebäude hatten nur die die mit Eintrittskarten versehenen, durch die Staatsanwaltschaft besonders geladenen Zeugen. Vor dem Landgerichtsgebäude hielten mehrere Gendarmen, teils zu Pferde, Wache. Ein aus mehreren Zügen bestehendes Aufgebot der Garnison rückte ½ 6 Uhr in den 2. Hof des Landgerichtsgebäudes ein und stellte 2 Posten an die Treppe des Gefangenhauses, sowie 2 Trommler. Fünf Minuten vor 6 Uhr begann der Erste Staatsanwalt Herr Dr. Goepel die Handlung mit den Worten: ›Es ist ein Todesurteil zu vollstrecken gegen die Frau verw. Seifert aus Kostitz, ihren Zuhälter Niedermeier und den Maurer Tänzler, wegen Anstiftung zum Morde, versuchten Mordes und Mordes.‹ Diesen Worten ließ der Herr Staatsanwalt eine kurze Darstellung des unseren Lesern bereits bekannten Tatbestandes folgen. Sodann schloß er mit den Worten: ›Seine Hoheit haben von dem ihm zustehenden Begnadigungsrecht nach Vortrag des Gesamtministeriums keinen Gebrauch gemacht. Das Urteil ist rechtskräftig und vollstreckbar.‹

Hierauf wurde die verwitwete Seifert von zwei Gefängnismeistern hereingeführt. Ihr voran schritt der Seelsorger, Herr Diakonus Burger. Die Seifert war bekleidet mit graublauem Rock, das Hemd war um den Hals lose geknöpft und über die Schultern war eine Jacke gehängt. Die Hände waren nicht gefesselt, sie hielt dieselben leicht zusammengelegt. Die Verbrecherin wurde vor den mit schwarzem Tuch bedeckten Tisch geführt, auf dem die Akten lagen. Der Herr Staatsanwalt verkündete das Urteil, welches dann im Wortlaut verlesen wurde. Bei den Worten ›wegen Beihilfe zum Mord wird die Angeklagte zum Tode verurteilt‹ schüttelte die Angeklagte mit dem Kopfe, als wollte sie ihre Unschuld beteuern. Die Gesichtszüge waren etwas schlaff, es spiegelte sich in ihnen keine Erregung wider.

Nach Beendigung der Urteilsverlesung und nach Verkündigung der Höchsten Entschließung, von dem Begnadigungsrechte keinen Gebrauch zu machen, wurde die Verurteilte dem Scharfrichter Engelhardt mit den Worten übergeben: ›Herr Scharfrichter, vollstrecken Sie das Urteil!‹ Die Seifert wurde zu der Bank geführt, lang hingelegt, von den Gehilfen festgehalten, und ein wuchtiger Hieb trennte den Kopf vom Rumpfe. Sie verhielt sich vollkommen still und die Trommler brauchten nicht in Tätigkeit zu treten.

Der Apparat, welcher bei der Hinrichtung Verwendung fand, besteht aus einer längsgestellten Bank, die mit schwarzem Tuch belegt ist. Am Kopfende der Bank, dieselbe um ca. 20 cm überragend, ist eine Pfoste in den Erdboden eingelassen, auf die der Hals zu liegen kommt, sodaß der Nacken möglichst gestreckt wird. Zwischen Bank und Pfoste ist ein Blutgefäß angebracht, in welches das Blut aus den durchschnittenen Halsgefäßen hineinströmt. Das Beil ist ein haarscharf geschliffenes, schweres Beil, welches über einen Centimeter tief fest in die Pfoste eindringt, sodaß es mit Hammerschlägen vorsichtig herausgeschlagen werden muß, bevor der nächste Delinquent erscheint. Gleichzeitig wird das Blut von der Bank abgewischt, Sand gestreut auf das über die Erde gespritzte Blut und ein neues schwarzes Tuch auf die Hinrichtungsbank gebreitet.

Nunmehr wurde der Mörder Tänzler hereingeführt. Er war ein kräftiger junger Mann, dessen Hände auf dem Rücken mit einer Kette gefesselt waren. Er achtete anscheinend wenig auf die Worte des Urteils, sondern seine Blicke irrten suchend nach der Stelle, wo die Hinrichtungsbank stand, die er jedoch nicht sehen konnte. Nach Urteilsverkündung dauerte es 10 Sekunden, bis auch sein Kopf gefallen war. Wie bei der Seifert erschienen sofort die Totengräber mit dem Sarge, der Enthauptete wurde von der Bank herab hineingewälzt und der Kopf dazugetan. Zwei Anatomen aus Jena nahmen in dem Raume vor der Hinrichtungsstätte sofort die Sektion vor.

Als dritter Verurteilter betrat nunmehr in Begleitung des katholischen Geistlichen Niedermeier den Hof. Er machte einen gebrochenen Eindruck, küßte nach Urteilsverkündung das vorgehaltene Christuskreuz, wurde mit Weihrauch besprengt. Und in wenigen Sekunden verkündete auch von ihm der Scharfrichter Engelhardt, der alle drei enthauptete: ›*Herr Erster Staatsanwalt, das Urteil ist vollstreckt.*‹ ›*Die Handlung ist geschlossen*‹, sagte Herr Staatsanwalt Dr. Goepel, ›*Herr Anstaltsgeistlicher, beten Sie das Vaterunser.*‹ Alle Anwesenden entblößten das Haupt. Mit lauter Stimme sprach Herr Diakonus Burger das Vaterunser – herzergreifend: ›*Und vergieb uns unsere Schuld, wie wir vergeben unsern Schuldigern.*‹ Dann verließen die Zeugen der furchtbar ernsten Handlung den Hofraum.

Schon lange vor der Exekution hatte sich eine große Menschenmenge vor dem Landgerichtsgebäude und hinter demselben auf der Gartenstraße angesammelt, die auch noch nach der Handlung die Straßen besetzt hielt, um wenigstens den Scharfrichter zu sehen. Mit demselben waren außer seinen sechs Gehilfen auch sein Schwiegervater, der frühere Scharfrichter Reindel, erschienen, der der Exekution beiwohnte. Insgesamt mögen es wohl gegen 50 Personen gewesen sein, die Zeugen der letzteren waren. Die drei Delinquenten sind ruhig und gefaßt in den Tod gegangen, angeblich haben sie auch gestern alle drei noch das heilige Abendmahl erhalten. Außer der Gendarmerie, von welcher einige reisende Posten auf- und abpatrouillierten, wurde der Verkehr und die Ordnung auf der Gartenstraße von einer Abteilung Militär aufrecht erhalten.«[31]

So fand der hinterhältige Mord an dem Grubenarbeiter Seifert seine Sühne.

Wolfgang Krüger

---

[31] Erst vier Jahre zuvor war auf demselben Gefängnishof der Stallschweizer Schädlich enthauptet worden, weil er seine frühere Geliebte mit einem Rasiermesser ermordet hatte.

MELITTA MÖLLER – DIE SCHWIEGERMUTTER IM HOFBRUNNEN

PREUSSEN, PROVINZ SACHSEN, REGIERUNGSBEZIRK ERFURT (1906)

Am Abend des 16. Juli 1906 ereignete sich im thüringischen Walschleben nordwestlich von Erfurt ein schreckliches Verbrechen. Die 25jährige Landwirtsfrau Melitta Möller wurde noch am selben Tag verhaftet, weil sie ihre 67 Jahre alte Schwiegermutter, die Witwe Katharina Möller, absichtlich und mit Überlegung in den Hofbrunnen gestürzt und getötet haben soll.

Ein Vierteljahr später, am 11. Oktober 1906, betrat die junge Frau weinend den bis auf den letzten Platz gefüllten Gerichtssaal. Das Erfurter Schwurgericht hatte den Fall des Schwiegermuttermordes aus der zu Preußen gehörenden Thüringischen Provinz Sachsen zu verhandeln. Die öffentliche Anklage vertrat der kleine, schwergewichtige Staatsanwalt Kunze, der durch seine starken Brillengläser mit etwas zusammengekniffenen Augen fast ununterbrochen die Angeklagte fixierte.

Als Beweismittel lagen die bei der Straftat von der Angeklagten benutzten Kartoffelhacken, ferner einige Holzklötze sowie Backsteine auf dem Gerichtstisch. 19 Zeugen waren zur Hauptverhandlung erschienen, darunter Melittas Ehemann, der Landwirt Hugo Möller, und der Vater der Angeklagten. Als Sachverständige bot das Gericht den Medizinalrat Kreisphysikus Dr. med. Heydloff, den Mediziner Dr. med. Kämmerer und den leitenden Krankenhausarzt Dr. med. Bock aus Erfurt auf. Zu Beginn der Verhandlung wurden die Zeugen dringend ermahnt, nur die Wahrheit zu sagen.

Die Angeklagte war sofort nach ihrer Verhaftung geständig und gab zu, daß sie sich der versuchten Tötung schuldig gemacht habe. Während der Schwurgerichtsverhandlung erklärte sie auf die Frage, ob sie etwas zu den Vorwürfen zu sagen habe, daß sie am 15. Juni 1881 in Mittelhausen geboren wurde. Seit sieben Jahren verheiratet, sei sie Mutter eines siebenjährigen und eines fünfjährigen Kindes. Bei ihrer Verheiratung habe sie Wäsche und das Mobiliar für ein Zimmer mit in die Ehe gebracht. Später kam auch noch Geld von ihrem Vater hinzu. Es waren insgesamt 100 Taler. Anfangs habe sie mit ihrem Mann glücklich gelebt. Dann sei durch die Schwiegermutter Unfrieden heraufbeschworen worden. Die Alte habe gegen sie gehetzt und dafür gesorgt, daß sie kein Geld in die Hände bekam, obwohl ihr tüchtige Arbeit abverlangt wurde. Sogar den Brotschrank schloß die Alte vor ihr ab. Trotzdem bedauere sie, daß es soweit gekommen war.

Hier unterbrach der Gerichtsvorsitzende die Angeklagte mit der Frage, ob es nicht so sei, daß das hiesige Schöffengericht sie mit 14 Tagen Gefängnis und zehn Mark Geldstrafe verurteilte, weil sie in zwei Fällen aus einem Laden beim Wareneinkauf die Ladenkasse plünderte und bei der Festnahme einen falschen Namen angab? Und habe sie sich nicht auch des Ehebruchs schuldig gemacht?

Aus ihrer Not heraus, antwortete Melitta, sei sie hin und wieder stehlen gegangen, um den beißenden Hunger zu tilgen. Bald sah sich die attraktive Frau genötigt, unsittlichem Gelderwerb nachzugehen. Die dafür erhaltenen zehn Mark habe sie für den Ankauf von Schürzen verwendet.

Eines Tages fand ihr Mann den Brief ihres Freiers und stellte Melitta zur Rede. Daraufhin gestand sie ihm den Ehebruch, zeigte Reue und bat ihn um Verzeihung. Der Landwirt reichte damals die Scheidung ein.

»Mein Mann war immer gut zu mir«, fuhr Melitta Möller fort, *»er hätte mir auch den Fehltritt vergeben, wenn die Schwiegermutter nicht gewesen wäre. Diese schimpfte alle Tage und sagte zu ihrem Sohne ›Wenn Du die Hure nicht rausschmeißt, dann tu ich es!‹«*

Am 27. Juni 1906 fand in Erfurt vor Gericht ein Sühnetermin statt. Danach war Melittas Mann doch damit einverstanden, daß vorläufig der Ehescheidungsantrag zurückgenommen werde. Die Schwiegermutter suchte dies aber immer wieder zu hintertreiben, sie wollte die junge Gattin los sein, weil sie nach ihrer Meinung nicht genug Geld in die Ehe gebracht habe.

Wie es nun zu der Tat gekommen sei, fragte der Vorsitzende gereizt, dem die Ausführungen der Angeklagten und deren Wirkung auf die Geschworenen nicht zu behagen schienen.

»Am 16. Juli«, so führte Melitta Möller aus, *»gingen wir frühzeitig auf das Feld. Mittags kam ich nach Hause und das Schimpfen ging wieder los. Die Schwiegermutter warf mir ein Tuch an den Kopf, weil ich es nicht gereinigt hatte. Abends in der sechsten Stunde, kam ich wieder vom Akker. Die Schimpferei begann sofort wieder. Mein Mann ging inzwischen ins Gasthaus zur Kriegervereinsversammlung.*

Mittlerweile war es dunkel geworden. Ich ging an den Ziehbrunnen, um einen Eimer Wasser zu holen, wobei mir der Eimer aus der Hand fiel.

Die Schwiegermutter kam hinzu und schimpfte über meine Ungeschick-
lichkeit und sagte, sie wolle mir ein paar Ohrfeigen geben. Ich ärgerte mich
über diese Behandlungsweise. Wir knieten dann beide an dem Brunnen,
um den Eimer mit einer Hacke herauszuholen. Hierbei packte mich die
Wut, ich gab der Alten einen Stoß, daß sie in den Brunnen fiel.«

Aus der weiteren Vernehmung war zu entnehmen, daß die 67 Jahre
alte Frau mit den Füßen voran in den Brunnen stürzte. Sie versuchte, die
Hände emporstreckend, sich aus der mißlichen Lage zu befreien und so
dem Brunnenschacht zu entkommen. Die Schwiegertochter aber nahm
die Hacke und schlug mit wuchtigen Hieben auf die Greisin ein. Da die
alte Frau das Gerät festhielt, holte die Schwiegertochter weitere Hacken,
mit denen sie die verhaßte Schwiegermutter bearbeitete.

Schließlich warf die Angeklagte dem schon schwer verletzten Opfer noch
zwei Backsteine und vier Holzklötze auf den Kopf. Bei dem Vorfall war
niemand zugegen.

Mittlerweile kam der Ehemann Hugo Möller nach Hause. Er zog seine
Mutter aus dem zweieinhalb Meter tiefen Brunnen, in dem das Wasser
einen Meter hoch stand. Katharina Möller starb Wochen später am 8. September 1906 an einer schmerzhaften Kopfrose[32].

Während Melitta Möller tags darauf vor dem Untersuchungsrichter die
Absicht der Tötung zugegeben hatte, sagte sie nun im Schwurgerichtssaal
aus, ihre Absicht sei nur gewesen, der Alten *»eins auszuwischen«* und fügte an den Herrn Richter und die Geschworenen gerichtet hinzu, daß sie die
Tat nicht wollte und bedauere.

Der Anschlag auf die Schwiegermutter konnte nur geschehen, weil die
alte Frau sie über Jahre und zuletzt unaufhörlich *»bis auf's Blut«* gereizt
hatte. Die junge Frau war voller Wut über die schlechte Behandlung und
darüber, daß die Schwiegermutter ihr die Schande der Ehescheidung antun wollte.

Die Zeugen, unter ihnen Diakonus Kämpfe, stellten der Angeklagten ein
gutes Leumundszeugnis aus. Der Hilfsgeistliche schilderte die Frau als
ordentliche, fleißige Person, die man wegen ihres Fehltritts allgemein bedauere. Die alte Frau sei dagegen eine zänkische Person und wohl selbst
viel schuld an dem Familiendrama gewesen.

---

[32] Eine *Kopfrose* (Zoster ophthalmicus, Zoster oticus) ist eine Gürtelrose (Herpes
Zoster) im Gesicht.

Amtsvorsteher Bärwolf schilderte die Angeklagte gleichfalls als eine fleißige Frau, die eben nur einmal einen ›kleinen Fehler‹ gemacht habe. Am Abend der Tat habe sie eine außergewöhnliche Ruhe gezeigt, während sie doch nach Begehung eines solchen Verbrechens eigentlich Angst haben mußte. Die Tat hat die Frau sofort eingeräumt und bedauert. Der Ehemann Möller sei von leicht erregbarer Natur gewesen.

Der Walschlebener Gemeindevorsteher Ellinger stellte der Angeklagten ebenfalls das beste Zeugnis aus und berichtete vom Ärger, den Katharina Möller der Gemeinde durch ihr permanent egozentrisches Verhalten mit zunehmendem Alter durch Verleumdungen und Schikanen gegenüber anderen Gemeindemitgliedern bereitet hatte.

Das Dienstmädchen Taubert vernahm die Hilferufe Katharina Möllers aus dem Brunnen zuerst und war sofort in das Gasthaus geeilt, um ihren Dienstherrn Hugo Möller zu holen. Von dem vorausgegangenen Streit hatte das Mädchen nichts vernommen.

Der Landwirt Braun sagte aus, als Nachbar habe er des öfteren gehört, daß die alte Frau und deren Sohn auf dem Hofe die Angeklagte beschimpften. Es fielen derbe Ausdrücke. Auch Schläge habe es öfters gegeben. Wer sie ausgeteilt, habe er wegen des Grenzstakets nicht genau sehen können, er glaube, Mutter und Sohn seien es gewesen.

Melittas Ehemann, Hugo Möller, mußte in seiner Zeugenaussage vor Gericht zugeben, daß er seine Frau gescholten und auch mitunter geschlagen habe. Beide, ließ er das hohe Gericht wissen, vertrugen sich aber immer gleich wieder.

Der Vater der Angeklagten bezeugte, daß seine Tochter vielfach über schlechte Behandlung der Schwiegermutter klagte und öfters zu ihm kam, um sich Geld zum Ankauf notwendiger Sachen geben zu lassen. Die Tochter habe geweint und gesagt, sie könne es bei der zanksüchtigen Schwiegermutter nicht aushalten. Mit dem Schwiegersohn wäre er, Zeuge, ganz gut ausgekommen. Der Schwiegersohn habe ihm erst vor einigen Tagen gesagt: »Ich weiß meine Mutter war schuld an dem ganzen Unglück. Es wäre besser gewesen, wenn die Mutter schon vor zehn Jahren gestorben wäre«.

Geschirrführer Bube beschwor in seiner Aussage, er habe gesehen, wie Möller seine Frau eines Tages mit der Rübengabel schlug, weil sie angeblich die Kuh nicht gemolken hatte.

Am frühen Nachmittag endete die Zeugenvernehmung und es wurden die Gutachten der Ärzte gehört, die in folgendem übereinstimmten: *»Es lasse sich nicht mit aller Bestimmtheit sagen, daß der Tod der 67 Jahre alten Frau die Folge der Mißhandlungen gewesen sein muß. Die Witwe Möller war bereits soweit in ihrer Gesundheit wiederhergestellt, daß die Entlassung aus dem Krankenhause bevorstand. Plötzlich trat die Kopfrose ein, die wenige Tage später den Tod herbeiführte.«*

Der Staatsanwalt plädierte nach der Beweisaufnahme auf versuchten Mord. Er bestritt nicht, daß die Angeklagte durch ihre Schwiegermutter zu der Tat gereizt wurde. Man könne ihr also mildernde Umstände zubilligen.

Der Verteidiger wies in seinem Plädoyer daraufhin, daß die Angeklagte von ihrer Schwiegermutter nicht wie eine Frau, sondern wie eine Magd behandelt worden sei, die nichts zu sagen hatte. Der Ehemann Möller habe seiner Frau verziehen und ihr ins Gefängnis Briefe gesandt, in denen er versicherte, daß er sich nicht von ihr scheiden lassen werde.

Die den Geschworenen vorgelegten Schuldfragen lauteten auf: Hat die Angeklagte versuchten Mord oder Totschlag begangen? Und wenn ja, hat sie die Tat in Erregung über Beleidigungen und Mißhandlungen begangen?

Abends wurde durch den Obmann, den Erfurter Stadtrat Hofmann, der Wahrspruch der Geschworenen verkündet. Er lautete schuldig wegen versuchten Totschlags. Die Frage, ob Melitta Möller zu der Tat gereizt worden sei, verneinte das Gremium. Trotzdem billigte es der Angeklagten mildernde Umstände zu.

Der Staatsanwalt beantragte fünf Jahre Gefängnis. Daraufhin bat Ehemann Hugo Möller den Gerichtshof um eine mildere Strafe für seine Frau. Das Gericht hielt eine Strafe von drei Jahren Gefängnis und fünf Jahren Ehrverlust für eine angemessene Sühne.

Frank Esche

181

MATHILDE ENDERS UND GÜNTHER KÜHNAS – STRYCHNIN FÜR DIE LIEBE

SCHWARZBURG-RUDOLSTADT (1910–1913)

Die Stadt Königsee liegt eingebettet in der ausgedehnten Thüringer Waldlandschaft. Hier, wo es vornehmlich im 18. und 19. Jahrhundert die Menschen durch den einzigartigen Olitätenhandel, also der Produktion und Verbreitung von Haus- und Geheimmitteln, zu einigem Wohlstand gebracht hatten, schienen die Menschen zufrieden, glücklich und friedfertig zu sein.

Jedoch am letzten Tag des Jahres 1910 ereignete sich ein Mordanschlag, der diese Idylle für viele Menschen in der kleinen versponnenen Stadt für längere Zeit vergessen ließ und auch über die Grenzen des Fürstentums Schwarzburg-Rudolstadt hinaus für Schlagzeilen sorgte.

Für den Wirt der Gastwirtschaft »Zum weißen Roß« hatte der 31. Dezember 1910 ganz normal begonnen. Schon lange wünschte sich Franz Enders eine moderne Acetylenbeleuchtungsanlage für seine Wirtschaft. Koste es was es wolle, sie mußte noch im alten Jahr fertiggestellt werden.

Um noch einige Teile für die Anlage bearbeiten zu lassen, fand er sich schon gegen zehn Uhr bei Klempnermeister Otto Scharfe ein und unterbrach den Arbeitsbesuch nur, um zu Hause bei seiner Gattin Mathilde sein Mittagessen einzunehmen. Anschließend verfügte er sich sofort wieder zu dem Handwerker. Dort steckte sich Franz Enders genüßlich eine dicke Zigarre an und rauchte sie bis etwa zur Hälfte auf.

Plötzlich legte er den Glimmstengel ab und klagte über Unwohlsein. Dem robusten Mann wurde schwindlig und schließlich schwarz vor Augen. Dann begannen seine Beine steif zu werden. Auf die Frage des Otto Scharfe, was er gegessen habe, gab er zur Antwort: *»Ich habe Mehlbrei gegessen, der Zimt daran hat so bitter geschmeckt. Bestimmt ist er schuld an meinem Unwohlsein.«*

Scharfe holte schnell ein Glas Wasser und eine Flasche süßen Likör herbei. Von beiden trank Franz Enders, dessen Zustand sich aber trotz der Getränke verschlechterte. Auch der Genuß von zwei bitteren Likören brachte keine Besserung. Den Anwesenden konnte nicht entgehen, wie sich der Zustand des Geplagten von Augenblick zu Augenblick verschlechterte. Die

Arme fingen an zu zittern, die Beine wurden immer steifer. Die Extremitäten des Enders zuckten von Zeit zu Zeit krampfartig und ausbrechender Schweiß hatte schon längst den ganzen Körper überzogen. Selbst das Einflößen von Kaffee und Milch brachte keine Linderung. Da Enders nun meinte, es gehe mit ihm zu Ende, schickte Meister Scharfe auf dringenden Wunsch des so schwer Erkrankten nach dem in der Nähe ansässigen praktischen Arzt Dr. med. Wolfgang Anderl.

Als der Mediziner eintraf, konnte er beim Patienten Steifheit der Gliedmaßen, besonders der Beine, und eine abnorme Steigerung der Reflexe, zum Beispiel starkes Zusammenzucken bei Berührungen feststellen. Dr. Anderl befand sofort, daß bei Enders eine Vergiftung mit Strychnin vorliege, und ließ seinen Magen auspumpen. Während dieses Vorganges sagte Klempner Scharfe zu Enders: *»Du hast von jemanden was gekriegt, stimmts?!«*, worauf dieser nickte.

Nach dem Auspumpen des Magens verbesserte sich der Zustand des Kranken allmählich. Gegen sechs Uhr abends wurde er in seine Wohnung zurückgebracht. Franz Enders hatte eine starke Natur und wohl auch viel Glück. Nach einigen Tagen war der Gastwirt wieder völlig genesen.

Der ausgepumpte Inhalt des Endersschen Magens war in einen herbeigeholten Emailleeimer gelangt und wurde noch am Nachmittag des 31. Dezember 1910 der Königseer Polizeibehörde übergeben. Von dort brachten Beamte den Mageninhalt von Enders in das Institut für Pharmazie und Nahrungsmittelchemie der Universität Jena. Die durch Prof. Dr. Matthess vorgenommene Untersuchung des Erbrochenen ergab zweifelsfrei das Vorhandensein von Strychnin. Damit fand die von Dr. Anderl gestellte Diagnose auf Vergiftung durch Strychnin Bestätigung.[33]

---

[33] Strychnin ist ein sehr giftiges Alkaloid, das im Samen des Brechnußbaumes und der Ignatiusbohne vorkommt. Bereits in geringen Dosen bewirkt Strychnin eine Starre der Muskeln. Es wurde früher auch als Rattengift verwendet. Strychnin bildet farblose, äußerst bitter schmeckende Kristalle, die in Wasser kaum, in Alkohol und Chloroform gut löslich sind. 1929 schrieb Louis Lewin in seinem Lehrbuch der Toxikologie »Gifte und Vergiftungen« (Berlin, 1929): »Vergiftungen mit Strychnos oder Strychnin ereigneten sich früher selten, jetzt, zumal zum Mordzweck, häufig. [...] Ich kenne allein aus dem Jahre 1925 zwölf Mordversuche und erfolgreiche Morde, für die das Gift, z. B. zu 2 g, in den von dem Opfer benutzten Salznapf oder in das Kaffeegetränk geschüttet worden war« (S. 790). Über die Symptome beim Menschen gibt er folgendes an: »Mitunter ein brennendes Gefühl im Magen, selten Erbrechen.

Nun stellte sich die Frage, ob Enders sich etwa das Strychnin in selbst-mörderischer Absicht beibrachte. Das Verhalten des Wirtes vor und während der Erkrankung jedoch, so ergab die Untersuchung, schloß aus, daß der Mann selbst Hand an sich gelegt hatte. Weitere Nachforschungen ergaben: Der Ehemann Enders kam hungrig nach Hause und seine Frau Mathilde Enders setze ihm einen Mehlbrei vor. Obgleich dem Mann die Speise etwas bitter vorkam, aß er sie. Den leeren Teller leckte der Hund der Enders ab, der kurz darauf ähnliche Krämpfe wie sein Herrchen erleiden mußte.

Bald fiel der Verdacht der Rudolstädter Untersuchungsbeamten auf die Ehefrau und deren Geliebten, den Königseer Porzellandreher Günther Kühnas.

Schon sechs Wochen nach der Vergiftung des Franz Enders hatte sich das Liebespaar vom 11. bis 13. Februar 1911 vor dem Gemeinschaftlichen Schwurgericht Weimar mit seinem Vorsitzenden Oberlandesgerichtsrat Höfling aus Jena zu verantworten. Die Anklagebehörde vertrat der Erste Staatsanwalt Bernhard aus Rudolstadt. Die Verteidigung hatten die Rechtsanwälte Schäfer und Dr. Tegetmeyer aus Weimar übernommen.

Oft zeigen sich prämonitorisch (im voraus): Ziehen, Steifigkeit oder Schmerzen oder Spannung in den Kau- und Nackenmuskeln, allgemeines Unbehagen, Ameisenlaufen, ein lästiges Muskelspannungsgefühl, Schwere. Die Kiefer werden gespannt, als wenn die Beweglichkeit ihrer Gelenke gehindert würde, auch leichte Muskelzuckungen entstehen, z. B. in den Waden (...) In schwereren Fällen folgt jedoch, gewöhnlich nach einer Bewegung und bei einigen Individuen unter lautem, auch während der Krämpfe anhaltendem Schreien ein tetanischer (muskelkontrahierender) Anfall. Der Kopf wird nach dem Nacken gezogen, die Hände sind geballt, die Muskeln angespannt, der Körper steif, die Augen verdreht, vor dem Munde steht Schaum, die Atmung hört auf, das Gesicht ist zyanotisch (bläulich verfärbt), selten rot und geschwollen, die Augäpfel hervorgetrieben, starr, die Pupillen erweitert und der Puls meist unfühlbar. Ein Mann, der Strychnin enthaltenden Kaffee – angeblich nur einen Schluck – getrunken hatte, fühlte etwa 15–20 Minuten später, als er in den Hof gegangen war, um das Anspannen des Fuhrwerks zu beschleunigen, das ihn zum Arzt bringen sollte, ein Versagen der Beine. Unter lautem Schreien »Krampf, Krampf!« verzerrten sich seine Gesichtszüge, Trismus (tonischer Krampf der Kaumuskulatur des Unterkiefers) trat ein, die Hände ballten sich, die Beine führten Beuge- und Streckbewegungen aus. Nach etwa viertelstündiger Dauer kam Opisthotonus (Krampf der Streckmuskulatur des Rückens) dazu. Die Krämpfe wiederholten sich und eine Stunde nach dem Trinken erfolgte der Tod« (S. 794).

Die Anklage lautete auf versuchten Mord und Beihilfe dazu. Im einzelnen wurde der am 18. Februar 1865 in Königsee geborenen Gastwirtin Mathilde Auguste Emma Enders zur Last gelegt, ihrem Ehemann, den Gastwirt Franz Enders vom »Weißen Roß« in Königsee, am 31. Dezember 1910 in seine Mittagssuppe Strychnin gemischt zu haben. Der Angeklagte Hugo Günther Kühnas, geboren am 6. Januar 1883 in Barigau, sollte ihr das Gift dafür besorgt haben.

Die bisher nicht vorbestrafte 45jährige Frau Enders machte äußerlich den Eindruck einer kleinen Bürgersfrau. Während der Verhandlung sprach sie sehr leise, so daß der Gerichtsdiener ihr einen Stuhl vor den Richtertisch stellen mußte, damit sie besser verstanden werden konnte.

Ihre Ausdrucksweise, so teilte die *Schwarzburg-Rudolstädtische Landeszeitung* den Bürgern des Fürstentums mit, sei etwas besser, als sie gewöhnlich in ihren Kreisen zu sein pflegt, und die ganze Art ihrer Verteidigung nicht ungeschickt. Kühnas dagegen sei ein 28jähriger kräftiger Mann von gewöhnlichem Aussehen. Das Ehepaar Enders, das das Gasthaus »Zum weißen Roß« in Königsee innehatte, sei seit 1883 verheiratet und es waren der Ehe fünf Kinder entsprossen. Der älteste Nachkomme sei schon ein Mittzwanziger. Die Eheleute weilten längere Zeit in Amerika, wo der Mann als Brauer arbeitete und die beiden sich ein kleines Vermögen erwarben. Sie kamen dann nach Königsee, wo die Enders die Wirtschaft und Land erwarben.

Die Ehe war indes wenig glücklich, es kam häufig zu Differenzen, wobei es manchmal Prügel für die Frau setzte. Und auch mit der ehelichen Treue soll die Gattin es nicht allzu genau genommen haben. Zuletzt stand sie in einem Verhältnis zu dem Mitangeklagten Kühnas. Die Anklage nehme an, daß dieses Verhältnis ein ehebrecherisches gewesen sei.

Günther Kühnas, ebenfalls verheiratet, lebte jedoch schon längere Zeit von seiner Frau getrennt. Die Beziehung der Enders zu dem Kühnas dauerte schon länger, und es war sowohl in der Endersschen Ehe als auch in derjenigen der Kühnas deswegen wiederholt zu skandalösen Szenen gekommen, bei denen die beiden Ehemänner gewöhnlich ihre Frauen durchprügelten. Die Anklage brachte außerdem noch eine ganze Reihe von Einzelheiten vor, die das intime Verhältnis der beiden Angeklagten illustrierten.

Danach spitzten sich die ehelichen Verhältnisse bei den Enders schließlich derart zu, daß Anfang 1910 von der Ehefrau ein Scheidungsversuch

Porträt von Mathilde Auguste Emma Enders (?), 1910.

unternommen wurde. Im Juli desselben Jahres reichte dann auch der Ehemann eine Scheidungsklage ein, die sich »*auf Untreue, schlechte Behandlung und Trachten nach dem Leben*« stützte. Der angesetzte Sühnetermin verlief resultatlos und die Ehescheidungsklage ruhte.

Von der Anklagevertretung wurde ferner festgestellt, daß Kühnas seit Jahren Stammgast im »Weißen Roß« war und bereits vor, aber auch nach seiner Verheiratung wiederholt im Lokal übernachtete. Immer wieder war Mathilde Enders in die Kammer des Gastes Günther Kühnas geschlüpft, hatte mit ihm ausgiebig Wein getrunken und sich unerlaubter Liebe hingegeben. Franz Enders, den dieser Verkehr seiner Frau mit dem um so viele Jahre jüngeren Liebhaber demütigte, verbot ihr nun den Umgang mit dem Nebenbuhler. Damit war jedoch kein Mittel gefunden, den Liebesverkehr zwischen den Angeklagten zu beenden. Im Gegenteil! Die Verliebten kamen nunmehr noch öfter an allen nur erdenklichen Orten zusammen.

Die Angeklagten bestritten jede Schuld. Mathilde Enders ließ wissen, daß sie weder mit Kühnas, der nur ein guter Freund gewesen sei, in einem sträflichen Verhältnis gestanden, noch ihrem Mann das Strychnin in den Brei getan habe. Alles sei eine Reihe unseliger Zufälle. Das Unwohlsein ihres Mannes kam nach ihrer Meinung von dem verwendeten Zimt, dessen Bittersein allen aufgefallen war. Sie selbst habe nach dem Essen etwas Übelkeit verspürt. Der Körper wehrte sich heftig und habe alles erbrochen. Dann sei es ihr besser gegangen. Tochter Irene und zwei Wirtshausgäste, die ebenfalls Mehlbrei mit Zucker und Zimt gegessen hätten, seien von jeder Vergiftungserscheinung frei geblieben. Mathilde Enders äußerte auch den Verdacht, ihr Mann habe sich selbst umbringen wollen. Schließlich habe er Gift im Haus zur Bekämpfung von Ratten aufbewahrt.

Auch Kühnas behauptete, unschuldig zu sein, obgleich die Gendarmen bei seiner Verhaftung noch sechs Gramm Strychnin in dessen Wohnung gefunden hatten. Nach der Vernehmung der Angeklagten kamen die Zeugen zu Wort.

Ein Zeuge namens Seele aus Enders Königseer Nachbarschaft, der oft in der Gastwirtschaft »Zum weißen Roß« verkehrte, bestätigte, daß es hin und wieder ein gespanntes Verhältnis der Eheleute Enders gab. Mathilde Enders sei völlig aufgewühlt und verändert gewesen, weil der etwa 18 Jahre jüngere Kühnas sie begehrte.

Gift-Schein.

Nr. des Giftbuches _982._

(Ich bekenne hierdurch)

von der Fürstl. privil. Adler-Apotheke zu Königsee

8g Strychnin

zu _R. Rattenvertilgung_ zu haben.

wohl verschlossen und bezeichnet erhalten zu haben.

Der aus einem unvorsichtigen Gebrauch) des Giftes entstehenden Gefahren wohl bewußt, werde ich dafür Sorge tragen, daß dasselbe nicht in unbefugte Hände gelangt und nur zu dem vorgedachten Zwecke verwendet wird.

Das Gift soll durch _mich selbst_ abgeholt werden.

Breslau 24.10.10

(Wohnort, Tag, Monat, Jahr und Wohnung.)

Günther Kühner Dreher

(Name und Vorname, Stand oder Beruf des Erwerbers)
(Eigenhändig geschrieben.)

(Zusatz, falls das Gift durch einen Anderen abgeholt wird.)

Das oben bezeichnete Gift habe ich im Auftrage des _____

Namen des Erwerbers in Empfang genommen und verspreche, dasselbe alsbald unversehrt an meinen Auftrag-geber abzuliefern.

(Ort, Tag, Monat, Jahr)

(Name und Vorname, Stand oder Beruf des Abholenden)
(Eigenhändig geschrieben.)

_Giftschein der Fürstlich privilegierten Adler-Apotheke zu Königsee
über die Aushändigung von acht Gramm Strychnin
an den Dreher Günther Kühnas vom 24. Oktober 1910._

Der Zeuge Heinrich bekundete ähnliches. Einmal will er gehört haben, daß die Angeklagte zu ihren Töchtern gesagt habe: *»Der Mann muß zugrunde gehen. Ich kann mit meinem Mann nicht mehr leben!«*

Heinrich war am Tage der Tat im Lokal und hatte den Vergifteten mit ins Bett gebracht. Einen Tag später, als er sich nach des Franz Enders Befinden erkundigte, habe ihm die Angeklagte mit Verachtung die Worte entgegengeschleudert, daß ihr Mann in der Gottesackerkapelle und der Hund im Garten begraben würden. Diese Äußerung habe die Angeklagte mehrfach wiederholt.

Daraufhin unterbrach Mathilde Enders den Zeugen und rief in den Saal, Heinrich möge sich hier nicht von Feindschaft gegen sie leiten lassen, weil sein eigenes Werben um ihre Gunst zurückgewiesen worden wäre!

Die Zeugin Klara Kühnas, die Ehefrau des Angeklagten, äußerte, sie habe sich in den Anfangszeiten der Ehe mit Günther über ihren Mann nicht beklagen können. Eine Änderung sei eingetreten, als er mit der Enders in Verkehr trat. Vor drei bis vier Jahren stürzte Günther, der damals in Königsee Arbeit hatte, einmal mit dem Fahrrad. Aus diesem Anlaß kam Mathilde Enders in die Wohnung der Familie Kühnas nach Dröbischau, um Günther zu besuchen. Zu seiner Stärkung brachte sie eine Flasche Rotwein mit, wie sie sagte, auf Anregung ihres Mannes. Gleich nach Betreten der Wohnung habe sie ihr ein Fünfzigpfennigstück gegeben und sie fortgeschickt, um Bier zu holen. In der Zeit blieb Mathilde Enders bei Günther Kühnas. Als sie mit dem Bier zurückkam, war die Enders bereits weggegangen. Als sie Jahre später an einem Donnerstag in seinen Taschen einen Zettel entdeckte, der von der Angeklagten geschrieben war, änderte sich alles schlagartig und ihr war klar, wie lange das Verhältnis zwischen den beiden schon andauern mußte. Die Enders hatte geschrieben: *»Ich komme nicht Montag, sondern am Donnerstag.«*

Da wußte Klara Kühnas sofort, was dies zu bedeuten hatte. Sie überbrachte die Zeilen dem Gastwirt Enders. Die beiden Betrogenen suchten nun gemeinsam das Paar, fanden es aber nicht. Sie habe sich dann wegen Günthers Verhältnis zu der Enders von ihm getrennt.

Mehrere Zeugen ließen wissen, daß sich die Angeklagten immer öfter an verschiedenen Orten zu Stelldicheins trafen und nächtliche Spaziergänge unternahmen.

Zeuge Raimund Ludwig, ein Verwandter der Klara Kühnas, traf im Juni 1910 die beiden Angeklagten im Hotel »Coburger Hof« an, wo beide als

»Mann und Frau« nächtigten. Dort ließ er sich den Anmeldezettel zeigen, auf dem die Worte standen: »Günter Kühnas, Landwirt, mit Frau aus Königsee.«

Bereits im Jahre 1906 habe die Enders, so bezeugte ein weiterer vorgeladener Königseer vor Gericht, ihrem Geliebten einen goldenen Ring geschenkt, in dem eingraviert war: »M.E. 1906.«

Die Angeklagte, vom Vorsitzenden danach befragt, erinnerte sich nicht an das Geschenk, fügte aber hinzu, wenn sie das wirklich getan habe, so sei es jedenfalls deshalb geschehen, weil man Gäste schmieren müsse.

Den Aufenthalt des Paares im »Coburger Hof« sollte auch die Zeugin Minna Zimmermann bestätigen, die an jenem Tag mit ihrem Zuhälter in der Herberge mit gehobenem Standard weilte. Die Verteidigung beantragte die Landstreicherin, eine sogenannte »Trippelschikse«, aufgrund ihres Lebenswandels und zahlreicher Vorstrafen wegen Gewerbsunzucht, Diebstahls und Widerstandes gegen die Staatsgewalt nicht als Zeugin zuzulassen. Dem Antrag wurde vom Gericht entsprochen.

Der Königseer Apotheker, Zeuge Uphues, beteuerte, daß der Wirt Franz Enders etwa zwei Jahre vor seiner Vergiftung zwei Gramm Strychnin bei ihm einkaufte. Viel später gab er dem Angeklagten Günther Kühnas acht Gramm des gefährlichen Giftes ab. Frau Mathilde Enders dagegen erwarb in seiner Apotheke nie Strychnin.

Der Königseer Polizeiwachtmeister Heinrich Röser sagte aus, daß die Angeklagte als fleißige Frau galt. Von den ehelichen Zerwürfnissen hörte er erst kurz vor dem Mordversuch. Einmal wurde er von der Endersschen Tochter Irene zu Hilfe geholt, als der Wirt seine Frau mißhandelte.

Vom Vorsitzenden nach der Wahrhaftigkeit dieser Aussage befragt, verweigerten die Zeugen Gastwirt Enders und dessen Tochter Irene die Aussage. Hierauf trat eine einstündige Prozeßpause ein.

Nach Wiederbeginn der Verhandlung bekundete Ehemann Enders entgegen seiner Vormittagserklärung, er wolle nun doch aussagen. Der Zeuge schilderte zunächst das gute eheliche Verhältnis in den Anfangsjahren, dann die mehr und mehr zunehmenden Differenzen, die schließlich wegen des Verhältnisses seiner Gattin zu Kühnas zu Auseinandersetzungen führten. Später, so bekundete der Gastwirt, habe sich die Beziehung zwischen den Eheleuten wieder besser gestaltet. Franz Enders gab sich ersichtliche Mühe, seine Ehefrau zu entlasten. So habe er nie von einem Verhältnis seiner Frau mit Kühnas persönlich etwas wahrgenommen, nur von dritter Seite davon gehört. Seine Angaben über die Vorgänge vor, während und nach seiner Vergiftung trugen nicht zur Belastung seiner Ehefrau bei. Diese habe sich danach vielmehr recht unregelmäßig um seinen Zustand gekümmert.

Am späten Nachmittag, gegen 17.45 Uhr, endete die Beweisaufnahme.

In seinem umfangreichen Plädoyer gab der Staatsanwalt seiner Überzeugung Ausdruck, daß die Schuld der beiden Angeklagten voll erwiesen sei. Seine einstündige Rede gipfelte in der Feststellung, daß das Motiv der Tat in den zerrütteten Familienverhältnissen der Eheleute Enders zu erblicken sei, in der Hauptsache durch die Schuld der Angeschuldigten, die ihrem Ehemann die eheliche Treue nicht bewahrte, sondern schon längere Zeit intime Beziehungen zu anderen Männern unterhielt, insbesondere zu dem Mitbeschuldigten, dem Porzellandreher Günther Kühnas.

Vor allem der Versuch der Ehefrau, ihrem Manne einen Selbstmordversuch anzudichten, sei völlig mißlungen. Sowohl bei der Angeklagten Enders als auch bei ihrem »Galan« sei die Schuldfrage zu bejahen.

Die Verteidigung hingegen hielt die Indizien nicht für ausreichend, um die Schuld der beiden Angeklagten zweifellos zu beweisen. Daher baten sie die Geschworenen, die Schuldfrage zu verneinen.

Nach fast einstündiger Beratung verkündete der Obmann den Spruch der Geschworenen, der für beide Angeklagten auf schuldig des vorsätzlichen Mordversuchs sowie der Beihilfe hierzu lautete.

Der Erste Staatsanwalt beantragte hierauf für die Enders fünf Jahre Zuchthaus und zehn Jahre Ehrverlust. Gegen Kühnas forderte der Anklagevertreter drei Jahre Zuchthaus und fünf Jahre Ehrverlust.

Der Gerichtshof folgte bei Günther Kühnas dem staatsanwaltlichen Antrag. Bei Mathilde Enders urteilten die Richter über diesen Antrag hinaus, indem sie auf sieben Jahre Zuchthaus und zehn Jahre Ehrverlust erkannten.

Günther Kühnas verzichtete noch am 13. Februar 1911 auf Einlegung der Revision gegen das Urteil und wurde am 28. Februar mit folgenden Erkennungsmerkmalen in die Königliche Strafanstalt Kassel-Wehlheiden eingeliefert: Günther Kühnas: Körpergröße 1,71 Meter, kräftige Statur, blonde Haare, breite Stirn, blaugraue Augen, blonde Augenbrauen, gesunde Zähne, gesunde Gesichtsfarbe und frei von Ungeziefer.

Da auch Mathilde Enders einige Tage später auf das Rechtsmittel der Revision verzichtete, erfolgte am 8. März 1911 ihre Überführung in die Königlich Preußische Strafanstalt Delitzsch mit dem sie beschreibenden

Erkennungsblatt: Mathilde Enders: Körpergröße: 154 Zentimeter, mittlere Statur, dunkelblonde Haare, breite Stirn, trägt Ohrringe, braune Augen, defekte Zähne, Nase, Kinn und Mund gewöhnlich, gesunde Gesichtsfarbe und frei von Ungeziefer.

Auf Antrag ihres Mannes Franz Enders gewährte man Mathilde Ende 1912 und Anfang 1913 eine mehrmonatige krankheitsbedingte Strafunterbrechung. Am 24. Januar, gleich nach der Rückkehr aus Königsee in die Delitzscher Strafanstalt, beantragte sie schriftlich bei der Schwarzburgischen Staatsanwaltschaft beim Landgericht Rudolstadt die Wiederaufnahme ihres Verfahrens.

In ihren Zeilen äußerte Mathilde Enders, daß ihr Mann kürzlich verreist sei, als sie in Königsee war. Durch Zufall sei ihr während der Haftunterbrechung im Haus ein Schreiben in die Hände gefallen, in welchem Franz Enders zugebe, daß er Gift im Zustand von nervöser Aufregung selbst genommen habe. Außerdem könne ihre Tochter Irene bezeugen, daß der Ehegatte damals ausreichend Gift besessen hatte.

Ihrem Schreiben fügte die Ehefrau eine eidesstattliche Erklärung des Franz Enders vom 19. Dezember 1912 hinzu, in der es heißt: »*Ich versichere hiermit der Wahrheit gemäß und an Eidesstatt, daß ich am 31. Dezember 1910, das fragliche Gift, infolge einer nervösen Aufregung freiwillig zu mir genommen habe. Meine Ehefrau Mathilde Enders geb. Nöller in Königsee ist unschuldig und hatte von meiner Handlung keine Kenntnis!*«

Zunächst bewirkten die übersandten Schreiben die Wiederaufnahme der Untersuchung des etwa zwei Jahre zurückliegenden Giftmordversuches, auch mit der neuerlichen Befragung des Verurteilten Kühnas. Dieser bekräftigte seine Unschuld und betonte: »*Wenn ich meine Strafe verbüßt habe, werde ich es als meine Pflicht betrachten, diejenigen zur Rechenschaft zu ziehen, die in meinem Strafprozeß ihre falsche Aussage mit einem Eid bekräftigt haben. Ich behalte mir indessen vor, auch meinerseits noch vor meiner Entlassung meinen Antrag auf Wiederaufnahme des Strafverfahrens zu stellen.*«

Inzwischen hatte Franz Enders noch behauptet, daß im Mehlbrei kein Gift war. Er habe das Gift mit einem Stückchen Butter separat zu sich genommen.

Am 24. Juni 1913 faßte das Landgericht Rudolstadt, nach nochmaliger Vernehmung zahlreicher Zeugen, den Beschluß, den Antrag der Enders auf Wiederaufnahme des Strafverfahrens auf ihre Kosten zu verwerfen, eidesstattliche Versicherung

Ich versichere hiermit der Wahrheit gemäß und an Eidesstatt, daß ich am 31. Dezbr. 1910. das eheliche Weib, infolge einer unerhörten Äußerung mich freiwillig zu mir genommen habe.

Meine Ehefrau Mathilde Enders geb. Nöller i. Königsee ist unschuldig und hatte von meiner Handlung keine Kenntnis.

Königsee d. 19 Dezbr. 1912

Franz Enders

Handschriftliche eidesstattliche Erklärung des Franz Enders vom 19. Dezember 1912.

und begründete dies u. a. wie folgt: »Enders Selbstbezichtigung verdient keinen Glauben. Sein Verhalten vor der Vergiftung steht ihr entgegen. Sie ist weiter damit unvereinbar, daß auch der Hund unzweifelhafte Anzeichen einer Strychninvergiftung zeigte. Der Hund hatte die Reste verzehrt, die Enders auf seinem Teller übrig gelassen hatte. Wenn Enders das Gift auf einem Stückchen Butter zu sich genommen hätte, wäre die Vergiftung des Hundes unerklärlich.«

Frank Esche

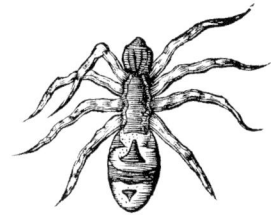

Aktendeckel der Thüringischen Staatsanwaltschaft beim Landgericht Rudolstadt über die Strafsache gegen die Ehefrau Bertha Meister aus Schwarza wegen Totschlags.

BERTHA MEISTER – DIE SPÄTE SÜHNE

FREISTAAT THÜRINGEN (1920–1938)

Die beiden Männer hätten sich am 28. November 1931 auf der Straße in Schwarza auch nicht begegnen können. Sie hätten an diesem kalten und regnerischen Novembertag in der bei Rudolstadt gelegenen Gemeinde auch über etwas ganz anderes reden können. Es gab jedenfalls keine erkennbare Ursache dafür, warum an diesem Tag ein elf Jahre zurückliegender Mord ausgeplaudert werden sollte. Wahrscheinlich wäre das Verbrechen nie ruchbar geworden, wenn nicht der Tischler Rudolf Meister dem Schwarzaer Gemeinderechnungsführer Ottomar Höfer von Vorgängen berichtet hätte, die seine eigene Mutter schwer belasteten. So habe er gehört, wie sein Vater Hugo Meister vor Jahren seiner Ehefrau Bertha Meister vorwarf, sie habe 1920 ihr eigenes Enkelkind ermordet.

Die durch Höfer erstattete Anzeige wegen Kindestötung löste sofort Aktivitäten der Rudolstädter Untersuchungsrichter aus, und es folgte die Vernehmung mehrerer Zeugen. Am 23. Januar 1932 stellte das Thüringische Amtsgericht Rudolstadt einen Haftbefehl gegen die Angeschuldigte aus, der mit ihrer zwei Tage später erfolgten Einlieferung ins Bezirksgefängnis Rudolstadt vollzogen wurde. Die drakonische und ungewöhnliche Maßnahme – schließlich lag das Verbrechen schon viele Jahre zurück – wurde damit begründet, daß »ein Verbrechen den Gegenstand der Untersuchungen bildet und fernerhin Verdunklungsgefahr besteht«.

Gegen die angeordnete Untersuchungshaft legte die Verteidigung von Frau Bertha Meister sofort Einspruch ein, da inzwischen ein Geständnis der Angeschuldigten vorlag und keine Fluchtgefahr bestand. Das Gericht wies jedoch den Antrag auf Haftverschonung zurück. Schließlich könnte es zu einem Widerruf des Geständnisses kommen, wenn die Meister die Möglichkeit hätte, die Zeugen, die schließlich alle aus ihrer eigenen Familie kämen, zu beeinflussen.

Später schien sich das Gericht besonnen zu haben, denn die Beschuldigte wurde am 16. Februar 1932 aus der Untersuchungshaft wieder entlassen.

Am 19. April 1932, knapp fünf Monate nach der Offenbarung des Rudolf Meister, stand die alte, gebrechlich wirkende Frau aus Schwarza vor dem Schwurgericht beim Thüringischen Landgericht Rudolstadt. Die Verhandlung begann 10.00 Uhr unter Vorsitz des Landgerichtsdirektors Rausch. Als Anklagevertreter agierte Staatsanwaltschaftsrat Schwarz. Die Verteidigung lag in den Händen des Rudolstädter Rechtsanwalts Kurt Lairitz.

Die Anklage richtete sich gegen Bertha Meister aus Schwarza, weil sie am 10. November 1920, also vor über elf Jahren, ihr Enkelkind ermordet habe. Frau Meister wurde am 26. März 1869 in Schwarza geboren. Sie heiratete 1897 den drei Jahre jüngeren Bleilöter Hugo Meister. 1932 lebten sechs Kinder der Meisters im Alter von 23 bis 37 Jahre.

Nach Verlesung der Personalien wurde gegen die Angeklagte die Beschuldigung erhoben, in der Nacht zum 10. November 1920 in Schwarza vorsätzlich und ohne Überlegung das sieben Wochen alte uneheliche Kind ihrer damals 21jährigen Tochter Elsa Meister getötet zu haben. Danach erfolgte das Verbrechen, indem Bertha Meister das Kind mit einem Kissen bedeckte und es so ersticken ließ.

Die Beweisaufnahme ging sehr rasch vonstatten, da die Angeklagte im allgemeinen geständig war. Danach stellte sich der Hergang der Tat folgendermaßen dar:

Das Kind Heinz Erich Fritz Meister, der Name des Vaters wurde nie festgestellt, wurde von der Tochter Elsa am 20. September 1920, 5.30 Uhr, im elterlichen Haus geboren. Bei der Geburt war das sieben Pfund schwere Kind gesund und kräftig. Diesen Eindruck hatte auch die Hebamme, die das Kind in den ersten neun Tagen betreute.

Da die Kindesmutter Elsa auf Arbeitssuche gehen mußte, um sich und ihr uneheliches Kind zu versorgen, übernahm die Großmutter die Pflege des Kindes. Später, so behauptete die Angeklagte vor Gericht, habe das Kind an Krämpfen gelitten und ständig geschrien, so daß Tag und Nacht die Ruhe gestört war. Da die Familie in der Nachkriegszeit arm war, konnte sie sich keine Krankenkasse und damit auch keinen Arzt leisten.

Sie habe sich dabei nichts weiter gedacht, versicherte die Angeklagte, weil ihr selber ein Kind an den gleichen Erscheinungen gestorben war, und sah es als einen natürlichen Vorgang an, gegen den anzukämpfen aussichtslos gewesen wäre.

Als der Vorsitzende ihr vorhielt, daß das langandauernde Schreien des Kindes und die eingekniffenen Däumchen doch wohl auf nachlässige Behandlung und das daraus resultierende übermäßige Wundsein des Kindes zurückzuführen gewesen sei, widersprach die Angeklagte und behauptete, sie habe das Kind der Tochter stets wie ihre eigenen gepflegt.

Geschäftsnummer:

2 G 23/32

29.

Haftbefehl

Die am 26. 3. 1869 in Schwarza / Saale
geb. Bertha Meister geb. Krause in Schwarza

ist zur Untersuchungshaft zu bringen

weil sie dringend verdächtig ist,in der Nacht vom 9/10.November
1920 in Schwarza vorsätzlich mit Überlegung das unehelich geborene 7. Monate alte Kind ihrer jetzt verheirateten Tochter Elsa Schütte geb. Meister getätet
zu haben,indem sie auf das Gesicht des an Krämpfen
leidenden Kindes ein Kissen legte und das Kind so
ersticken liess.

und weil ein Verbrechen den Gegenstand der Untersuchungen
bildet und fernerhin Verdunklungsgefahr besteht.

Verbrechen nach § 211 Str.G.B.

Gegen diesen Haftbefehl ist das Rechtsmittel der Beschwerde zulässig. — Statt der
Beschwerde kann eine mündliche Verhandlung gemäß § 114d der Strafprozeßordnung beantragt werden. In der mündlichen Verhandlung wird darüber entschieden, ob der Haftbefehl
aufrechtzuerhalten oder aufzuheben ist oder ob, wenn die Verhaftung lediglich wegen des
Verdachts der Flucht angeordnet ist, gegen Sicherheitsleistung von der Untersuchungshaft
abgesehen werden soll.*) —

Rudolstadt , den 23. Januar 19 32

Thüringisches Amtsgericht

Haftbefehl gegen Frau Bertha Meister.

Sie habe aber zum Schluß nicht mehr gewußt, was mit dem Kind anzufangen sei.

In der fraglichen Nacht legte sich Bertha Meister mit der noch schulpflichtigen jüngeren Tochter Marie in einem von dem Zimmer des Enkelkindes durch den Hausflur getrennten Raum zum Schlafen nieder. Gegen zehn Uhr abends sei Elsa zu ihr gekommen und habe um Hilfe gebeten. Das Kind schrie fortgesetzt, rang nach Luft, und seine Atmung setzte hin und wieder aus. Weil auch Bertha keinen Rat mehr wußte und das Geschrei nicht aufhörte, nahm sie, um der Not ein Ende zu bereiten, ein Kissen und deckte das Kind damit vollständig zu. Eine Tötungsabsicht habe nicht bestanden.

Auf nochmalige Nachfrage des Vorsitzenden zu Einzelheiten der Tat fuhr Bertha Meister mit weinerlicher, zitternder und fast unhörbarer Stimme in ihrer Aussage fort: »*Durch meine damaligen Familienverhältnisse sind meine Nerven vollkommen zerrüttet und ich bin nahe am Zusammenbruch. Ich habe in der betreffenden Nacht das Kopfkissen auf das Kind gelegt, denn es war schon am einschlafen. Ich habe nicht mehr gewußt, was ich tat, ich war ganz verzweifelt. Ich habe mich am Körper des Kindes nicht vergriffen. Ich habe das Kissen auch nicht mit Gewalt auf den Körper gedrückt, sondern nur leicht aufgelegt. Dann habe ich meine Tochter am Arm genommen und aus dem Zimmer geführt. Meine Tochter Elsa hat an dem Kinde nichts gemacht, sondern war auch verzweifelt und weinte.*«

Sie sei dann nicht an ihre alte Lagerstatt zurückgekehrt, sondern mit der Kindesmutter zusammen zu Bett gegangen. Vor Erregung konnte Bertha Meister dann nicht schlafen. Gegen drei Uhr morgens sah sie nach dem Kind und fand es erstickt vor.

Den Aussagen der Angeklagten folgte die Zeugenvernehmung. Die Tochter der Angeklagten, die Kindesmutter, betätigte, daß das Kind wenige Wochen nach der Geburt stark geschrien habe. Nach den Äußerungen der Mutter führte sie das Weinen auf Krampfzustände zurück. Als Elsa sah, daß die Mutter das Kind mit dem Kissen zudeckte, habe sie ihr dasselbe weggerissen und gefragt: »*Was machst du?*«, worauf diese antwortete: »*Du bist ja dumm, das Kind kommt wieder zu sich.*«

Auf die Äußerung ihrer Mutter, dem Kind sei nicht zu helfen, habe sie sich aber beruhigt. Die Mutter hatte schon vorher öfter geäußert, daß es besser sei, wenn Gott das Kind zu sich nehmen würde.

Schwarza, Hüttengasse, Obertor. Postkarte um 1906.

Als ihr am Morgen die Mutter die Todesnachricht brachte, sei sie sehr erschrocken gewesen und meldete noch am selben Vormittag den Tod des Kindes. Beim Tod ihres Kindes wurde ein Arzt nicht hinzugezogen, da sie und die Mutter diesen nicht bezahlen konnten.

Bertha Meister hätte Elsa nun öfter gesagt, sie solle *»über die Vorgänge in der Nacht schweigen, aber heute«,* so sagte die Tochter vor dem Gericht aus, *»muß ich nach all den Jahren mein Inneres frei machen.«*

Hebamme Hedwig Krause, die Schwägerin der Angeklagten, bestätigte, daß das Kind bei der Geburt gesund gewesen sei. Leichenfrau Fischer sagte aus, sie habe das Kind außergewöhnlich wund und mit eingeklemmten Däumchen vorgefunden. Ihr selbst sei ein Kind an Krämpfen im Alter von zehn Wochen gestorben. Auch eine dritte Zeugin, Frau Anna Unsinn, bekundete, daß das Kind auffallend viel geschrien und sie gelegentlich auch das starke Wundsein des Kindes bemerkt habe. Auch ihr sei ein Kind an Krampfzuständen trotz ärztlichen Beistandes gestorben.

Bertha Meisters Ehemann Hugo war zur betreffenden Zeit nicht zu Hause und ließ verlauten, er sei bei einer jüngeren Freundin gewesen. Die Beziehung zu seiner Frau sei zerrüttet. Er habe den Geschlechtsverkehr mit ihr abgelehnt. Es habe keinen Zweck, nur auf ihr so *»herumzurutschen«.* Er könne nichts weiter über die Tat sagen, habe den Weibern aber nie geglaubt, daß sein Enkelsohn auf natürliche Weise gestorben sei. Als er Bertha einmal darauf ansprach, habe sie nur höhnisch gelacht.

Damit waren die Zeugenvernehmung und Beweisaufnahme erschöpft. Nach den Plädoyers von Staatsanwalt und Verteidiger verkündete das Gericht um zwölf Uhr, also nach kurzem Prozeß, folgendes Urteil:

»Die Angeklagte wird wegen Totschlags nach § 213 des Strafgesetzbuches zu drei Jahren Gefängnis und zur Tragung der Kosten verurteilt.«

Am 28. April 1932 reichten die Verteidiger Lairitz und Dr. Richter ein Gnadengesuch für die Verurteilte ein, in dem es heißt: »Frau Meister ist zu der Tat durch mißliche Familienverhältnisse hingerissen worden. Ihr Mann hat sie fortwährend schlecht und mißachtend behandelt. Das Kind warf er seiner Frau, nicht aber seiner Tochter vor [...] Jedenfalls aber hat Frau Meister sofort ihre Tat eingestanden. Darüber sind 11 Jahre ins Land gegangen; in dieser langen Zeit hat sich Frau Meister ebenso wie vor der Tat einwandfrei geführt. Soviel wir gehört haben, empfindet die Bevölkerung mit ihr Mitleid. Sie ist eine gutmütige Frau von 63 Jahren. Bei Begehung der Tat war sie selbst krank. Sie litt schon damals an Herzbeschwerden, die sich in nervösen Störungen zeigten. Lange Jahre war sie in Behandlung des Sanitätsrates Dr. Georg Möller und in der letzten Zeit in der von Dr. Franke in Bad Blankenburg. In der Anlage überreichen wir ein ärztliches Attest des Herrn Dr. Franke, aus dem der objektive Befund der Untersuchung hervorgeht. Es geht daraus auch die ärztliche Auffassung hervor, daß bei einer nochmaligen Haft der Frau Meister eine Verschlimmerung ihres Leidens nicht ausgeschlossen ist. Sie hat unter dem furchtbaren Geheimnis der 11 Jahre seelisch genug gelitten. Würde sie inhaftiert, so würde eine Verschlimmerung ihres Leidens kaum mit dem Zweck der Strafe in Einklang gebracht werden können. Frau Meister hat bereits einen Monat Untersuchungshaft erlitten. Wir bitten ergebenst, ihr Strafaufschub mit der Aussicht auf Begnadigung zu bewilligen. Sie fühlt sich nicht haftfähig.«

Das Gnadengesuch lehnte das Gericht ab.

Am 31. Oktober 1932 vormittags stellte sich Bertha Meister zum Strafantritt in Gräfentonna ein. Ein weiteres von ihr aus dem Gefängnis eingereichtes Gnadengesuch lehnte das Thüringer Justizministerium ohne Begründung am 17. Mai 1933 ab.

Bertha Meisters Entlassung aus dem Frauengefängnis Gräfentonna erfolgte am 1. Mai 1935. Die Vollstreckung des bis dahin noch nicht verbüßten Teils der Strafe aus dem Urteil vom 19. April 1932 wurde bis zum 1. Mai 1938 auf Bewährung ausgesetzt.

Die Haftkosten betrugen für 912 Tage je Tag 2,50 Reichsmark, insgesamt 2280 Reichsmark. Der Betrag mußte innerhalb einer Woche bei der Gerichtskasse Rudolstadt entrichtet werden. Bertha Meister verkaufte dafür ihren Grundbesitz.

Die Akte der Thüringischen Staatsanwaltschaft beim Landgericht Rudolstadt enthält ein letztes Dokument zu dem Fall, ausgestellt am 4. April 1938 vom Ortsbürgermeister aus Schwarza: »Die Witwe Bertha Meister lebt sehr zurückgezogen von ihrer kleinen Rente, ihre Führung hat zu irgendwelchen Klagen keinen Anlass wieder gegeben, sie wird als ruhiger verträglicher Charakter geschildert, lebt mit ihrer Nachbarschaft in gutem Einvernehmen. Einer Lohnarbeit geht sie bei ihrem hohen Alter nicht mehr nach. Ein Erlaß der restlichen Strafe wird von mir befürwortet.«

Frank Esche

ELLA JAKOBI – DER KATZHÜTTER GIFTMORD

FREISTAAT THÜRINGEN (1921–1936)

War es ein Unfall, Selbstmord oder gar Mord? Die Sensationslust zahlreicher Rudolstädter wurde schon Tage zuvor nach Bekanntwerden des Prozeßtermins aufgestachelt.

Ein Beziehungsdrama soll sich im Thüringer Wald abgespielt haben. Das versprach Spannung und die Preisgabe von ergötzlichen intimen Geheimnissen.

Es verwunderte daher nicht, daß am 17. November 1921, dem Tag der Verhandlung vor dem Gemeinsamen Schwurgericht, der Zuschauersaal im Rudolstädter Landgericht überfüllt war. Die Geschworenen hatten darüber zu befinden, ob die 33 Jahre alte Ella Lydia Marta Jakobi aus Katzhütte vorsätzlich und mit Überlegung ihren Mann ermordet hatte.

Die Angeklagte kam am 14. November 1888 in Bechstedt bei Schwarzburg zur Welt. Zuletzt wohnte Ella Jakobi bei ihrem Mann, dem verwitweten Bäckermeister und Holzhändler Hermann Jakobi in Katzhütte. Seit dem 22. März 1911 bestand die Ehe, aus der keine Kinder hervorgegangen waren.

Der Mordfall wurde vom Untersuchungsrichter Landgerichtsrat Grüttner im Landgericht Rudolstadt untersucht. Dazu gehörte auch, daß der Beamte Erkundigungen über den Lebenswandel der Jakobi einholte. Auf entsprechende Anfrage beim Gemeindevorstand Bechstedt bekam der Jurist zur Antwort:

»Zum gefälligen Bericht, auf Ihre w. Anfrage betr. Führung der Ella Jakobi a. Katzhütte, geb. Pfeiffer a. Bechstedt, teile ich ergebenst mit, daß dieselbe stets ein freies Leben geführt hat. Es fehlte ihr wohl an der Elterlichen Erziehung, denn ihr Vater ist 1894, die Mutter 1905 gestorben. Z. Zt. war sie erst 17 Jahre alt u. mußte von da ihren Hausstand für sich u. noch 2 jüngere Brüder vertreten. In der häußlichen Wirtschaft war sie stets sauber u. reinlich. Aber auf Sparsamkeit, Wahrheit & Ehrlichkeit hat sie nie großen Wert gelegt. Ihr Schulzeichnis ist ohne besondere Bemerkung.«

Das Thüringische Amtsgericht Oberweißbach, von dem Grüttner ein Führungszeugnis angefordert hatte, gab zur Antwort:

»Die Ella Jacobi, geb. Pfeiffer in Katzhütte, ist wegen Diebstahls in 4 Fällen mit 2 Monaten Gefängnis bestraft. Außerdem wegen Unregelmäßigkeiten in den abgelieferten Brotmarken mit 150 Mark [...] bestraft. Ihr Benehmen war vor längerer Zeit sehr auffällig und hatte sich sehr im Spiel und Tanz belustigt, sodaß auch ein Liebesverhältnis hervorgerufen worden ist. Dieselbe besitzt eine besondere Fertigkeit in Lügenhaftigkeit und Pascherei. Katzhütte, den 25. Mai 1921. Müller, Schultheiß.«

Mit etwas Verspätung, 9.10 Uhr, eröffnete der Vorsitzende Landgerichtsrat Witschel am 17. November 1921 den Prozeß mit der Auslosung und Vereidigung der Geschworenen. Es folgte die Verlesung der Anklageschrift.

Danach erkrankte am 17. Mai 1921 gegen neun Uhr abends der Bäckermeister und Holzhändler Hermann Jakobi in Katzhütte ganz plötzlich unter auffallenden Erscheinungen und verstarb einige Stunden später. Der sofort aus dem Ort hinzugezogene Arzt Dr. Gärtner nahm, da Jacobi an Krampfadern litt, zunächst Starrkrampf an. Die »Leichenöffnung« am 19. Mai ergab jedoch nach den Feststellungen des Pathologischen Instituts Jena einwandfrei Vergiftung durch Strychnin[34].

Selbstmord war aus folgenden Gründen ausgeschlossen: Jacobi war bis zu seinem Tod bei voller Besinnung. Dies ließ sich aus dem Umstand schließen, daß er noch Anordnungen bezüglich seiner Geldmittel treffen und seine Schuldner angeben konnte. Dem Arzt gegenüber äußerte er auf Befragen, er habe weder Unrechtes gegessen noch getrunken, flehe ihn um Hilfe an und hoffe auf Rettung.

Nach Meinung der Staatsanwaltschaft lag auch kein ersichtlicher Grund für Selbstmord vor. Jacobi lebte in guten Vermögensverhältnissen und er hatte, abgesehen von der Untreue seiner Frau, keine nennenswerten Enttäuschungen erlebt. Noch 14 Tage vor seinem Tod äußerte der Mann gegenüber dem Katzhütter Kaufmann Bock Pläne über bauliche Veränderungen in seinen Wirtschaftseinrichtungen.

Wenn Jacobi wirklich Selbstmord verüben wollte, führte Oberstaatsanwalt Bernhardt aus, so hätte er zweifellos nicht den qualvollen Tod durch

---

[34] Strychnin kann in Harn, Blut, Leber, Nieren, Milz, Dünndarm, Gehirn und Rückenmark nachgewiesen werden. Strychnin ist schwer durch Fäulnis zerstörbar. Noch nach sechs Monaten ist es im Magen und Mageninhalt einer Leiche nachweisbar. Gleiches gilt für seine Nachweisbarkeit im Blut und den Flüssigkeiten, die sich aus einer Leiche ergießen.

Katzhütte – Oelze, Ortsblick im oberen Schwarzatal. Postkarte um 1930.

Strychnin, dessen Wirkungen ihm als Jäger bekannt waren, gewählt.[35] Dann würde er sich schon eher entschlossen haben, sein Leben mit dem Jagdgewehr zu beenden. Jacobi war auch nach Aussage seiner Schwiegertochter Elisabeth Jacobi kurz vor seinem Tod noch guter Laune, versprach ihr Holz und wollte es am nächsten Tag anfahren lassen. Keiner der in der Voruntersuchung vernommenen Zeugen hielt einen Selbstmord bei Jacobi für möglich. Nach alledem, meinte der Geheime Justizrat, könne der Tod des Jacobi nur durch eine dritte Person verursacht worden sein.

Bald, so führte der Staatsanwalt weiter aus, sei der Verdacht auf die Ehefrau Ella Jakobi gefallen. Sie war ihres 14 Jahre älteren Mannes überdrüssig geworden und fing daher ein Liebesverhältnis mit dem 20jährigen Rudolf Ginnel aus Katzhütte an. An den zwölf Jahre jüngeren Mann hatte sie sich in der Zeit ihres geschlechtlichen Verkehrs mit ihm so gewöhnt, daß sie nach ihren eigenen Angaben nicht wieder von ihm lassen konnte und ernstlich an eine Heirat mit ihm dachte, obwohl der Liebhaber dazu keine Neigung empfand. Bei dessen Vater, Herrn Ginnel, hatte die Jakobi bereits angefragt, ob dieser Absicht etwas im Wege stehe. Es wurde ihr darauf erklärt, daß der Heirat zwei Hindernisse entgegenstünden: die Minderjährigkeit seines Sohnes und ihre bestehende Ehe.

Das erste Hindernis war durch Zeitablauf heilbar, meinte der Staatsanwalt, das zweite konnte nur gewaltsam beseitigt werden, denn zur Ehescheidung gab es keinen gesetzlichen Grund. Es blieb also nur der eine Weg – der heimtückische Mord. Sie bestreite ihn. Die moralischen Hemmungen, die dabei zu überwinden waren, hielten sich bei der Jacobi in Grenzen. Das würden die Vorstrafakten des Amtsgerichts Oberweißbach beweisen. Eine Zeugin bezeichnete sie in der Voruntersuchung sogar als eine verlogene Schwindlerin.

Wegen ihres verbotenen Verkehrs mit Ginnel hatte Hermann Jacobi ein scharfes Auge auf seine Frau geworfen und er machte ihr deswegen auch öfter Vorhaltungen. Dadurch wurde die an sich schon bestehende Abneigung gegen ihren Ehemann nur vergrößert, ihr Haß gegen ihn gesteigert. Während einer Auseinandersetzung Anfang Mai 1921 habe sich, so der

---

[35] Strychnin wurde vielfach für den Tierfang gebraucht. So handelten um 1929 mongolische Jäger von russischen Kleinhändlern deutsches Strychnin in unglaublichen Mengen ein. Der Massenmord an Pelztieren im Osten war zu dieser Zeit berüchtigt.

Staatsanwalt, die Jacobi auf die Knie geworfen und mit geballten Fäusten drohend gerufen: »*Du darfst keines natürlichen Todes sterben.*«

Kurz darauf, so der Anklagevertreter, besorgte sie Strychnin vom Apotheker Teicher. Am 10. Mai fand Hermann Jacobi das Gift. Das Fläschchen habe, nach Aussage der Angeklagten, der Ehemann ihr während eines Streites mit den Worten auf den Rücken geworfen: »*Vergifte dich mit deinem Schweinehund.*«

In dem Bestreben, unter Täuschung ihres Mannes wieder in den Besitz des Strychnins zu gelangen, habe sie dann das Gift umgefüllt. So ersetzte Ella Jakobi das Strychnin durch Zucker, weil dieser große Ähnlichkeit damit hat, und stellte es wieder an den vorhergehenden Platz im Schreibtisch. Ihr Mann sollte durch den Verlust des Giftes nicht argwöhnisch werden. Das Fläschchen mit dem Strychnin habe sie in Wirklichkeit an sich genommen.

Wie planvoll Ella Jakobi vorging, zeige sich auch darin, daß sie sich Geldmittel für die nächste Zeit nach dem Tod ihres Mannes sichern wollte. So schaffte die umtriebige Frau Haushaltsgegenstände beiseite, zweifellos deshalb, um sie nach Jakobis Tod dem Zugriff seiner Verwandten zu entziehen.

In der Nacht vom 18. zum 19. Mai, also etwa einen Tag nach dem Tod des Mannes, ergriff die Jacobi die Flucht. Das deute nach Meinung des Anklagevertreters auf ein schlechtes Gewissen. Daher klage er die Witwe Ella Jakobi, geborene Pfeiffer, an, in der Nacht vom 17. zum 18. Mai 1921 in Katzhütte einen Menschen, ihren Ehemann, den Bäckermeister und Holzhändler Hermann Jacobi, vorsätzlich und mit Überlegung getötet und damit ein Verbrechen gegen § 211 des Strafgesetzbuches begangen zu haben.

Auf die Frage, was sie zu den Anschuldigungen zu sagen habe, wiederholte Ella Jakobi ihre Aussage, die sie schon bei der ersten Vernehmung nach ihrer Verhaftung am 20. Mai 1921, auf Veranlassung des Thüringischen Amtsgerichts Oberweißbach, vor dem Rudolstädter Untersuchungsrichter Landgerichtsrat Grütter am 23. Mai 1921 geäußert hatte.

Sie stellte die Beschuldigung in Abrede. Ihrem Mann habe sie viele Sorgen gemacht, namentlich mit dem Liebesverhältnis zu und dem Geschlechtsverkehr mit dem Schneidemüller Ginnel. Aber seit dem 7. März 1921 habe sie nicht mehr mit ihm verkehrt, sondern nur zweimal Briefe geschrieben. Ihr Mann war zu ihr seelensgut, vielleicht zu gut. Seit dem 7. März hegte der Mann Argwohn. An diesem Tag hatte der Ehemann sie mit Ginnel im gemeinsamen Schlafzimmer überrascht. Zunächst hatte sie den Plan, zu ihrem Bruder nach Danzig zu gehen. Dieser wollte sie nicht haben, und daher kam sie von diesem Plan ab. Als der Ginnel wieder einmal am Haus vorbeiging, sah das ihr Mann und fing an zu schimpfen. Sie sagte ihm, er solle nicht immer am Fenster gucken. Daraufhin schlug Jakobi so heftig zu, daß die Nase blutete, und das veranlaßte sie dann, den Plan zu fassen, sich das Leben zu nehmen.

Hierzu ließ sie sich vom Gemeindevorstand eine Bescheinigung zum Zweck des Kaufs von »Raubzeuggift« ausstellen. Aufgrund dieser Bescheinigung erhielt sie Strychnin in der Apotheke. Nach ihrer Rückkehr stellte der Mann die Frage, wo sie gewesen sei und ließ eine Untersuchung folgen. Dabei fand er das von der Apotheke geholte Strychninfläschchen, das sie in ein Taschentuch eingewickelt hatte, nahm das Fläschchen an sich und legte es in den Schreibtischkasten. Später äußerte der Bäckermeister mehrmals, als er sich wieder einmal über Ginnel geärgert hatte, das Zeug würde mal was für seine untreue Gattin. Sie habe daraufhin zu dessen jüngsten Sohn aus erster Ehe, dem Alfred, gesagt, »*Sieh, daß Du das Fläschchen mit dem Gift bekommst, damit kein Unglück passiert.*« Der Sohn Alfred sagte aber: »*Das macht mein Vater nicht.*«

Katzhütte. Postkarte 1906.

Einige Tage später habe ihr Mann geschlafen, und der Schlüssel steckte am Schreibtisch. Sie hätte das Strychnin aus den Kästen herausgenommen und in ein anderes Fläschchen umgefüllt. In das erste Glas, also in welchem das Gift vor der Umfüllung war, habe sie Zucker hineingetan. Dies sei geschehen, um ihrem Mann das Gift abzunehmen und ihn in dem Glauben zu lassen, daß er das Gift noch habe. Plötzlich sei ihr Mann hinzugekommen, als das Fläschchen mit dem Zucker noch auf dem Tisch stand, und habe gefragt, was sie hier mache. Sie habe geantwortet, nicht mehr leben und sich vergiften zu wollen. Darauf hätte er beide Fläschchen wieder eingeschlossen. Was später mit dem Gift passiert sei, entziehe sich ihrer Kenntnis.

An dieser Stelle unterbrach der Vorsitzende die Angeklagte und hielt ihr vor, schon einmal den Versuch unternommen zu haben, Hermann Jakobi mit Gas zu vergiften. Die Angeklagte bestritt dies und behauptete, ihr Mann hätte in der Trunkenheit vielleicht den Gashahn selbst geöffnet.

Ferner zitierte der Vorsitzende einen Brief, den die Angeklagte vor dem Tod ihres Mannes an einen Holzhändler geschrieben hatte. In dem Schreiben vom 6. Mai 1921 forderte sie den Gräfenrodaer Kunden ihres Mannes auf, einen fälligen Betrag von 8899,75 Mark zu entrichten. Der Brief war ohne Unterschrift, aber mit dem Stempel des Bäckermeisters versehen.

Die Angeklagte behauptete daraufhin, diesen Brief im Auftrag ihres Mannes geschrieben zu haben, nicht etwa, wie ihr zur Last gelegt wurde, um sich selbst Geld für eine Flucht zu verschaffen.

Auf Nachfragen gestand die Angeklagte ein, kurz vor dem Tode ihres Mannes viele Haushaltsgegenstände zu einer Freundin geschafft zu haben. Die Angeklagte behauptete, damals schon dem Gedanken nachgegangen zu sein, von ihrem Mann fortzugehen.

Am Tage des Todes von Hermann Jakobi habe sich dieser ausnahmsweise in ihr gemeinsames Bett gelegt und nach Wein verlangt. Sie habe ihm auch Wein reichen wollen, aber er konnte nicht mehr trinken. Ella will dann nach unten gelaufen sein. Dort traf sie ihren Stiefsohn und sprach zu ihm: »*Ich glaube, der Alte ist besoffen!*«

Bald darauf sei Hermann gestorben. Nachdem der Arzt festgestellt hatte, daß ihr Mann vergiftet wurde, sei sie gefragt worden, ob sich bei ihr Gift befände, was Ella Jakobi verneinte. Später habe sie die Flucht ergriffen, um sich das Leben zu nehmen.

Meuselbach, Fliegeraufnahme aus 120 Meter Höhe. Postkarte um 1920.

Auf Befragen erklärt die Angeklagte schließlich, sie glaube, ihr Mann habe Selbstmord begangen.

Daraufhin verlangte der Oberstaatsanwalt von der Angeklagten Auskunft darüber, wie es käme, daß sich in dem vorgefundenen Weinfläschchen eine äußerst konzentrierte Strychninlösung befunden habe, und zwar wäre das Lösungsmittel Wein gewesen. Ella Jakobi konnte sich dies jedoch nicht erklären.

Kurz vor der Mittagspause beantragte der Verteidiger der Angeklagten, der Rudolstädter Rechtsanwalt Dr. Bangert, die Verlesung zweier Briefe der Jakobi aus dem Gefängnis, in denen die Angeklagte in äußerst liebevollen Worten von ihrem verstorbenen Mann schrieb. Das Gericht lehnte den Antrag ab. Nach der Mittagspause füllte sich der Schwurgerichtssaal wieder sehr zügig und das Publikum lauschte begierig dem weiteren Verlauf der Verhandlung.

Zunächst wurde der Sachverständige Prof. Dr. Oskar Keller aus Jena vereidigt. Der Spezialist hatte den Magen des Verstorbenen untersucht und Strychnin vorgefunden. Dieser verlas seinen bereits am 2. Juni 1921 dem Landgericht Rudolstadt übersandten *»Bericht über die chemische Untersuchung des Mageninhaltes des am 18.5.1921 verstorbenen Bäckermeisters Hermann Jakobi in Katzhütte«.*

Meuselbach, Ortseingang mit Meuselbacher Kuppe. Postkarte um 1930.

Danach befand sich der an ihn weitergegebene Mageninhalt in einer Glasbüchse mit abschraubbarem Deckel. Durch verschiedene chemische Verfahren konnte das kristallierte Gift herausfiltriert werden. Es wurden damit verschiedene chemische Versuche angestellt.

Einen weiteren Teil der Lösung (ca. 0,2:100) spritzte er zwei Fröschen unter die Rückenhaut. Nach drei bzw. vier Minuten traten die für Strychninvergiftungen typischen Streckkrämpfe auf. Nach diesem Befund sei der Nachweis von Strychnin in dem eingesandten Mageninhalt mit Sicherheit geführt.

Der Gemeindevorsteher von Katzhütte erklärte als Zeuge, die Angeklagte sei bei ihm erschienen und habe erzählt, ihr Mann habe einen Birkhahn geschossen und dabei einen Fuchs aufgespürt. Sie verlangte daher einen Giftschein zur Vertilgung von Raubzeug, den er ihr auch ausstellte.

Danach erschien der Katzhütter Apotheker Erwin Teicher, der aussagte, daß die Angeklagte Strychnin bei ihm gekauft habe. Er habe sie noch verwarnt, vorsichtig mit dem Gift umzugehen.

In seiner Aussage gab Ella Jakobis Geliebter Rudolf Ginnel an: Er habe mit der Angeklagten mehrmals geschlechtlich verkehrt. Nachdem ihr Ehemann sie seinerzeit im Bett überraschte und den Verkehr verboten hatte, habe er das Liebesverhältnis im März 1921 abgebrochen. Ella schrieb ihm noch Briefe, in denen sie immer wieder die Frage an ihn richtete, ob er sie nach der Scheidung von ihrem Mann heiraten wolle, worauf er ihr erklärt habe, daran sei nicht zu denken, weil er zu jung sei. Auch deshalb käme eine dauerhafte Verbindung nicht in Frage, weil sie ein schönes Leben habe und sich doch überlegen solle, was es hieße, in eine Arbeiterfamilie hineinzuheiraten. Zwei Briefe von ihr habe er gar nicht geöffnet, sondern gleich zerrissen und verbrannt. Die Angeschuldigte äußerte jedoch nie, daß sie ihren Mann vergiften wolle.

Der ebenfalls aus Katzhütte angereiste Zeuge Löchner sagte aus, daß er nach dem Tod des Jakobi die Angeklagte getroffen habe, die von zu Hause geflohen war. Diese habe ihm erzählt, daß sie sich bei dem alten Ginnel das Jawort habe holen wollen. Er sagte ihr auch, sie könne seinen Sohn heiraten, wenn dieser 21 Jahre alt und ihr Mann tot oder sie geschieden wäre. Darauf habe die Angeklagte gesagt, nach dieser Auskunft fühle sie sich wie neu geboren, da Aussicht bestehe, ihren Geliebten zu heiraten.

Die Angeklagte bestritt mit einem lauten Zwischenruf die Aussagen des Löchner und behauptete, er sei befangen, da er vergebens versucht habe, mit ihr ein Liebesverhältnis anzuknüpfen.

Zeuge Karl Jakobi, der Stiefsohn der Angeklagten, erklärte, er habe wohl den besten Einblick in das eheliche Verhältnis gehabt. Seinem Vater gegenüber habe er schon immer betont, daß die Stiefmutter nicht ehrlich sei, und der Vater wies ihn deshalb aus dem Haus, um die Wahrheit nicht hören zu müssen. Der Zeuge wollte auch von dem Verhältnis seiner Stiefmutter mit dem Ginnel gewußt haben, aber sagte dem Vater nichts davon, da dieser es nicht hören wollte. Er mochte es auch mit dem Vater nicht verderben, da ihn die Bäckerei als Erbgut lockte. An einen Selbstmord Hermann Jakobis sei nicht zu glauben, denn dieser war ein alter Jäger und kannte die schmerzhafte Wirkung des Strychnins. Eher hätte sich der Vater erschossen, statt vergiftet, wenn er wirklich Selbstmord begehen wollte.

Dann kam Frau Bernhardt, die Schwester des Verstorbenen, zur Vernehmung und berichtete, sie habe die Angeklagte nach der Tat in Gegenwart des Gendarmen untersucht. Ella sträubte sich und wollte die Kleider nicht ablegen. Trotzdem gelang es ihr, sie abzutasten. Zwischen ihren Beinen fand sie das Fläschchen mit der Beschriftung ›Strychnin‹. Dabei sei die Jacobi ganz verlegen geworden.

Hierauf beantragte die Verteidigung die Vorladung weiterer Zeugen, die

die Angeklagte entlasten sollten. Dieses Ansinnen wies das Gericht nach kurzer Beratung zurück.

Nach Abschluß der Zeugenvernehmungen folgte das Plädoyer des Oberstaatsanwalts. Dieser schilderte noch einmal die Vorgänge, wie sie sich durch die Zeugenaussagen darstellten, und kam zu der Erkenntnis, daß die Angeklagte ihren Mann vorsätzlich und mit Überlegung durch Gift ermordet habe. Der Anklagevertreter beantragte deshalb, die Schuldfrage nach Mord zu bejahen, im Falle der Verneinung jedoch die vorsätzliche Tötung festzustellen.

Danach hielt Rechtsanwalt Dr. Bangert eine längere Verteidigungsrede, in der er Punkt für Punkt die Indizienbeweise kritisch bewertete. Danach sei die Angeklagte von ihrem Mann wegen des Verhältnisses mit Ginnel oft schwer beschimpft sowie mißhandelt, ja blutig geschlagen worden und habe deshalb sich das Leben nehmen wollen. Zu diesem Zeck besorgte sie nach seiner Meinung das Gift. Wiederholt habe die Angeklagte nach solchen Auseinandersetzungen mit ihrem Mann geäußert: *»Ich kann das Leben nicht mehr ertragen, ich schaffe mich weg, ich nehme mir das Leben.«*

Auch dem Bürgermeister Ruhe in Meuselbach habe die Angeklagte geklagt, daß ihr Mann sie so schlecht behandle und daß sie deshalb von ihm weg wolle. Ruhe habe ihr noch geraten, sie solle, wenn sie von ihrem Mann fort wolle, einstweilen ihre Sachen zu Bekannten bringen. Die Angeklagte sei nach dem Tod ihres Mannes geflohen, weil die Jakobis es nicht dulden wollten, daß ihr Name mit unter die Todesanzeige gesetzt werde. Sie empfand das als eine große Schande und wollte in den Tod gehen, und zwar sich im Reichenbacher Teich ertränken. In der Nähe des Teiches traf sie den Gastwirt Edmund Henkel aus Meuselbach, dem sie ihr Leid und auch ihr Vorhaben erzählte. Henkel brachte sie von ihrem Vorhaben ab und nahm sie mit sich auf den Heimweg. Unterwegs schlossen sich noch zwei Katzhütter Frauen an, denen die Angeklagte ebenfalls ihr Leid und ihr Vorhaben erzählte. Abends, so der Verteidiger, vollendete dann die Angeklagte ihre Heimkehr und wurde unweit des Hauses vom Wachtmeister Kraft erblickt. Die Angeklagte, die aus den obengenannten Gründen von zu Hause weggegangen war, tat dies nicht aus Schuldbewußtsein. Sie sei auf Rat des Henkel freiwillig zurückgekehrt und nicht etwa vom Wachtmeister Kraft aufgegriffen und gewaltsam zurückgebracht worden.

Am zweiten Pfingstfeiertag, also am Tag vor dem Tod des Jakobi, sei ihr nochmals von Ginnel bestätigt worden, daß er sie unter keinen Umständen

Rudolstadt, Justizgebäude. Die Gefängniszellen befanden sich im linken Anbau.
Postkarte 1906.

Die Kettenburg in Gräfentonna war bis 1933 ausschließlich
Frauenstrafvollzugsanstalt. Foto von 2009.

heiraten werde. Die Angeklagte wußte also, daß eine Heirat mit Ginnel ausgeschlossen war. Die Annahme der Anklage, die Angeklagte habe ihren Mann vergiftet, um Ginnel heiraten zu können, sei also verfehlt.

Der Verteidiger hielt es abschließend nicht für ausgeschlossen, daß der Verstorbene doch Selbstmord verübt hatte. Jedenfalls sei ein positiver Beweis für die Schuld der Angeklagten nicht erbracht.

Die Angeklagte wurde nun befragt, ob sie noch etwas sagen wolle. Ella Jakobi beteuerte nochmals ihre Unschuld.

Die Geschworenen verneinten nach längerer Beratung die Frage nach vorsätzlichem Mord, bejahten aber die Frage nach vorsätzlicher Tötung und versagten mildernde Umstände. Der Oberstaatsanwalt beantragte daraufhin zehn Jahre Zuchthaus, zehn Jahre Ehrverlust und die Nichtanrechnung der Untersuchungshaft.

Das Urteil des Gerichtes lautete wegen Totschlags nach § 212 des Strafgesetzbuches auf zwölf Jahre Zuchthaus und zehn Jahre Ehrverlust. Mildernde Umstände wurden versagt. Die erlittene Untersuchungshaft wurde nicht angerechnet. Die Verhandlung endete abends und hatte zwölf Stunden gedauert.

Bald danach begannen für Ella Jakobi die Vorbereitungen zu ihrer Überstellung ins Frauengefängnis Gräfentonna. Vor ihrer Überführung aus dem Rudolstädter Gerichtsgefängnis entwich die Verurteilte. Zunächst konnte die Flüchtige nicht aufgegriffen werden. Ab 18. Februar 1922 wurde sie steckbrieflich gesucht. Die Personenbeschreibung enthielt folgende Angaben:

Körpermaß: 1,58 Meter, blonde Haare, Stirn: gewöhnlich, Augenbrauen: blond, Nase, Mund, Kinn: gewöhnlich, Gesichtsfarbe: gesund, Gestalt: mittel. Besonderes Kennzeichen: Blindarmoperation, entwichen am 11. Februar 1922. Man vermutet, daß sie zu ihrem Bruder, Günther Pfeiffer (Kaufmann in Danzig) fliehen will.

Am 22. Februar 1922, 9.30 Uhr, wurde Ella Jakobi wieder in das Rudolstädter Gefängnis eingeliefert. 24 Stunden später erfolgte ihre Überführung nach Gräfentonna. Am 10. Dezember 1927 lehnte das Thüringische Ministerium für Volksbildung und Justiz in Weimar ein für Ella eingereichtes Gnadengesuch ab.

Wegen guter Führung wurde Ella Jakobi einige Jahre später vorfristig nach Neu-Stettin entlassen. Am 29. Juli 1931 teilte die Frau der Staatsanwaltschaft Rudolstadt mit, daß sie sich wieder bei ihrem Bruder, dem Ortsvorsteher Pfeiffer, in Bechstedt befinde.

Eine Akte der Thüringischen Staatsanwaltschaft beim Landgericht Rudolstadt dokumentiert ihren weiteren Weg. Danach fand sie am 4. September 1931 »eine schöne Stelle in Eisenach«.

Am 18. September 1936 wird nochmals aus Eisenach berichtet, daß Ella sich einwandfrei führte und es wird befürwortet, »daß die Reststrafe im Gnadenwege erfolgt«.

Frank Esche

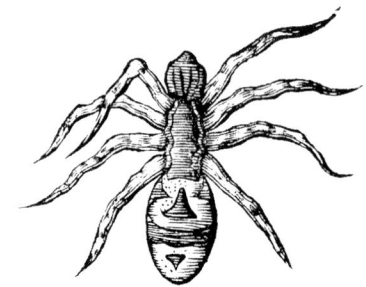

ANNA SCHELLHARDT – DIE KINDESMÖRDERIN VON GERA

FREISTAAT THÜRINGEN (1924–1925)

Den Mietern des Hauses Altenburger Straße 4 in Gera war aufgefallen, daß sie seit mehreren Tagen die im selben Haus wohnende geschiedene Anna Schellhardt und ihre zehnjährige Tochter, ein ausgesprochen hübsches Mädchen, nicht mehr gesehen hatten. Sie fanden das recht merkwürdig, denn gewöhnlich sahen sie Mutter und Kind täglich ein- und ausgehen. Am Vormittag des 10. Mai 1924 schließlich riefen sie die Polizei herbei. Die Beamten ließen die Wohnungstür aufbrechen und betraten die Wohnung. In der Wohnstube machten sie eine grausige Entdeckung. Direkt unter dem Fenster lag, auf Laken und Kissen ruhend, die zehnjährige Elly Schellhardt. Um den Hals des Mädchens war ein Stück Wäscheleine geschlungen. Alles deutete darauf hin, daß die Kleine erdrosselt worden war. Von der Mutter aber fehlte jede Spur. Allem Anschein nach mußte die Tat am vorherigen Sonntag oder Montag begangen worden sein. Und als Täterin konnte nur die Mutter in Betracht kommen!

Sofort nahm die Kriminalabteilung in Gera die Ermittlungen auf und befragte zunächst die übrigen Hausbewohner. Diese fingen bereitwillig an zu erzählen. Die Ermittler erfuhren, daß in der Wohnung die geschiedene Anna Schellhardt, 31 Jahre alt, ihre Tochter aus der geschiedenen Ehe sowie ihr Liebhaber Kurt Leypold lebten. Der erst 20jährige Leypold war, soweit sie wußten, Handlungsgehilfe und Arbeiter, geboren in Rudolstadt, aber seit längerem in Jena gemeldet, wo seine Eltern wohnten. Ja, ja, dieser Leopold sei übrigens ein kommunistischer Agitator, so wollten es die übrigen Hausbewohner wissen. Er wohne bei dem einstigen thüringischen Justizminister und jetzigen kommunistischen Universitätsprofessor Karl Korsch[36], wie er jedem gern erzählte.

Die Nachbarn gaben an, sie hätten die Schellhardt und ihren Geliebten zuletzt am Montag vormittag, dem 5. Mai, in der Altenburger Straße

---

[36] Prof. Dr. Karl Korsch (1886–1961) war einer der bedeutendsten Erneuerer der marxistischen Philosophie und Theorie in der ersten Hälfte des 20. Jahrhunderts. 1918 gehörte Korsch zu den Mitbegründern des Arbeiter- und Soldatenrats in Meiningen. Vom 16. Oktober bis zum 12. November 1923 war Korsch Justizminister der kurzlebigen Koalitionsregierung von SPD und KPD in Thüringen. Im Februar 1924 wurde

zusammen gesehen. Doch bereits am vorausgegangenen Sonntag sei die Schellhardt einigen Hausbewohnern mit verweinten Augen entgegengekommen und habe sich rasch von ihnen abgewandt.

Die Polizei begann sofort nach dem Paar zu fahnden. Die Bevölkerung wurde aufgerufen, Mitteilung zu machen, sobald die beiden gesehen würden. Steckbriefe erschienen an den Litfaßsäulen in Gera. Doch schienen Frau Schellhardt und Leypold wie vom Erdboden verschluckt.

Am Sonnabend, dem 17. Mai, gegen ein Uhr morgens betrat ein junger Mann das Restaurant »Schwarzer Adler« in Lauchstädt im Kreis Merseburg, um Zigaretten zu kaufen. Als er diese bezahlte, bat er den Wirt, mit nach draußen zu kommen. Vor der Tür näherte sich dem neugierig gewordenen Wirt eine Frau. Sie sagte ihm, er solle doch den zufälligerweise im selben Lokal anwesenden Polizeiwachtmeister Schmid herausschicken, sie habe dringend mit ihm zu sprechen. Der Wirt tat, wie ihm geheißen. Kaum hatte sich der Polizist vor die Tür begeben, trat die Frau auf ihn zu und sagte zu ihm: »*Verhaften Sie uns. Wir sind die Mörder aus Gera.*«

Der verdutzte Wachtmeister musterte die Frau und ihren Begleiter kurz, dann schritt er zur Festnahme des Paares und brachte es auf die Wache. Dort gestanden die beiden freimütig, gemeinschaftlich und vorsätzlich gegen ein Uhr in der Nacht vom 4. auf den 5. Mai die kleine Elly erdrosselt zu haben. Dazu hätten sie eine Schnur verwendet, an der beide gemeinsam gezogen hätten. Als Motiv für die Tat gaben sie an, das Kind habe an einer schlimmen, unheilbaren Geschlechtskrankheit gelitten. Diese Krankheit habe es auf die beiden Erwachsenen übertragen. Nach Begehung der Tat hätten sie Selbstmord begehen wollen, doch habe ihnen dazu der Mut gefehlt. Sie hätten sich dann zur Flucht entschlossen. Doch als ihnen die Mittel ausgingen, hätten sie keine andere Möglichkeit mehr gesehen, als sich der Polizei zu stellen.

Was das Motiv zur Tat anging, stieß dieses Geständnis auf zweifelnde Ohren. Bei der Untersuchung des toten Mädchens hatten sich keinerlei Anzeichen einer Geschlechtskrankheit ergeben. Möglicherweise mußte das Mädchen sterben, weil es der eigenen Mutter und ihrem Liebhaber im Weg war.

Korsch in den Landtag Thüringens gewählt, im Juli rückte er in den Reichstag nach, gab daraufhin sein Landtagsmandat auf und wurde auch bei den Wahlen im Dezember 1924 wiedergewählt.

Nach Merseburg in das dortige Amtsgerichtsgefängnis überführt, wiederholten sie dieses Geständnis gegenüber dem Untersuchungsrichter. Einige Tage später wurden sie auf Ersuchen der Thüringer Behörden nach Gera transportiert und dort in Untersuchungshaft genommen. Die Staatsanwaltschaft sah hinreichende Gründe, Anklage wegen Mordes zu erheben.

Am 21. Oktober 1924 begann vor dem Schwurgericht am Landgericht in Gera der Prozeß gegen Frau Schellhardt und ihren Geliebten Leypold. Ihrer war der erste von zwei in dieser Gerichtsperiode zu verhandelnden Mordfällen.[37] Die Zahl der Neugierigen war beträchtlich. Schon am frühen Morgen fanden sich Hunderte von Menschen vor dem Gerichtsgebäude ein. Da aber Zulaß nur auf Eintrittskarte gewährt wurde, blieben viele draußen im Korridor.

Zunächst wurden die Angeklagten vernommen. Trotz seiner erst 20 Jahre war Leypold bereits mehrmals wegen Diebstahls vorbestraft. Er war in Rudolstadt geboren, dann aber nach Jena gezogen, wo er den Beruf eines Kaufmanns erlernte. Doch hielt er es nie länger als ein paar Wochen an einer Stelle aus. Von regelmäßiger Arbeit hielt er nicht viel, sondern verlegte sich bereits 1920 aufs Stehlen und Betrügen. Zwangserziehung und mehrere kürzere Gefängnisstrafen vermochten ihn nicht von diesem Weg abzubringen. In Jena geriet er in kommunistische Kreise, und dies hatte ihm anscheinend den Rest gegeben. Er sank immer tiefer und wurde ein durch und durch haltloser Mensch. Bei einem Aufenthalt in Gera im Januar 1924 lernte er die zwölf Jahre ältere Anna Schellhardt kennen. Sie fanden sofort Gefallen aneinander, und als sie, die sie im Vorjahr geschieden worden war, ihn im März bat, zu ihr zu ziehen, überlegte er nicht lange.

Als er in die Wohnung der Schellhardt zog, lernte er zwangsläufig auch die kleine Elly kennen. In seinem ersten polizeilichen Verhör hatte er bereits ausgesagt, daß sie immer fleißig ihre Schularbeiten gemacht habe. So auch, als er zum erstenmal die Wohnung betrat. Da habe sie still in einer Ecke gesessen und ihre Aufgaben gemacht. Er habe das Mädchen sehr gemocht. Als er nun vor Gericht erneut über das Opfer vernommen wurde, schloß man die Öffentlichkeit wegen »Gefährdung der Sittlichkeit« bis zur Nachmittagssitzung aus. Die Zeitungsleser konnten nur mutmaßen, daß

---

[37] Eine Woche später fällte das Schwurgericht auch das Todesurteil über den Zimmermann Otto Seifert aus Auma, der seinen Stiefvater mit einem Beil erschlagen hatte.

zwischen Leypold und dem für sein Alter gutentwickelten Mädchen vielleicht eine engere Beziehung bestanden haben könnte.

In der weiteren Vernehmung trat auch folgendes zutage: Als er zwischendurch verreisen mußte, schrieb Leypold seiner Geliebten überschwengliche Briefe, in denen er ihr die Ehe versprach. Seine Eltern seien bereit, für diese Ehe 2000 Mark beizusteuern. Auch versprach er hoch und heilig, sich um die zehnjährige Elly zu kümmern, als sei sie seine eigene Tochter. Da er sich zwischendurch einer Behandlung wegen einer Geschlechtskrankheit unterziehen mußte, verschob sich jedoch die Rückkehr zu Frau Schellhardt.

Bald nachdem er wieder zu ihr gezogen war, nahm die Katastrophe ihren Lauf. Frau Schellhardt, bereits seit einiger Zeit geschlechtskrank, hatte vermutlich ihren Liebhaber angesteckt. Kurt Leypold sagte nun dem Gericht, man habe dann einen gemeinsamen Selbstmord ins Auge gefaßt und dabei die kleine Elly mitnehmen wollen. Dieser Vorschlag sei von Frau Schellhardt gekommen. Man habe nämlich befürchtet, Elly wäre ebenfalls geschlechtskrank.

Daher seien die beiden in der Nacht vom 4. auf den 5. Mai an das Bett Ellys getreten und hätten dem schlafenden Kind ein Seil um den Hals geschlungen. Als es, auf diese Weise jäh aus dem Schlaf gerissen, erwachte, habe man von beiden Seiten fest zugezogen und gewartet, bis die Kleine tot war. Dann trat man, von Grauen über die begangene Tat ergriffen, die Flucht an. Die Reuegefühle seien aber stärker gewesen, daher habe man sich freiwillig der Polizei gestellt.

Nach Leypold wurde die Mitangeklagte Anna Schellhardt vernommen. Sie verdiente sich in den Jahren zuvor ihren Unterhalt als Webereiarbeiterin in Gera, war dann aber erwerbslos geworden. Bereits im Jahre 1917 hatte sie geheiratet, doch war die Ehe wegen beiderseitiger Schuld geschieden worden. Die gemeinsame Tochter war bei der Mutter verblieben. Wegen ihrer Arbeitslosigkeit war sie gezwungen, Gegenstände aus der Wohnung zu verkaufen. Einen gewissen Auftrieb verlieh ihr die Bekanntschaft mit Leypold. Sie glaubte fest daran, daß er sie heiraten und für sie und das Kind sorgen würde. Statt dessen war sie gezwungen, ihn zu alimentieren, obwohl er immer wieder von guten Aussichten auf eine Sekretärstelle sprach und auch dies in Briefen seinen Eltern mitteilte.

Zur Beweiserhebung am Nachmittag wurde die Öffentlichkeit wieder zugelassen. Die aufgerufenen Zeugen vermochten nichts Schlechtes zu sagen, weder über die Mutter noch über das Kind. Beide hätten nie geklagt und seien immer freundlich gewesen.

Die beiden medizinischen Sachverständigen trugen dem Gericht den Sektionsbefund vor. Elly Schellhardt war durch Ersticken mittels Strangulation getötet worden. Doch Anzeichen einer Geschlechtskrankheit fanden sich nicht. In psychologischer Hinsicht meinten die Sachverständigen bei Leypold einen psychopathischen Zustand entdeckt zu haben. Er sei leicht beeinflußbar, ein Phantast und habe vermutlich unter dem Zwang der Angeklagten gehandelt. Frau Schellhardt sei, obwohl Hysterikerin, voll verantwortlich.

Oberstaatsanwalt Dr. Gleißner hielt die Anklage aufrecht. Insbesondere verurteilte er den tiefen sittlichen Standpunkt der Frau Schellhardt und ihren fast dämonischen Einfluß auf Leypold. Zwar habe dieser zwischenzeitlich jegliche Beteiligung am Mord wieder abgestritten, doch sei es sehr wahrscheinlich, daß auch er an der Tat teilgenommen habe. Allerdings sei er überzeugt, daß die Schellhardt die treibende Kraft bei der Erdrosselung des Kindes war.

Er beantragte gegen die Frau die Todesstrafe und lebenslangen Ehrverlust, gegen ihren Mitangeklagten dagegen nur zehn Jahre Zuchthaus und Ehrverlust.

Der Verteidiger der Schellhardt versuchte, sie so gut wie möglich in ein günstiges Licht zu rücken. Immer sei sie eine gute Mutter gewesen, doch habe sie oft unter dem Einfluß ihres Mitangeklagten gehandelt. Nur die Furcht vor einer Geschlechtskrankheit bei sich selbst und bei Elly habe sie dazu bewogen, aus dem Leben zu scheiden und ihr Kind mitzunehmen. Eine klare Überlegung habe gefehlt. Letzten Endes habe aber auch der Mut gefehlt, selbst Hand an sich zu legen. Daher könne sie nur wegen Totschlags bestraft werden.

Leypolds Verteidiger, an sich schon zufrieden mit der milden Auffassung des Anklagevertreters hinsichtlich seines Mandanten, stellte die Schellhardt als die gewissenlose Verführerin des jungen Mannes dar. Als diese ihre eigene Tochter zu erdrosseln begann, habe er nur helfen wollen, allerdings sei sie es gewesen, die kräftiger am Seil gezogen habe. Er sei daher nur wegen Beihilfe zum Mord zu verurteilen.

In den Abendstunden fällte der Vorsitzende das Urteil: die Todesstrafe und dauernden Ehrverlust für Anna Schellhardt wegen vorsätzlichen Mordes, elf Jahre Zuchthaus für Kurt Leypold wegen Beihilfe.

Das Reichsgericht in Leipzig bestätigte das Todesurteil. Daraufhin richtete der Verteidiger der Anna Schellhardt ein Gnadengesuch an das Thüringische Staatsministerium, im Vertrauen darauf, daß das Todesurteil an einer Frau nicht vollstreckt würde. Denn im Gegensatz zur Kaiserzeit, als zahlreiche Frauen dem Beil überliefert wurden, scheute man in der Weimarer Republik davor zurück, eine Frau dem Scharfrichter zu überantworten. Daher kam die Zurückweisung des Gnadengesuches völlig überraschend. Zum ersten Mal seit mehreren Jahren sollte in Deutschland wieder eine Frau den Gang in den staatlich verordneten Tod antreten.

Der 24. April 1925 war ein strahlend schöner Frühlingsmorgen. Um sechs Uhr wurde Anna Schellhardt unter dem Läuten der Gefängnisglocken in den Hof des Landgerichtsgebäudes in Gera geführt, wo sich die im Gesetz vorgeschriebenen zwölf Zeugen sowie Gerichtspersonen, der Landgerichtspräsident, ein Vertreter der Thüringischen Regierung sowie der Scharfrichter mit seinem Personal eingefunden hatten. Nach der nochmaligen Verlesung des Todesurteils und seiner Bestätigung durch das Thüringische Staatsministerium führten die Gehilfen die Frau schnellen Schrittes zum Fallbeil, an dem Scharfrichter Gröpler aus Magdeburg wartete. Wenige Sekunden später fiel ihr Kopf in den Korb.

Ihre Hinrichtung war nicht die einzige an jenem Morgen. Wenige Minuten später starb der Zimmermann Otto Seifert, der eine Woche nach der Schellhardt zum Tode verurteilt worden war, unter dem Beil. Er hatte seinen Schwiegervater ermordet. Es war dies die erste Hinrichtung in der thüringischen Stadt seit 1908. Damals erfolgte die Hinrichtung noch mit dem Handbeil.

Kurz vor ihrem Tod hatte Anna Schellhardt ihrem geistlichen Beistand gegenüber den Mord am eigenen Kind zutiefst bereut.

Wolfgang Krüger

Frieda Baum – Im Fallstrick »pulsender« Sehnsucht

Preussen, Provinz Sachsen, Regierungsbezirk Erfurt (1926)

Es war kein eintöniger Spielfilm, der am Dienstag, dem 1. Juni 1926, vor dem Erfurter Schwurgericht abrollte. Die Thüringer Justiz hatte sich mit einem für die 20er Jahre des 20. Jahrhunderts nicht ungewöhnlichen, sondern sich häufendem Schicksal zu beschäftigen.

Das Gericht sollte über einen Fall aus dem thüringischen Möbisburg, zum preußischen Regierungsbezirk Erfurt gehörig, entscheiden, in dem der Kindesmutter Tötung ihres Neugeborenen vorgeworfen wurde.

Das Geschehene schien die Öffentlichkeit in Thüringen außergewöhnlich bewegt zu haben, denn der sozialdemokratische *Volksbote für Nord-Thüringen* schrieb: »Es war ein Dutzend-Schicksal [...] Das Leben eines Dienstmädchens, eines Proletarierkindes, das ein immer wiederkehrendes Schicksal bis in die Bank der Mörder und Meineidigen führte. Ein Alltagsfall, der aber so mit schmerzender Tragik gefüllt ist, daß jede fühlende Brust Mitleid für das Opfer barg.«

Auf der Anklagebank saß mit fast rechtwinklig gesenktem Nacken eine schlanke junge Frau mit Bubikopf, die der Pressevertreter der erwähnten Zeitung mit den Worten beschrieb: »Wenn man das schmale sympathische Gesicht betrachtet, fällt einem die reine Zeichnung des Profils auf. Weit und angstvoll geöffnet sind die Augen und erregt arbeiten die Muskeln im Gesicht. Das ganze Menschenkind macht den Eindruck des Verstörtseins und der Angst. So wartet sie auf die Richter, die die letzten Vollzieher des Schicksals werden sollen.«

Das angeklagte Hausmädchen Frieda Baum aus Möbisburg beantwortete zunächst mit leiser Stimme die vom Richter im scharfen Ton vorgetragenen Fragen zur Person. Danach arbeitete die 27jährige ledige, noch nicht vorbestrafte Frieda zuletzt als Hausmädchen beim Erfurter Kaufmann Krüger.

Laut Eröffnungsbeschluß zum Schwurgerichtsprozeß wurde der Mutter eines sechsjährigen unehelichen Kindes vorgeworfen, hinreichend verdächtig zu sein, am 21. Januar 1926 ein weiteres uneheliches Kind während oder nach der Geburt getötet zu haben.

In der darauffolgenden Vernehmung erzählte die junge Mutter leise und mit stockender Stimme ihr Schicksal, wie es so viele Proletarierinnen in dieser Zeit des Umbruchs, in der Zeit der sogenannten »goldenen zwanziger Jahre« erlebten.

Als die Mutter 1914 starb, war Frieda Baum 15 Jahre alt. Sie führte für den Vater und sich selbst den Haushalt und erlernte den Beruf der Näherin. Bald heiratete der Vater wieder und das Verhältnis zwischen der Stiefmutter und Frieda war von Anfang an gespannt.

Die junge Näherin war zu Hause nicht glücklich und suchte sowie glaubte, Geborgenheit bei einem jungen Mann aus Rockhausen zu finden. Jedoch als der Geliebte sie geschwängert hatte, ließ er sie sitzen. Das Kind kam zur Welt und der Kampf ums Brot in den ersten von hoher Arbeitslosigkeit und Hunger geprägten schweren Jahren der Weimarer Republik begann.

Die ständigen Vorhaltungen der zänkischen Stiefmutter nicht ertragend, zog die junge Mutter von zu Hause weg und mietete ein kleines, bescheidenes Zimmer für sich und ihren Jungen. Glücklicherweise gelang es ihr, eine Anstellung in Erfurt zu finden und somit das Kind und sich selbst zu ernähren.

Als die Eltern des Kindesvaters verlangten, daß dieser die Mutter seines Kindes heiratet, ließ er Frieda Baum zu sich kommen. Einige Jahre verbrachten sie nun zu dritt in Rockhausen. Als sie schon aufgeboten hatten, gab der Geliebte ihr zu verstehen, daß er zur Heirat keine Lust mehr habe.

Verbittert und gedemütigt nahm Frieda Baum ihr Kind und zog zuerst nach Frankenhausen zu Verwandten und dann wieder nach Möbisburg zu ihrem Onkel. Einige Monate später sah Erfurt die junge Frau wieder, da sie beim Kaufmann Krüger eine Stelle fand.

Bei dem bekannten Erfurter Kleinunternehmer ging es der fleißigen und zuverlässigen Frau so gut wie nie zuvor. Ihr oblag die Aufgabe, die Kinder der Familie Krüger zu versorgen und zu betreuen. Die Arbeit bereitete Frieda viel Freude, und bei guter Behandlung verdiente sie genug eigenes Geld, um ihren beim Onkel in Möbisburg wohnenden Jungen gut versorgen zu können. An freien Sonntagen fuhr die liebevolle Mutter zu ihrem Kind und verbrachte jede freie Stunde mit dem Knaben.

Was dann geschah, schilderte der Gerichtsreporter der Tageszeitung *Volksbote für Nord-Thüringen* mit folgenden Worten: »An einem solchen Sonntag schlägt nun das Geschick blind zu und trifft. Auf der Fahrt lernt das Mädchen einen Mann kennen, der nett zu ihr ist. Über das, was nun geschah, mögen moraltriefende Bürger hundertmal den Stab brechen, eindringen in das Geheimnis dieser Stunde werden sie nicht. Was weiß man, ob es eine berauschend süße Sommernacht war, ob im Blute des Mädchens die Sehnsucht pulste und die eine Nacht zur goldenen Stunde zwischen grauen Monaten der Arbeit erhob – sie gab sich hin.

Er war ein Lump. Mit falschem Namen und willkürlicher Adresse hatte er das Mädchen genarrt. Nun beginnt das Martyrium der unehelichen Mutter. Sie will ihren Zustand so lange wie möglich verbergen, fürchtet den Klatsch, die Blicke. Als Frau Krüger sie zum Arzt schickt, geht sie nicht hin, sagt aber, er hätte nichts festgestellt. Auch zum zweiten Arzt, zu dem sie geschickt wird, geht sie nicht, sagt aber wieder, sie habe noch Zeit.«

In Wirklichkeit hatte sie aber keine Zeit mehr. Eines Nachts bekam Frieda Baum heftige Schmerzen. Sie zog sich an, wollte ihre Herrschaft, die sie ins Krankenhaus bringen sollte, wecken. Zu spät! In ihrer eisigkalten Kammer gebar sie das Kind. Rasender Schmerz suchte sie heim, viel Blut entrann ihrem Körper und Ohnmacht überfiel sie. Unklar blieb, wieviel Zeit verstrich, ehe Frieda benommen und geschwächt wieder munter wurde. Auf dem toten Kind lag ein Kleid, das sie wohl im Krampf der Geburt auf das Neugeborene hatte fallen lassen. Die junge Frau erhob sich, ging zu den Krügers hinunter und beteuerte ihrer Herrschaft, sie habe auf dem Klosett eine Fehlgeburt gehabt. Danach wickelte Frieda die kleine Leiche in ihren Unterrock und brachte sie auf den Boden. Der von den Krügers eilig herbeigerufene Arzt stellte bei Frieda Baum eine normale Entbindung fest. Kurz darauf wurde das Kind entdeckt.

Während der Vernehmung der Angeklagten herrschte beklemmende Stille im Schwurgerichtssaal, die auch während der Schilderungen der Zeugen anhielt.

Diese Aussagen zeichneten übereinstimmend das Bild einer treuen, fleißigen, stillen Angeklagten. Die Ausführungen des Ehepaars Krüger nahm die Beschuldigte mit Weinen und Schluchzen auf. Herr Krüger beteuerte dem Gericht gegenüber, das Mädchen habe sich um die Erziehung seiner Kinder verdient gemacht, und bezeichnete es als eine »Perle« in seinem Haushalt. Friedas Onkel sagte aus, die junge Mutter habe Tag und Nacht für ihr Kind gearbeitet, das sie sehr liebe, und die von dem Knaben über alles geliebt werde.

Das Schicksal der Angeklagten entschied sich jedoch mit dem Urteil des Sachverständigen Dr. Brinn. Er hatte das Kind auf behördliche Weisung seziert und herausgefunden, daß es nach der Geburt lebte und auch lebensfähig war. Der Tod sei durch Erstickung eingetreten. Nun kann das Kind aber, so hob der Mediziner hervor, schon durch die ungeheure Abkühlung, die es bei der Geburt erfuhr, gestorben sein. Zum Schreien sei es nicht gebracht worden, da die Mutter wahrscheinlich ohnmächtig geworden sei. Nach seiner Meinung sei die Schilderung der Angeklagten durchaus glaubwürdig und wahrscheinlich.

Als Staatsanwalt Trenkmann sich erhob und das Wort ergriff, ging ein Raunen durchs Publikum, denn seine Gesichtszüge, aus denen die kalten Augen des Beamten hervorstachen, ließen nichts Gutes für die Angeklagte erwarten.

Der Jurist wollte unwiderlegbare Widersprüche in den Aussagen der Frieda Baum festgestellt haben. Er bezeichnete die Angeklagte als eine »hartnäckige Lügnerin«, so daß sich der Gerichtsreporter besagter Zeitung genötigt sah, seiner Thüringer Leserschaft mitzuteilen: »Man hört deutlich das Mahlen der Knochenmühle der Justiz, die ein einmal mit dem kalten Paragraphenhaken erfaßtes lebendiges Wesen nicht fahren lassen möchte. Zwei Jahre und sechs Monate beantragt der Kläger.«

Gleich in seinem ersten Satz forderte Frieda Baums Verteidiger, Rechtsanwalt Dr. Frendenthal, die Freisprechung seiner Mandantin. Mit seinem wirkungsvollen Plädoyer schilderte er all die Umstände, die für die Unschuld der jungen Frau sprachen. Dabei stützte er sich vornehmlich auf das Urteil des Sachverständigen Dr. Brinn.

Als der Rechtsanwalt in scharfen und eindringlichen Worten die Tatsache offenlegte, daß sich zwei Staatsanwälte, darunter auch Staatsanwalt Trenkmann und der im Fall Baum zuständige Untersuchungsrichter, unlängst für die Einstellung des Verfahrens ausgesprochen hatten, gerieten die anwesenden Vertreter der Erfurter Justiz durch empörte Zwischenrufe aus dem Zuschauerraum in arge Bedrängnis, denn deren Eröffnungskammer hatte das Mädchen vor das Schwurgericht bringen lassen.

»Alle Erfahrungen«, so führte der Verteidiger aus, »sprechen gegen einen Kindesmord. Die Widersprüche in den Aussagen fallen nicht ins Gewicht, denn wer kann sich in die Seele einer Frau in einem solchen Zustand hineinversetzen?«

Während das Gericht lange beriet, saß Frieda Baum unbeweglich und mit gesenktem Nacken auf der Anklagebank. Über ihr schwebte der Hammer der Justiz, ein Hammer, der sie zu zermalmen drohte.

Dann öffnete sich die schwere Eichentür zum Schwurgerichtssaal und das Gericht nahm wieder Platz. Der Richter erhob sich und sprach nur wenige Sätze:

»Die Darstellungen der Angeklagten konnten nicht widerlegt werden. Die Angeklagte ist freizusprechen, die Kosten fallen der Staatskasse zur Last.«

Der Hammer fiel nicht. Und doch brach Frieda Baum in sich zusammen und weinte bitterste Tränen. Der Verteidiger mußte sie stützen, als sie mit ihm langsam den Gerichtssaal, hinaus in die Freiheit, verließ.

Frank Esche

Die Kettenburg in Gräfentonna. Eingangsbereich mit mittelalterlichem Turm. Foto von 2009.

Quellen- und Literaturverzeichnis

Die Giftmörderin Marie Sophie Göbner; Sachsen-Altenburg (1859–1860):

Marlis Geidner-Girod: *Giftmord im Jahr 1859* (www.noebdenitz.de/dorfgeschichte /daten/Chronik/Giftmord.htm)

Eisenbergisches Nachrichtsblatt, Jahrgang 1860

Weimarer Zeitung, Jahrgang 1860

Blätter von der Saale (Jena), Jahrgang 1860

Thüringisches Staatsarchiv Altenburg, Gesamtministerium, J III, Nr. 57: »Untersuchung gegen Sophie Marie verehelichte Göpner [...] wegen Giftmordes, 1860«

Pauline Gottschalg und Eduard Röhner – Das Giftmörderpaar von Jena; Sachsen-Weimar-Eisenach (1860):

Der neue Pitaval. Eine Sammlung der interessantesten Criminalgeschichten aller Länder älterere und neuerer Zeit. Hg. v. J. E. Hitzig u. W. Häring (W. Alexis). Dreißigster Theil. Dritte Folge. Sechster Theil. Leipzig 1862, S. S. 233–286

Weimarer Zeitung, Jahrgang 1860

Deutschland. Zeitung, Tag- und Gemeinde-Blatt, Jahrgang 1860

Blätter von der Saale (Jena), Jahrgang 1860

Regina Gutmann – Das Schwefelholzluder; Sachsen-Meiningen (1860–1861):

Beobachter an der Saale, Schwarza und Ilm, Jahrgang 1861

Marie Rosine Strauß – Die letzte öffentliche Hinrichtung in Deutschland; Reuß ältere Linie (1861–1864):

Albert Möve: *Die letzte öffentliche Hinrichtung in Greiz.* In: Vergangenheit und Gegenwart. Heimatgeschichtliche Blätter der Greizer Zeitung, Nr. 4, 1930, S. 13–14

Anonym: *Die letzten Tage, der Todesweg und das Ende der Mörderin Marie Rosine gesch. Strauss, geb. Hemmann von Leiningen,* Greiz 1864

Hagen Rüster: *Schuld und Sühne – Die letzte öffentliche Hinrichtung in Greiz.* In:

Greizer Heimatkalender, Greiz 2000, S. 51–56

Fürstlich Reuß-Geraische Zeitung, 23. Oktober 1864

Zeulenrodaer Wochenblatt, 28. Oktober 1864

Katharina Horn – Der strangulierte Ehemann; Reuß jüngere Linie (1869–1882):

Thüringisches Staatsarchiv Greiz, Ministerium Gera Nr. 7613 *»Die Untersuchung gegen die Brüder Heinrich Horn und Michael Horn von Neundorf wegen Vatermords, 1881–1882«*

Schwarzburg-Rudolstädtische Landeszeitung, Jahrgang 1881

Saalfelder Kreisblatt, Jahrgang 1881

Geraer Zeitung, Jahrgang 1881

Johanne Sophie Strobel – Mord an einem unbequemen Mitwisser; Reuß ältere Linie (1879):

Geheimes Staatsarchiv Berlin-Dahlem, Rep. 84a/6447 Bl. 21–25

Fürstlich Reuß-Geraer Zeitung, Jahrgang 1879

Jenaische Zeitung, Jahrgang 1879

Friederike Patzer, Christoph Bergner und Julie Paschold – Pistolenschrot für den lästigen Ehegatten; Sachsen-Meiningen (1879–1885):

Schwarzburgische Staatsanwaltschaft beim Landgericht Rudolstadt Nr. 654, 657 und 661

Saalfelder Kreisblatt, Jahrgang 1880

Schwarzburg-Rudolstädtische Landeszeitung, Jahrgang 1880

Alwine »Lina« Lindig – Das lebendig begrabene Kind; Sachsen-Altenburg (1880):

Thüringisches Staatsarchiv Altenburg, Gesamtministerium, J III Nr. 88, *»Akte betreffend das Begnadigungsgesuch der wegen Mordes zum Tode verurteilten Dienstmagd Alwine Lindig aus Eßbach, 1880«*

Geraer Zeitung, Jahrgang 1880

Schwarzburg-Rudolstädtische Landeszeitung, Jahrgang 1880

Friederike und Wilhelmine Hecker – Der Ellerslebener Holzaxtmord; Sachsen-Weimar-Eisenach (1880):

Geraer Zeitung, Jahrgang 1880

Saalfelder Kreisblatt, Jahrgang 1880

Schwarzburg-Rudolstädtische Landeszeitung, Jahrgang 1880

Rosine Büchner, Wilhelm Paschold und Johanne Pröschold – Der Gräfenthaler Doppelmord; Sachsen-Meiningen (1880–1887):

Schwarzburgische Staatsanwaltschaft beim Landgericht Rudolstadt Nr. 656; 658–661

Schwarzburg-Rudolstädtische Landeszeitung, Jahrgang 1881

Amandus Loth, Marie Peter, Henriette Zorn – Der Obersynderstedter Schwiegersohnmord; Sachsen-Weimar-Eisenach (1885):

Geraer Zeitung, Jahrgang 1885

Schwarzburg-Rudolstädtische Landeszeitung, Jahrgang 1885

Rudolstädter Zeitung, Jahrgang 1885

Karoline Möller – Kindestötung aus Verzweiflung; Schwarzburg-Rudolstadt (1885–1888):

Schwarzburgische Staatsanwaltschaft beim Landgericht Rudolstadt Nr. 791

Geraer Zeitung, Jahrgang 1885

Schwarzburg-Rudolstädtische Landeszeitung, Jahrgang 1885

Rudolstädter Zeitung, Jahrgang 1885

Pauline Richter – Die Schreie aus der Hauswand; Schwarzburg-Rudolstadt (1886–1889):

Schwarzburgische Staatsanwaltschaft beim Landgericht Rudolstadt Nr. 793

Schwarzburg-Rudolstädtische Landeszeitung, Jahrgang 1886

Rudolstädter Zeitung, Jahrgang 1886

Lydia Beyer – Das Wasser mußte es richten; Schwarzburg-Rudolstadt (1888–1891):

Schwarzburgische Staatsanwaltschaft beim Landgericht Rudolstadt Nr. 677

Saalfelder Volksblatt, Jahrgang 1888

Schwarzburg-Rudolstädtische Landeszeitung, Jahrgang 1888

Rudolstädter Zeitung, Jahrgang 1888

Emma Seifert, Bruno Tänzler und Johannes Niedermeier – Der Mord an dem Grubenarbeiter Seifert; Sachsen-Altenburg (1902):

Dr. Goepel: *Die Ermordung des Grubenarbeiters Bernhard Seifert in Kostitz am 20. Februar 1902.* In: Dr. R. Frank, Dr. G. Roscher, Dr. H. Schmidt (Hrsg.): Der Pitaval der Gegenwart. Almanach interessanter Straffälle. Leipzig 1904

Altenburger Landeszeitung, Jahrgang 1902

Fürstlich Reuß-Geraer Zeitung, Jahrgang 1902

Leipziger Tageblatt und Anzeiger, Jahrgang 1902

Melitta Möller – Die Schwiegermutter im Hofbrunnen; Preußen, Provinz Sachsen, Regierungsbezirk Erfurt (1906):

Der Deutsche, Sondershäuser Zeitung, Jahrgang 1906

Erfurter Allgemeiner Anzeiger, Jahrgang 1906

Mathilde Enders und Günther Kühnas – Strychnin für die Liebe; Schwarzburg-Rudolstadt (1910–1913):

Schwarzburgische Staatsanwaltschaft beim Landgericht Rudolstadt Nr. 746–747

Schwarzburg-Rudolstädtische Landeszeitung, Jahrgang 1911

Rudolstädter Zeitung, Jahrgang 1911

Bertha Meister – Die späte Sühne; Freistaat Thüringen (1920–1938):

Thüringische Staatsanwaltschaft beim Landgericht Rudolstadt Nr. 203

Landeszeitung für Schwarzburg-Rudolstadt und angrenzende Gebiete, Jahrgang 1932

Ella Jakobi – Der Katzhütter Giftmord; Freistaat Thüringen (1921–1936):

Thüringische Staatsanwaltschaft beim Landgericht Rudolstadt Nr. 157 und 670

Landeszeitung für Schwarzburg-Rudolstadt und angrenzende Gebiete, Jahrgang 1921

Rudolstädter Zeitung, Jahrgang 1921

Anna Schellhardt – Die Kindesmörderin von Gera; Freistaat Thüringen (1924–1925):

Geraer Zeitung, Jahrgänge 1924 und 1925

Allgemeine Thüringische Landeszeitung Deutschland, Jahrgänge 1924 und 1925

Jenaische Zeitung, Jahrgänge 1924 und 1925

Frieda Baum – Im Fallstrick »pulsender« Sehnsucht; Preußen, Provinz Sachsen, Regierungsbezirk Erfurt (1926):

Volksbote für Nord-Thüringen, Organ der Sozialdemokratischen Partei, Jahrgang 1926

ABBILDUNGSNACHWEISE

Thüringisches Staatsarchiv Greiz:

Bildersammlung Nr. A 1111, Nr. A 1110, Nr. A 207 und Nr. A 036

Thüringisches Staatsarchiv Rudolstadt:

Schwarzburgische Staatsanwaltschaft beim Landgericht Rudolstadt: Nr. 654, 659, 677, 746, 791, 796

Thüringische Staatsanwaltschaft beim Landgericht Rudolstadt: Nr. 203

Karten, Pläne, Risse: Nr. 1213

Die Fotoarbeiten zu o. g. Abbildungen wurden von der Fotowerkstatt des Thüringischen Hauptstaatsarchivs Weimar ausgeführt.

Die historischen Postkarten, Fotos Vignetten und Landkarten stammen aus dem Verlagsarchiv.

Die kleine Abbildung auf dem Titelblatt stellt eine Hinrichtung aus dem Jahre 1851 dar.

Michael Kirchschlager
HISTORISCHE SERIENMÖRDER – Menschliche Ungeheuer vom späten Mittelalter bis zum Ende des 19. Jahrhunderts.

Mit Beiträgen von Stephan Harbort und Mark Benecke. Der Mensch ist der Spiegel des Menschen, sagt ein arabisches Sprichwort, und getreu dieses Grundsatzes macht die geschätzte Leserschaft in diesem 1. Band Bekanntschaft mit den furchtbarsten historischen Serienmörder aller Zeiten: die legendäre Bean-Family, ein schottischer Kannibalenclan (1436), der Kindermörder Gilles de Rais (1440), Christman Gniperdoliga, der tausendfache Raubmörder (1581), die ungarische »Blutgräfin« Elisabeth Báthory (1614), deren Leben auf der thüringischen Wartburg verfilmt wurde, die »Leichenhändler« William Burke und William Hare (1829), Swiatek, der Kinderfresser (1849), Helene Jegado, die Frau mit der weißen Leber (1852), Martin Dumollard, der Werwolf von der Bresse (1860) u.v.m.

240 Seiten, 45 Abbildungen, zahlreiche Vignetten, Preis: 22 Euro.
ISBN 978-3-934277-13-7

Mareike Potjans, WDR Planet Wissen: Der Historiker Michael Kirchschlager hat für dieses Buch 20 meist unbekannte Serienmörder zusammengetragen. Die Porträts sind chronologisch sortiert, was es erleichtert, den historischen Kontext nachzuvollziehen: beginnend beim »schottischen Kannibalenclan« der Bean-Family im frühen 15. Jahrhundert über Peter Nirsch, der um 1581 500 Menschen tötete, bis hin zum Blut trinkenden Fritz Haarmann Anfang des 20. Jahrhunderts. Empfindlichen Lesern ist dieses Buch nicht zu empfehlen, da die Taten, aber auch die meist grausame Hinrichtung der Mörder detailliert geschildert werden.
Eskalina bei buechereule.de: Ein Buch, das eine dunkle Faszination ausübt und verstörende Parallelen zu Tätern der Gegenwart aufzeigt. Wer sich für

das Thema interessiert, findet hier ein gut recherchiertes und klug erzähltes Stück Geschichte um den Mythos Serienmörder, lernt die verschiedenen Gesichter der Tat kennen und auf erschreckende Art und Weise auch die Mechanismen, die einen Täter erschaffen. Ich konnte das Buch nicht aus der Hand legen und war vom ersten Satz an fasziniert, deshalb 10 von 10 möglichen Punkten.

Leseproben bei: www.historische-serienmoerder.de

PREUSSISCHE KRIMINALCHRONIK HINGERICHTETER VERBRECHER – Nach alten Kriminalakten und Selbstzeugnissen erzählt.

Hrsg. u. bearb. v. Michael Kirchschlager. Die *Preußische Kriminalchronik hingerichteter Verbrecher* stellt die wohl bekanntesten Kapitalverbrecher und Verbrechen aus der preußischen Kriminalgeschichte vor, erhebt aber keinen Anspruch auf Vollständigkeit. In diesem ebenfalls reichhaltig mit seltenen Kupferstichen ausgestatteten Band wird den geschätzten Lesern ein Querschnitt dargeboten, der vom Goldmacher über Mordbrenner, Familienauslöscher, sexuell und sadistisch ausgeprägte Serienmörder, Raubmörder bis zu einem weiblichen »Blaubart« reicht. Dabei wurde ein besonderes Augenmerk auf unterschiedliche Quellen gelegt, um dem Leser ein besonderes Lesevergnügen zu verschaffen.

220 Seiten, ca. 40 Abbildungen, zahlreiche Vignetten, Preis: 19,90 Euro. ISBN 978-3-934277-14-4

Prof. Alexander Kosenina in der FAZ: Mit der »Preußischen Kriminalchronik« setzt der kleine Kirchschlager Verlag jetzt eine verdienstvolle Reihe juristischer Fallgeschichten aus verschiedenen Regionen fort. Hier wird mit verstreuten Zeitungsartikeln, Flugschriften, Chroniken und Rechtsakten das Rohmaterial zusammengetragen, aus dem viele Kriminalautoren ihre Stoffe bezogen. Schiller, der eine Übersetzung der berühmten Rechtsfälle von Pitaval mit einem Vorwort versah, empfahl ausdrücklich weitere Sammlungen solcher Geschichten aus ganz Europa. Jetzt wird dem systematisch Genüge getan.

Wolfgang Krüger: Kriminalchronik des Dritten Reiches. Band I 1933–1937.

Über die politischen Verbrechen des NS-Regimes, über seine Gewaltexzesse, wurde schon viel veröffentlicht, fast jeder Aspekt des Dritten Reiches ist beleuchtet worden, bis auf einen nicht unwesentlichen! Welche ganz »gewöhnlichen« Gewalttaten, welche »gewöhnlichen« Morde, wurden im Deutschen Reich von 1933 bis 1945 verübt? Wer waren die Täter, wie wurden ihre Verbrechen geahndet? Die »Kriminalchronik des Dritten Reiches« will darauf eine Antwort geben. Das Buch schildert in chronologischer Form eine Reihe spektakulärer Mordfälle, die mit dem Tode bestraft wurden. Diese Fälle aus allen Teilen Deutschlands sind heute weitgehend vergessen, haben aber seinerzeit die »Volksgenossen« bewegt. Nur wenige erinnern sich noch an die Berlinerin Charlotte Jünemann, die ihre Kinder verhungern ließ, während sie zum Tanzen ging. Wer spricht heute noch von dem Brocken-Mörder Büker? Wie viele Frauen fielen dem Serienmörder Körnig zum Opfer? Dieses Buch will all diese Morde der Vergessenheit entreißen.

Leseproben sowie ein Interview mit dem Autor findet man bei **Kriminalia.de** – dem Online-Magazin für Kriminal- und Rechtsgeschichte.

336 Seiten, 51 Abbildungen. Preis: 24 Euro. ISBN 978-3-934277-21-2

Dr. Mark Benecke: Ich finde es knorke, dass die alte Literaturgattung »Pitaval« hier wieder mit Herz und Seele und damit Wind für die papiernen Segel versehen wird. Prima! Die Recherche zum Buch war richtig viel Arbeit, und ich freue mich auch deswegen schon auf die folgenden Bände der Serie.

Max Pechmann bei geisterspiegel.de/fictionfantasy.de: Die Leistung, die hier Wolfgang Krüger erbracht hat, kann nicht genug gewürdigt werden. Wie Puzzlesteine setzte er unterschiedlichste Zeitungsartikel zusammen, bis er schließlich ein recht genaues Bild einzelner Fälle erkennen und damit rekonstruieren konnte. Der Aufwand hat sich gelohnt. Denn sowohl Geschichtsinteressierte als auch Krimifans werden von diesem Buch begeistert sein.

IMPRESSUM

1. Auflage Arnstadt 2009
© für diese Ausgabe 2009 beim Verlag Kirchschlager, Arnstadt
Covergestaltung: Matthias Helbing, Weißensee
und Nicole Marquardt, Hamburg
Layout: Nicole Marquardt, Hamburg
Druck und Bindung: PBtisk s. r. o., Pribram
Alle Rechte vorbehalten

ISBN 978-3-934277-28-1

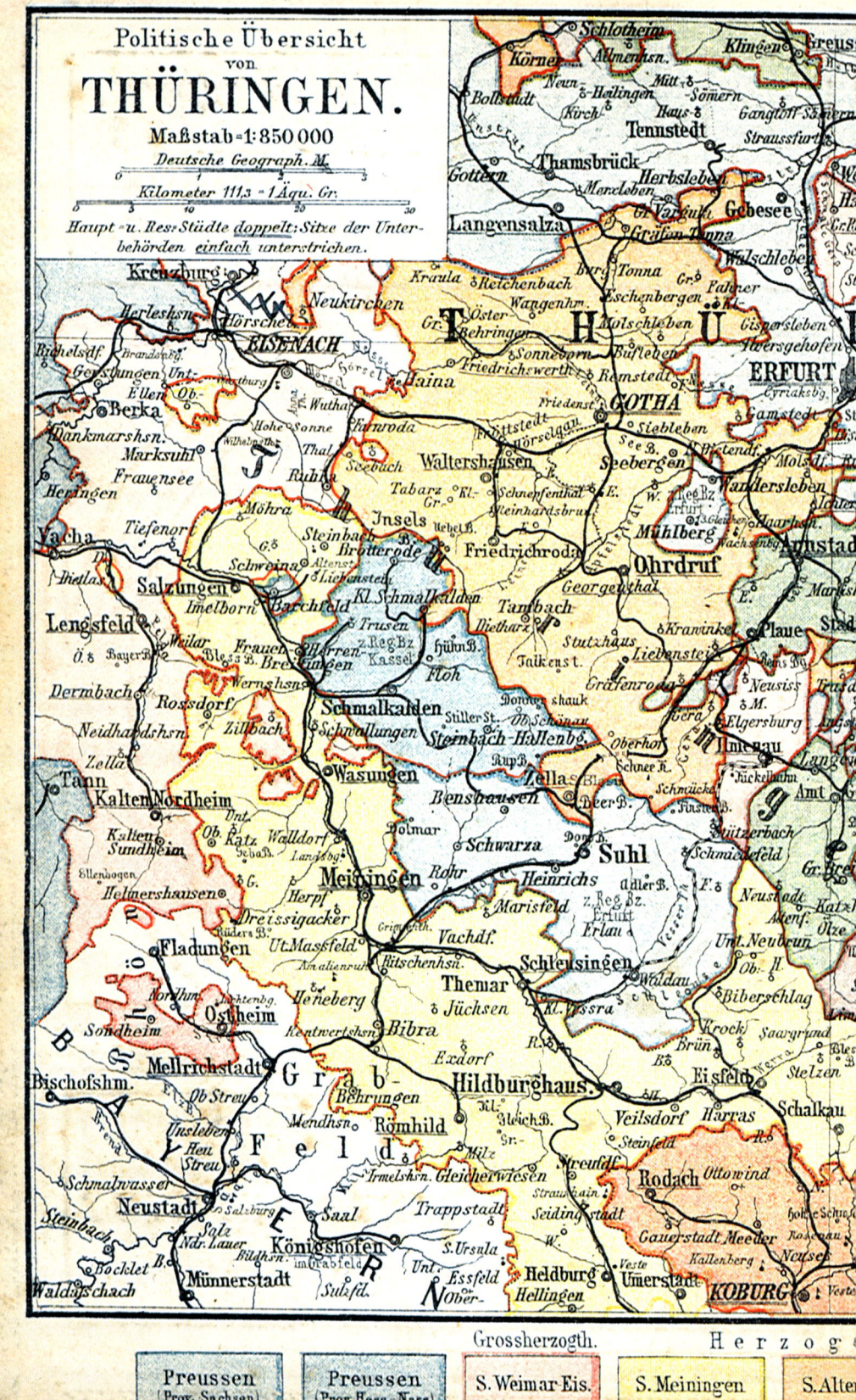

Politische Übersicht
von
THÜRINGEN.

Maßstab = 1:850 000

Deutsche Geograph. M.

Kilometer 111,3 = 1 Äqu. Gr.

Haupt- u. Res.-Städte doppelt; Sitze der Unter-
behörden einfach unterstrichen.

| Preussen (Prov. Sachsen) | Preussen (Prov. Hess. Nass.) | Grossherzogth. S. Weimar Eis. | Herzog S. Meiningen | S. Alten |